嬗变与跨越

从马克思人类共同体理论到
人类命运共同体理念

许春华　等著

学习出版社

图书在版编目（CIP）数据

嬗变与跨越：从马克思人类共同体理论到人类命运共同体理念 / 许春华等著. -- 北京：学习出版社，2024.3
国家社科基金后期资助项目
ISBN 978-7-5147-1248-3

Ⅰ.①嬗… Ⅱ.①许… Ⅲ.①马克思主义哲学－研究 ②国际关系－研究 Ⅳ.① B0-0 ② D82

中国国家版本馆CIP数据核字（2024）第020229号

嬗变与跨越
——从马克思人类共同体理论到人类命运共同体理念
SHANBIAN YU KUAYUE

许春华　吴学飞　许　嫘　著

责任编辑：翟晓波
技术编辑：贾　茹
封面设计：杨　洪

出版发行：学习出版社
　　　　　北京市崇外大街11号新成文化大厦B座11层（100062）
　　　　　010-66063020　010-66061634　010-66061646
网　　址：http://www.xuexiph.cn
经　　销：新华书店
印　　刷：北京市密东印刷有限公司
开　　本：710毫米×1000毫米　1/16
印　　张：12.75
字　　数：216千字
版次印次：2024年3月第1版　2024年3月第1次印刷
书　　号：ISBN 978-7-5147-1248-3
定　　价：29.00元

如有印装错误请与本社联系调换，电话：010-67081356

国家社科基金后期资助项目
出版说明

后期资助项目是国家社科基金设立的一类重要项目，旨在鼓励广大社科研究者潜心治学，支持基础研究多出优秀成果。它是经过严格评审，从接近完成的科研成果中遴选立项的。为扩大后期资助项目的影响，更好地推动学术发展，促进成果转化，全国哲学社会科学工作办公室按照"统一设计、统一标识、统一版式、形成系列"的总体要求，组织出版国家社科基金后期资助项目成果。

全国哲学社会科学工作办公室

目 录

导　论　从人类共同体到人类命运共同体……………………（1）
　第一节　马克思的人类共同体理论…………………………（1）
　第二节　人类共同体理论的现代对话………………………（4）
　第三节　人类命运共同体理念的提出………………………（7）

第一章　人类共同体的原生形态…………………………（14）
　第一节　"亚细亚的"共同体形态 …………………………（14）
　第二节　"古代的"共同体形态 ……………………………（16）
　第三节　"日耳曼的"共同体形态 …………………………（18）
　第四节　人类共同体原生形态的解体………………………（21）

第二章　人类共同体的现实形态…………………………（26）
　第一节　人类共同体现实形态的产生条件…………………（26）
　第二节　人类共同体现实形态的结构特点…………………（32）
　第三节　人类共同体现实形态的评价………………………（43）

第三章　人类共同体的未来形态…………………………（50）
　第一节　人类共同体未来形态的内涵………………………（50）
　第二节　人类共同体未来形态的必然性……………………（60）
　第三节　人类共同体未来形态的实现条件…………………（66）

第四章　人类共同体理论蕴含的方法论 （73）
  第一节　民族性与世界性的统一 （73）
  第二节　历史尺度与价值尺度的统一 （78）
  第三节　"西方中心论"的消解 （83）
  第四节　对俄国民粹派东方中心论的反思 （90）

第五章　依附发展的不平衡共同体 （96）
  ——多斯桑托斯的依附理论
  第一节　对现代化理论的批评 （96）
  第二节　依附结构与不平衡发展 （101）
  第三节　依附理论与马克思主义理论的渊源关系 （105）
  第四节　依附理论的贡献与不足 （110）

第六章　中心边缘的经济共同体 （114）
  ——沃勒斯坦的现代世界体系理论
  第一节　现代世界体系理论的基本前提及方法 （114）
  第二节　现代世界体系理论的主要内容 （116）
  第三节　现代世界体系的存在方式 （119）
  第四节　现代世界体系的意识形态 （121）
  第五节　现代世界体系理论评介 （124）

第七章　民族国家的政治共同体 （128）
  ——吉登斯的现代性与全球化理论
  第一节　现代性和现代性的动力机制 （128）
  第二节　现代性的维度和特性 （130）
  第三节　现代性的扩散与全球化 （131）
  第四节　全球化风险与全球治理 （135）
  第五节　全球化时代与"生活政治" （137）
  第六节　吉登斯思想析评 （140）

第八章 "文明冲突论"与文明共同体 …………………………（145）
　　——亨廷顿的"文明冲突论"评述

　　第一节　文明与"普世文明" ……………………………………（145）

　　第二节　文化认同的全球性 ………………………………………（153）

　　第三节　文明范式与文明冲突 ……………………………………（157）

　　第四节　冷战情结与文明冲突论 …………………………………（161）

第九章　习近平总书记关于人类命运共同体理念的重要论述 ……（164）

　　第一节　人类命运共同体理念的提出背景 ………………………（165）

　　第二节　人类命运共同体理念的主要内涵 ………………………（172）

　　第三节　人类命运共同体理念的实践路径 ………………………（179）

参考文献 …………………………………………………………………（186）

索　引 ……………………………………………………………………（190）

后　记 ……………………………………………………………………（194）

Contents

Introduction From Human Community to a Community with a Shared Future for Mankind ……………………… (1)

  1. Marx's Theory of Human Community ……………………… (1)

  2. Modern Dialogue on the Theory of Human Community ……… (4)

  3. Putting Forward the Concept of a Community with a Shared Future for Mankind ……………………………… (7)

Chapter 1 The Original Form of Human Community …………… (14)

  1. The "Asiatic" Form of Community ………………………………… (14)

  2. The "Classical Ancient" Form of Community …………………… (16)

  3. The "Germanic" Form of Community …………………………… (18)

  4. The Dissolution of the Original Form of Human Community ……………………………………………………… (21)

Chapter 2 The Realistic Form of Human Community …………… (26)

  1. Conditions for the Emergence of the Realistic Form of Human Community ……………………………………………… (26)

  2. Structural Characteristics of the Realistic Form of Human Community ……………………………………………… (32)

  3. Evaluation of the Realistic Form of Human Community ……… (43)

Chapter 3   The Future formation of Human Community ·········· (50)
   1. Connotation of the Future form of Human Community ·········· (50)
   2. The Inevitability of the Future form of Human
      Community ··· (60)
   3. Conditions for the Realization of the Future form of
      Human Community·· (66)

Chapter 4   The Methodology Contained in the Theory of
         Human Community··· (73)
   1. The Unification of Nationality and Cosmopolitanism ·········· (73)
   2. Unification of Historical Scale and Value Scale ···················· (78)
   3. The Dissolution of "Western Centrism" ····························· (83)
   4. The Reflection of Oriental Centrism of the Russian
      Populists ··· (90)

Chapter5   The Unbalanced Community of Dependent
         Development ·· (96)
        ——Dos Santos' Dependency Theory
   1. The Criticism of Modernization Theory ····························· (96)
   2. Dependent Structure and Unbalanced Development ············ (101)
   3. The Origin of Dependency Theory and Marxist Theory·········· (105)
   4. The Contributions and Shortcomings of Dependency
      Theory ·· (110)

Chapter 6   The Economic Community at the Center and
         the Edge·· (114)
        ——Wallerstein's Theory of the Modern World System
   1. Premise and Method of the Modern World System
      Theory ·· (114)

2. Main Contents of the Modern World System Theory ············ (116)

3. The Way of Existence of the Modern World System ············ (119)

4. The Ideology of the Modern World System ···················· (121)

5. Evaluation of the Modern World System Theory ················ (124)

Chapter 7　The Political Community of the Nation-State ·········· (128)

　　　　──Giddens' Theory of Modernity and Glabalization

1. Modernity and the Dynamic Mechanisms of Modernity ······· (128)

2. Dimensions and Characteristics of Modernity ···················· (130)

3. Diffusion of Modernity and Glabalization ························ (131)

4. Globalization Risks and Global Governance ···················· (135)

5. The Age of Globalization and "Life Politics" ····················· (137)

6. The Analysis and Evaluation of Giddens' Related Thoughts ··· (140)

Chapter 8　"Clash of Civilizations Theory" and the Community of Civilizations ··· (145)

　　　　──Review of Huntington's "Clash of Civilizations Theory"

1. Civilization and "Universal Civilization" ························· (145)

2. The Globality of Cultural Identity ································· (153)

3. The Civilizational Paradigms and the Clash of Civilizations ··· (157)

4. The Cold War Complex and the Clash of Civilizations Theory ··· (161)

**Chapter 9 Xi Jinping's Inportant View about Idea of a
Community with a Shared Future for Mankind** ……（164）

1. Background to the Idea of a Community with a Shared Future for Mankind …………………………………………（165）

2. Main Connotations of the Idea of a Community with a Shared Future for Mankind …………………………………（172）

3. Practical Path of the Idea of a Community with a Shared Future for Mankind …………………………………………（179）

Remember after……………………………………………（186）

Indexes ………………………………………………………（190）

Postscript ……………………………………………………（194）

导论　从人类共同体到人类命运共同体

推动构建人类命运共同体，是世界各国人民前途所在，也是习近平新时代中国特色社会主义思想的重要内容。这一理念被越来越多的他国有识之士认可、称赞和践行，基于此而来的中国智慧和中国方案是当今国际事务中独树一帜的新风尚。从马克思主义思想史的角度看，人类命运共同体理念具有深厚的马克思主义基本理论底蕴，是对马克思人类共同体理论[①]的继承、深化和发展，二者之间的理论轨迹一脉相承，内在联系清晰可辨。梳理马克思人类共同体理论和人类命运共同体理念的基本内容，具体揭示二者之间的内在联系，历史和现实、理论与实践相结合地研究这一内在联系，有助于我们深化对人类命运共同体理念的理解，增强践行这一新时代伟大思想的信心。

第一节　马克思的人类共同体理论

马克思在自己的文献中不断地且角度不一地论说人类共同体问题。综合马克思不同的论述就会发现，其人类共同体思想具有相对完整的理论结构，是其理论整体的有机组成部分，具有重要的思想史意义，更具有启迪我们心智和指导实践的现实意义。

马克思使用众多的共同体概念，比如在"共同体"前加上"原始的""现实的""阶级的""积极的""虚假的""真正的"等限定词，用于表达自己对人类共同体问题的思考和理解。这些各不相同的概念具有特定的指称对象，针对不同对象论说的连续交织是马克思人类共同体思想的

[①] 马克思在《1857—1858年经济学手稿》中第一次使用"人类共同体"，本书将这一术语提升到一般意义上加以使用。参见《马克思恩格斯文集》第8卷，北京，人民出版社2009年版，第140页。

具体呈现。在马克思看来，脱离共同体的个人根本无法生存，个人是一种共同体意义的存在。马克思的论述为我们揭示出人之本体意义的存在状态——"个人"进而"人"是社会存在物，离开社会的"个人"进而"人"无法生存，更无法谈及发展。这里的社会即是共同体之谓，只不过这样的共同体具有抽象性质和一般性质罢了。总之，作为共同体的社会是人的生存和发展的母体，从这种意义上说，"个人"进而"人"确实是共同体性质的存在物。

在阶级社会中，作为社会的共同体由各不相同的阶级共同体构成，不同的阶级共同体构成了社会共同体。阶级共同体何谓？阶级由个人构成，个人构成阶级共同体，个人隶属于这种共同体，是这种共同体的有机组成部分，从而形成了更为具体的个人与阶级共同体之间的关系。马克思为我们揭示出这种关系的特定性质。马克思指出，阶级共同体中的个人具体内容如下：

> 某一阶级的各个人所结成的、受他们的与另一阶级相对立的那种共同利益所制约的共同关系，总是这样一种共同体，这些个人只是作为一般化的个人隶属于这种共同体，只是由于他们还处在本阶级的生存条件下才隶属于这种共同体；他们不是作为个人而是作为阶级的成员处于这种共同关系中的。①

这段话告诉我们，阶级共同体形成和存在的根本原因是利益，利益发生变化，阶级共同体就会发生变化；利益消失，阶级共同体也就随之消失。

在马克思看来，如上已指出的共同体如原生形态的共同体、现实形态的共同体等都不是"真正的共同体"。因为，在这些共同体中，"如在国家等等中，个人自由只是对那些在统治阶级范围内发展的个人来说是存在的，他们之所以有个人自由，只是因为他们是这一阶级的个人"②。"真正的共同体"是自由全面发展的个人的共同体，"各个人在自己的联合中并通过这种联合获得自己的自由"③，这是只有在人类未来形态的共产主义社会中才会出现的情况。马克思的论述向我们透露了极具启发意义的理论信

---

① 《马克思恩格斯文集》第 1 卷，北京，人民出版社 2009 年版，第 573 页。
② 《马克思恩格斯文集》第 1 卷，北京，人民出版社 2009 年版，第 571 页。
③ 《马克思恩格斯文集》第 1 卷，北京，人民出版社 2009 年版，第 571 页。

息。第一，在马克思的语境中，"真正的共同体"与"冒充的""虚假的"或者"虚幻的"共同体相对立，"真正的共同体"是自由全面发展的个人结成的共同体，而"冒充的""虚假的"和"虚幻的"共同体则是由非自由全面发展的个人靠外力拉动结合而成的共同体。第二，"真正的共同体"的主体是自由全面发展的个人，这种个人的命运具有自主特性，这与阶级社会形态中由外在条件决定个人命运的共同体在本质上区别开来。第三，"真正的共同体"具有辩证性质，自由全面发展的个人是"真正的共同体"产生和存在的前提条件，与此同时，"真正的共同体"也是自由全面发展的个人产生和存在的前提条件，二者之间是辩证统一的关系。第四，自由全面发展的个人结合而成的"真正的共同体"就是共产主义社会。第五，就理论实质来说，自由全面发展的个人结合而成的"真正的共同体"是一种命运共同体，这里没有统治与被统治、压迫与被压迫、剥削与被剥削之间的阶级差别，组成共同体的个人就是他或她自己，虽然他或她与"真正的共同体"之间是性命攸关的关系。

早在《德意志意识形态》中，马克思就已提出，"真正的共同体"的产生需要前提条件，主要是两个方面的内容：一是生产力的高度发展，二是世界历史性个人的形成。马克思以四种情况对比的形式说明发展生产力对于"真正的共同体"的形成而言的绝对必要性。第一，没有生产力发展前提下的"真正的共同体"带有虚假性质，因为在这种共同体中极端贫困是普遍存在的现象，争夺生活必需品的斗争不断出现。用一句话概括马克思的想法：贫穷不是社会主义，更不是共产主义。建立在贫穷基础上的社会主义或叫共产主义绝对不是马克思意义上的"真正的共同体"。第二，没有生产力的发展就没有普遍交往的物质前提，缺失这种前提的人是地域性因而是封闭性的人，封闭性的人与世界历史性的人相对立。问题在于，只有生产力的发展才能形成世界历史性的人，这样的人是"真正的共同体"的重要前提条件。第三，没有生产力的发展就无法形成世界历史性的个人，没有世界历史性的个人，世界历史性的人的形成只能是一句空话。世界历史性的人的形成以世界历史性个人的形成为前提，这二者共同的物质前提是生产力的发展。第四，生产力的发展、世界历史性个人的形成，造成既是前提又是结果的特定局面出现，这种结果是普遍交往，它与共同体的地域性存在、地域性个人和地方迷信相对立。这说明，"真正的共同体"具有时间特质，是世界历史形成的结果；也具有空间性质，普遍交往造成的全球性质是客观必然的结果。

综合起来说，马克思在不同的语境中不断地论说人类共同体问题，其中的理论精华由三个方面的内容组成。其一，是对"真正的共同体"和"虚假的共同体"作严格区分。二者具有不同的内容和形式，对二者的深入分析和细致辨析具有极其重要的方法论意义。其意义在于启导人们，理解和分析人类共同体问题时不能一概而论，要进行具体分析，"真正的共同体"才是我们的欲求者，虚假的共同体是我们奔向"真正的共同体"道路上应该加以清除的障碍。其二，在马克思的语境中，"真正的共同体"或者说未来的共产主义社会，就是我们为之奋斗的理想。马克思把共产主义社会认定为"真正的共同体"，根据在于它是自由全面发展的个人的联合体，这里没有阶级社会，如资本主义社会中那样的阶级统治、阶级压迫和阶级剥削，个人首先是自由全面发展的个人，人与人之间的平等关系不是一句空话而是客观事实。用一句话可以表征"真正的共同体"思想的核心内容：这是真正意义上的命运共同体。其三，"真正的共同体"是世界历史形成和发展的结果，带有世界历史性质，其中的个人是世界历史性个人。"真正的共同体"的时间和空间两种性质表明，"真正的共同体"作为命运共同体具有全人类的整体性质，是一种建立在普遍联系、共同发展基础上的全人类的命运共同体。

第二节　人类共同体理论的现代对话

第二次世界大战以后，人类世界整体化进程加快，人类面临的共同性问题愈加凸显，人类共同体的理论思潮呈现多元化趋势。人们或者是站在发展中国家的立场研判世界不平衡的依附式发展道路，或者是从民族国家的视角探讨现代性与全球化的发展大势，或者是对资本主义现代世界体系的探索，或者是对人类文明现代世界格局的预测。"他山之石，可以攻玉。"这些理论探索都与马克思人类共同体理论有着各种各样、直接或间接的关联，为我们准确把握21世纪人类的生存境遇和时代主题提供了理论资源，对科学理解21世纪马克思主义，尤其是人类命运共同体理念的创新和发展，具有重要的启迪意义。

一、依附理论对不平衡发展的人类共同体的理论探索

面对20世纪五六十年代西方发展概念和现代化理论的汹涌浪潮，一

批发展中国家的学者站在"不发达"的立场,准确分析了跨国垄断资本主义时代人类共同体中不平衡发展的总体特征:大垄断资本在集团化、中心化和国际化发展的基础上实现了世界资本主义高度的一体化,殖民地半殖民地国家虽然先后获得了政治独立,但在经济、文化等领域仍依附于资本主义中心国家,"依附结构"是 20 世纪人类共同体形态最主要的结构形式之一,"依附性社会"成为发展中国家实现现代化的"瓶颈"。他们认为,并不存在一种"现代化理论"所凝练的普遍适用的发展观念和发展模式,破解垄断资本主义国家主导的"依附结构",走出"依附性社会"不发达的困境,才是发展中国家选择属于自己的现代化发展道路的不二法门。

二、沃勒斯坦对资本主义现代世界体系的理论探索

作为现代世界体系理论最有影响的代表人物,美国学者伊曼纽尔·沃勒斯坦(Immanuel Wallerstein)首次明确以世界整体为研究单元。"现代世界体系"是一种人类共同体的特殊表现形态,是资本主义占据中心地位的世界经济体系,"中心—半边缘—边缘"是现代世界体系不变的内在结构;"万物商品化"与不等价交换既是现代世界体系的形成原因,又是其存在发展的动力机制;"种族主义"与"普遍主义"是支撑现代世界体系"合法化"的意识形态。伊曼纽尔·沃勒斯坦认为,中心区域的"中心化"和边缘区域的"边缘化"是资本主义世界体系内部矛盾的根源,这种矛盾不仅体现在一个民族国家内部的无产阶级与资产阶级之间的斗争上,而且体现在不同区域甚至同一区域的资产阶级之间的斗争上,这种矛盾决定了资本主义单极格局的人类共同体的特殊表现形态不可能永久存在下去。从某种意义上说,伊曼纽尔·沃勒斯坦的现代世界体系理论承继了马克思人类共同体思想,但仍不可避免地滑向"西方中心论"的泥淖。

三、吉登斯对现代性与全球化的理论探索

英国学者安东尼·吉登斯(Anthony Giddens)认为,与现代化相伴随的现代性催生了全球化,这种全球化的特征为:全球性与地方性的统一,"后传统"现象的存在,整体化与分离化的统一,统一性与多样性的统一。资本主义世界经济、民族国家体系、世界军事秩序、国际劳动分工是全球化的四重维度,其中资本主义与民族国家是现代性趋向全球化最为重要的两个要素。与四重维度相适应,作为处处充满了风险的现代社会也

体现为：第一类风险是指资本主义经济不平等导致的经济增长机制的崩溃；第二类风险是指民族国家中极权增长对民主权利的压制和否定；第三类风险是指现代社会发展对世界生态环境的破坏，导致产生了许多前所未有的生态灾难；第四类风险是指核冲突与大规模战争对人类生存的威胁。为化解现代社会这些风险，他提出了"乌托邦现实主义"的治理方案：社会化的经济组织与协调化的全球秩序、多层次的民主参与、非军事化的世界秩序、人道化关注生态的技术体系，以此来构筑"后现代秩序"，驾驭现代社会这头"失控的猛兽"。安东尼·吉登斯的现代性与全球化理论在一定程度上明确了现代性意义的全球化并非西方化，不认同把资本主义作为现代性的唯一维度，指出"西方的衰落"不仅仅限于文明层面，"世界相互依赖的形式和全球性意识"才是全球化最为显著的特征和结果。但是安东尼·吉登斯对社会进化论和历史目的论的批判是对马克思社会形态理论的"含沙射影"，其"乌托邦现实主义"和"第三条道路"主张实质是资本主义的，对欧洲国家的过分偏爱仍不能彻底摆脱"西方中心论"的嫌疑。

四、亨廷顿"文明冲突论"的冷战情结

以"文明冲突论"而著称于世的塞缪尔·亨廷顿（Samuel P. Huntington），按照西方文明与非西方文明关系的主线划分了世界历史不同时代的文明形态，冷战结束伴随而来的是西方文化的衰落与非西方文化的复兴，全球化带来的是民族化、本土文化的认同感日益增强，文化共同体逐渐取代大国主导的共同体。21世纪的人类共同体，无论是单极格局的一个世界范式，两极对立的两个世界范式，还是国家主义范式、多重混乱范式，都将会被"文明范式"取代。随着非西方国家尤其是中国及周边国家、阿拉伯国家的现代化道路的成功与崛起，西方文明与非西方文明的冲突不可避免。塞缪尔·亨廷顿看到了西方文明衰落的趋势，对非西方文明本土文化的认同与复兴、挑战西方文化与"普世文明"等方面给予了充分关注，预示了多元并存的世界文明格局，文化共同体必定会取代大国霸权共同体，这些对于我们认识全球化时代人类共同体的发展趋势具有积极意义。遗憾的是，其对西方文明与非西方文明的划分以及由此对世界文明格局的解读，仍不可避免地带有"冷战情结"，注定成为美国霸权主义的代言人。

第三节 人类命运共同体理念的提出

面对世界百年未有之大变局,习近平总书记提出了人类命运共同体理念。在不同的时机、不同的场合、不同的语境和面对不同的人群,习近平总书记不断丰富和拓展人类命运共同体理念。这一思想是对马克思人类共同体理论的坚持与创新,是我们审视当今时代人类命运的指导思想。

一、人类命运共同体提法的内涵和外延

习近平总书记对人类命运共同体这一提法有精准的定义性说明:"人类命运共同体,顾名思义,就是每个民族、每个国家的前途命运都紧紧联系在一起,应该风雨同舟,荣辱与共,努力把我们生于斯、长于斯的这个星球建成一个和睦的大家庭,把世界各国人民对美好生活的向往变成现实。"[①] 定义性说明言简意赅,内涵丰富,揭示出以下内容。

第一,定义中的诉求对象和主体是世界各国人民,充分反映和表达出以人民为主体的理念。

第二,提法的指称范围是世界上的各国人民,这只是整个人类的另一种表达形式。

第三,论说的重点是人类范围内各国人民之间的关系性质,这反映出人类命运共同体理念的独特之处和精华所在。自世界历史进入资本主义时代以来,世界秩序是由资本主义国家主导的。随着中国等社会主义国家的崛起,情况才逐渐发生改变。在资本主义国家主导的世界秩序中,各个民族国家之间是统治与被统治、压迫与被压迫的关系。在习近平总书记的视域中,人类命运共同体中各国之间的关系性质是"风雨同舟,荣辱与共",这种性质标示人类文明的新时代。

第四,人类命运共同体理念不仅是理论,更是实践过程,实际是理论与实践相结合的过程,这与那些仅仅停留于纸面或研讨会言说性质的纯理论有本质区别。人类命运共同体的提法具有一般性质,具体性的指称内容则是多种多样、极其丰富的。在习近平总书记谈论治国理政问题时有许多更为具体性的提法,这些提法各自从特定角度表征出人类命运共同体的外

---

① 《习近平谈治国理政》第 3 卷,北京,外文出版社 2020 年版,第 433 页。

延性内容，例如亚洲命运共同体、金砖国家命运共同体、上合组织命运共同体、中非命运共同体、网络空间命运共同体、海洋命运共同体等。这些提法中的关键词是"命运共同体"，用马克思的提法表达，"命运共同体"便是"真正的共同体"。

二、人类命运共同体思想提出的根据

当今世界局势的特定状况，是习近平总书记提出人类命运共同体理念的根据。2017年1月18日，习近平总书记在联合国日内瓦总部发表了题为《共同构建人类命运共同体》的著名演讲。这篇演讲的著名之处在于以全新的思路提出和回答了"世界怎么了、我们怎么办"的问题。[①] 这是一个问题的两个方面，"我们怎么办"是问题的重心和中心，但理论与实践有机统一地回答问题，绝对必要的前提是首先回答"世界怎么了"的问题。

世界到底怎么了？习近平总书记明确指出，当今世界面临四种"赤字"的考验和威胁。第一种是"治理赤字"，是指"全球热点问题此起彼伏、持续不断，气候变化、网络安全、难民危机等非传统安全威胁持续蔓延，保护主义、单边主义抬头，全球治理体系和多边机制受到冲击"[②]。第二种是"信任赤字"，是指"国际竞争摩擦呈上升之势，地缘博弈色彩明显加重，国际社会信任和合作受到侵蚀"[③]。第三种是"和平赤字"，是指"地区冲突和局部战争持续不断，恐怖主义仍然猖獗，不少国家民众特别是儿童饱受战火摧残"[④]。第四种是"发展赤字"，是指"逆全球化思潮正在发酵，保护主义的负面效应日益显现，收入分配不平等、发展空间不平衡已成为全球经济治理面临的最突出问题"[⑤]。

四种"赤字"是全球治理过程中客观存在的事实，这种事实是一种动态性存在，时时处处威胁甚至直接危害人类的生存和发展。如何"破解"这些无法绕开也无法躲避的"赤字"？美国霸权主义主导的全球治理理论和实践已被历史事实证明落后于时代。人类需要新的理论和实践引领新形势下的全球治理活动，习近平总书记适应这样的需要，提出了饱含中国智

---

① 《习近平谈治国理政》第2卷，北京，外文出版社2017年版，第537页。
② 《习近平谈治国理政》第3卷，北京，外文出版社2020年版，第460页。
③ 《习近平谈治国理政》第3卷，北京，外文出版社2020年版，第461页。
④ 《习近平谈治国理政》第3卷，北京，外文出版社2020年版，第461页。
⑤ 《习近平谈治国理政》第3卷，北京，外文出版社2020年版，第462页。

慧的全球治理理念：构建人类命运共同体。

三、人类命运共同体的价值基础

人类命运共同体理念的关键和精华在"命运"二字中。人类命运共同体理念的本然之义是人类要形成"真正的共同体"，以民族国家为存在单元的各个成员要同呼吸、共命运，一损俱损，一荣俱荣。这是理想状态，这种状态的形成和存在要靠特定的价值观念构建和维持，习近平总书记指出，这些价值观念包括"和平、发展、公平、正义、民主、自由"[①]，"是全人类的共同价值"[②]。这将成为世界各国人民共同努力和坚持的价值观念。

不过，就国际秩序的实际情况来说，以美国为首的西方国家奉行霸权原则，以军事、经济、政治和文化霸权为手段构建和维持与"全人类的共同价值"相对的国际秩序。这种国际秩序造成的客观事实是，和平是奢望，发展无从谈起，公平和正义成为无用的别名，民主和自由成为以美国为首的西方国家进行颠倒黑白性意识形态操弄的幌子，其中发挥灵魂性作用的种族主义大行其道。这样的人类共同体必然是代表资产阶级利益的共同体，反映的是霸权主义主导的国际秩序中西方个别国家的利益，是马克思曾经批判的"虚假共同体"。如此形成的共同体与习近平总书记提出的人类命运共同体形成鲜明对照，我们更加认识到，只有人类命运共同体才是符合马克思本意、符合人类共同期望的"真正的共同体"。通过构建人类命运共同体，不同国家的命运紧密地联系在一起，和平、发展、公平、正义、民主和自由这些全人类的共同价值是实践原则，而不仅仅是留于纸面或研讨会言说中的理论。

四、是否为命运共同体的判断标准

人类共同体是客观事实意义的存在，这种存在已持续了几百年的时间，用马克思的话说是世界历史的形成及其延续。这是什么性质和意义的存在？马克思恩格斯曾在《共产党宣言》等著作中指出，这种人类共同体实际上不过是资产阶级"按照自己的面貌为自己创造出一个世界"[③]。由于资产阶级往往以民族国家的形式存在，所以基于此而形成的国家与国家之

---

① 《习近平谈治国理政》第2卷，北京，外文出版社2017年版，第522页。
② 《习近平谈治国理政》第2卷，北京，外文出版社2017年版，第522页。
③ 《马克思恩格斯文集》第2卷，北京，人民出版社2009年版，第35~36页。

间关系的性质"是使东方从属于西方"①。这种人类共同体的存在性质直到现在也没有发生根本性变化,只是世界霸主由昔日作为"日不落帝国"的英国变成了美国。

用马克思真正的人类共同体的标准衡量,这样的人类共同体具有十足的"虚假"性质,因为从以英国到美国为首的西方世界历来奉行以大欺小、恃强凌弱的霸权原则,连年不断地发动战争是企图充当世界霸主的主要手段,霸权原则横行的结果是被霸凌国家和地区生灵涂炭。这样的事实不胜枚举,近年阿富汗、叙利亚等国家的遭遇就是新增添的例证。尽管历史及当下的客观事实确然如此,但以美国为首的西方国家特别是其豢养的主流媒体却把这种极度虚假的人类共同体刻意打扮为像伊甸园一样美好的极乐世界,被霸凌和欺压的国家稍有反抗,便被扣上破坏国际规则的罪名,招来围攻甚至是灭顶之灾。

如何破解这样的迷局?习近平总书记提出了判断是否为人类命运共同体的五条标准,"坚持协商对话,建设一个持久和平的世界";"坚持共建共享,建设一个普遍安全的世界";"坚持合作共赢,建设一个共同繁荣的世界";"坚持交流互鉴,建设一个开放包容的世界";"坚持绿色低碳,建设一个清洁美丽的世界"。②以这样的标准作为方法论原则,使我们能够正确地判断出当下的世界是西方霸权主义的"虚假共同体",不是也不可能是习近平总书记倡导的人类命运共同体。

五、如何构建人类命运共同体

从作为世界历史形成结果的人类共同体到人类命运共同体首先是概念的重大变化,"命运"二字能充分地表征出这里的变化程度,更是文明形态意义的根本性变化,典型体现是文明形态的内在灵魂由弱肉强食变为荣辱与共。荣辱与共的新质文明形态是马克思语境的"真正的共同体",更是习近平总书记提出的人类命运共同体。就目前的情况来说,这种意义的人类命运共同体尚未变为现实而是停留于理论状态,由理论变为现实需要人类实践意义的身体力行。如何在实践意义上构建人类命运共同体,以便使新质的文明形态出现在我们面前?这需要凝聚人类智慧的实践原则进行引导和规范。习近平总书记提出了这样的实践原则,具体内容如下:第

---

① 《马克思恩格斯文集》第2卷,北京,人民出版社2009年版,第36页。
② 《习近平谈治国理政》第2卷,北京,外文出版社2017年版,第541~544页。

一,"我们要建立平等相待、互商互谅的伙伴关系";第二,"我们要营造公道正义、共建共享的安全格局";第三,"我们要谋求开放创新、包容互惠的发展前景";第四,"我们要促进和而不同、兼收并蓄的文明交流";第五,"我们要构筑尊崇自然、绿色发展的生态体系"①。以上五个"我们要"的提法表明,实践原则需要世界各国不分彼此地身体力行,这就要求必须改变当下世界实践原则制定者、主导者与遵行者分为主从两个等级的状态,在政治、经济、军事、文化和生态等各个领域的问题上"平等相待、互商互谅",坚持"公道正义",承认"和而不同"是基于客观事实而来的真理,在绿色发展和生态文明问题上则是自觉主动地承担责任,并把责任落到实处。

马克思"真正的共同体"理论和习近平总书记提出的人类命运共同体理念的基本内容已如上述。分别来看,二者各有自己的特定语境和相应的理论结构;从线性历史来看,二者之间具有密不可分的内在联系。揭示这种内在联系,使其由隐性存在变为显性存在,是理论工作者义不容辞的责任,也是我们准确全面理解二者的前提条件。这样的内在联系由两个方面的内容组成:一是联系,二是发展。虽然马克思"真正的共同体"理论和习近平总书记提出的人类命运共同体理念提出于不同的时代,但精神实质之间具有高度一致性。

第一,二者都以人民为中心,主张和捍卫人民至上的理念。在马克思语境中,"真正的共同体"是"自由人的联合体",自由人的主体是人民,特别是劳动人民。在习近平总书记的重要论述中,人类命运共同体中的点睛之处是"命运",这里的命运指称对象是人民的命运,意在表明人民的命运至高无上,使人民有一个好的命运是我们的奋斗目标。这说明,在价值诉求意义上,马克思"真正的共同体"理论与习近平总书记提出的人类命运共同体理念之间是高度一致的关系。

第二,二者都提出于特定的人类社会历史转折时期,为人类文明的发展进步指明了新的方向。马克思"真正的共同体"理论提出于工业革命的高歌猛进时期,资本为自己创造出一个世界②,以工人阶级为代表的人民则是在资本的压倒性力量面前一钱不值。马克思用生动形象的警句表征这种状况,是"铁人反对有血有肉的人"③。人类文明向何处去?马克思给出

---

① 《习近平谈治国理政》第2卷,北京,外文出版社2017年版,第523~525页。
② 《马克思恩格斯文集》第2卷,北京,人民出版社2009年版,第36页。
③ 《马克思恩格斯文集》第8卷,北京,人民出版社2009年版,第354页。

的答案是人类应当消灭资本主导一切的社会制度，构建一个以"自由人的联合体"形式出现和存在的"真正的共同体"。与此类似，人类命运共同体理念提出于全新的时代。这一时代的特点在于，以美国为代表的西方世界主导一切的局面虽然仍在维持，但新的国家和新的力量正在蓄势待发，重构新的世界秩序和使资本不再主宰一切的格局呼之欲出。人类文明向何处去的问题又一次摆在我们面前。人类命运共同体理念的提出正逢其时，我们要创造的新的文明形态，其中人民是中心，资本主宰一切的局面将会被彻底打破。

第三，二者的方法论原则都是线性史观。马克思是历史唯物主义理论的主要创立者。他利用这一根本性的方法论原则研究当时的世界历史问题，基于人类社会历史的过去和"现在"，指出人类未来的发展方向。这一方向中的人是自由全面发展的人，是社会历史演化的必然性结果，结果的社会性表现是真正的人类共同体，也就是"自由人的联合体"。习近平总书记创造性地运用历史唯物主义方法论原则于新的时代，在究问"我们从哪里来、现在在哪里、将到哪里去"问题的过程中[①]，基于历史和现实地提出人类命运共同体理念，为创造人类文明新形态指明了方向。

细加研究就可以发现，马克思关于"真正的共同体"的论述与习近平总书记提出的人类命运共同体理念之间存在一些区别。区别之处表明，人类命运共同体理念确实是对马克思"真正的共同体"理论继承基础上的进一步发展，具体表现在以下几个方面。第一，马克思"真正的共同体"理论在突出和强调共同体的共产主义性质的同时，也在突出和强调构成共同体的个人的性质，这里的个人是自由全面发展的个人。习近平总书记把马克思"真正的共同体"理论运用于当代世界国与国之间的关系及由这种关系形成的共同体性质的认知上，形成的结论性看法是国家无论大小，相互之间的关系性质是平等的且是荣辱与共的，这样的共同体才是真正的人类命运共同体。第二，马克思在提出"真正的共同体"理论时广博地吸取人类文明的精华，其中人道主义思想的源头可以追溯到文艺复兴时期，西方近代以来的文明成果更多地成为马克思"真正的共同体"理论的资源。但是，有一点是客观存在的事实，马克思"真正的共同体"理论中，中国的文明成果及其智慧没有得到多少表示存在的机会。人类命运共同体理念是对这种状况的改变。中国历史上的优秀文明成果被人类命运共同体理

[①]《习近平谈治国理政》第2卷，北京，外文出版社2017年版，第357页。

念充分吸收和阐发，成为这一思想的鲜明特质，并且在当代马克思主义中闪耀光辉。这样的例证极为丰富，稍作梳理便可见到以下内容：和而不同、以和为贵、天下大同、协和万邦等。这样的例证表明，习近平总书记基于中国的文明成果及其智慧发展了马克思所创立并为世界无产阶级所认同的人类共同体理论。第三，纵观马克思光辉而伟大的一生，理论创造是其主要工作。马克思一生耗费了大量时间用于创作为人类谋福祉的理论，人类共同体理论是其中的有机组成部分。与此同时，理论是实践的指导，马克思的另一项重要工作是从事革命活动，以期推翻资本主义制度，使真正的人类共同体理论成为客观事实意义的存在。受限于当时的社会历史情势，马克思"真正的共同体"理想没有来得及变为现实。而人类命运共同体理念提出于全新的社会历史情势之中，中国人民的伟大实践是其客观基础，它一出现就是理论与实践的有机统一，理论指导实践，实践验证和发展理论，这使得人类命运共同体理念更加表现出理论与实践有机统一的品格。从这种意义上说，构建人类命运共同体是马克思"真正的共同体"理论在当代中国特色社会主义道路中的实现与实践。

第一章 人类共同体的原生形态

在人类社会发展的前资本主义历史阶段，人们以各种自然条件如地理、气候、地质、水文等为根本前提，以各自群居组织的血缘关系与依附关系为联结纽带，以共同的风俗习惯、语言文化、图腾信仰、财产利益、军事组织等为支撑结构，以比较固定的农耕、游牧、渔猎等为生产和生活方式的活动框架，以家庭、氏族、部落乃至公社、城镇为基本单元，形成了人类共同体的各种原生形态。马克思对这些人类共同体的原生形态进行了整理、研究、阐释，以说明其"自然的和经济的前提"[1]，最后将人类共同体原生形态概括为三种形态：一是"亚细亚的"形态，二是"古代的"形态，三是"日耳曼的"形态。

第一节 "亚细亚的"共同体形态

人类作为一种群居动物，需要一种家庭、部落等共同体形式作为自己生产、生活和活动的基本单元，于是首先出现的是自然形成的共同体，包括个体家庭，以及以家庭为基本单元形成的氏族部落，或者这些氏族部落进一步联合形成的部落联盟。[2] 马克思把这种基于血缘家庭而结成的共同体统称为"亚细亚的"共同体形态。马克思将其称为"天然的共同体""原始共同体"。[3] 之所以称其为"天然的共同体"，是因为它依据天然形成的

---

[1] 《马克思恩格斯文集》第8卷，北京，人民出版社2009年版，第122页。
[2] 《马克思恩格斯文集》第8卷，北京，人民出版社2009年版，第123页。
[3] 有的学者认为，马克思在《1844年经济学哲学手稿》等文本中频繁使用的"共同存在物"即德语Gemeinwesen，其词根"wesen"有本质、本性、天性之意，所以，马克思在具体使用这一概念时，已经把它严格限定在古代共同体和前资本主义共同体的范围之内。参见侯才：《马克思的"个体"和"共同体"概念》，《哲学研究》2012年第1期。

土地、牧场、森林等自然条件，以农耕、游牧、捕猎为其基本的生存方式；之所以称其为"原始共同体"，是因为他们共同占有、共同使用、共同维护的土地、牧场、森林等，是一种原始形成的自然条件，这是他们生产方式、生活方式、活动方式的基本前提。自人类结束漂泊开始定居时代以来，这种原始共同体便不断受各种地理的或物理的等外界条件以及他们部落自身内在性质的影响，开始或多或少地发生变化，从而逐步形成一些诸如在血缘、语言、习惯等方面的共同性。

纵观整个历史，个人的发展过程是逐渐趋于独立的过程。早期的个人从属于较大的整体，人类社会原初阶段的氏族、部落以及家庭等，都把血缘关系、语言文化、生活习俗等作为最为基本的联结纽带，例如从属于家庭、氏族家庭，以及由于氏族间交往而产生的各种公社等①，生产关系、财产关系、交换关系在此基础上衍生出来。"自然形成"的共同体形态的生产方式是非常落后的、自给自足的生产方式，在这种共同体结构中，劳动是在自然规定性意义上的生产劳动，人们以氏族或者部落为单位进行生产协作，一方面是因为个体能力有限而必须与他人合作，另一方面则是因为被血缘关系的亲情纽带联系在一起。所以，在"亚细亚的"共同体形态中，单个人并非独立的个体，只有依从于氏族或公社这种共同体，并作为这种共同体中的组成部分才会获得存在的价值和意义。但是，这种看似落后的、以个体依附于氏族或公社的共同体结构，在马克思看来却是属于比较"崇高"的、"全面"的发展方式。②

作为原初社会的文明形态，无论是农耕文明，还是游牧文明与渔猎文明，土地都为人们提供生产和再生产的劳动对象、劳动场所，并且为人们提供赖以从事交往的居住场所、社交场所，因此土地是原始共同体第一种而且是比较重要的共同体基础。马克思将"亚细亚的"共同体形态称为以"土地公有制"为基础的共同体或"公社"，是因为孤立的个体不可能把土地作为一种"财产"，只有"亚细亚的"共同体才能使每个成员独立地在自己的份地上从事劳动。③不仅如此，"亚细亚的"共同体还存在一种"共同性"，它不仅能使劳动过程本身具有共同性，而且以共同占有的土地为前提，共同占有通过共同劳动创造的财富，以此作为共同体内部再生产和扩大再生产的条件。这种存在于公共财产包括土地、劳动过程中的"共同

---

① 《马克思恩格斯文集》第8卷，北京，人民出版社2009年版，第6页。
② 《马克思恩格斯文集》第8卷，北京，人民出版社2009年版，第137~138页。
③ 《马克思恩格斯文集》第8卷，北京，人民出版社2009年版，第135页。

性",与作为其成员的私人占有并存,是"亚细亚的"共同体形态不同于其他共同体形态的独特之处。

马克思认为,在所有人类共同体的原生形态中,都存在着一个"统一体":"统一体或是由部落中一个家庭的首领来代表,或是表现为各个家长彼此间的联系。与此相应,这种共同体的形式就或是较为专制的,或是较为民主的。"①在"亚细亚的"共同体形态中,这种"统一体"表现为更高的所有者,即更多地表现为专制制度下的专制君主:

>在大多数亚细亚的基本形式中,凌驾于所有这一切小的共同体之上的总合的统一体,表现为更高的所有者或唯一的所有者,因而实际的公社却只不过表现为世袭的占有者。②

在"亚细亚的"共同体形态中,所有共同体成员的剩余劳动和剩余产品完全归属于这个最高的"统一体",各种形式的贡赋和为了颂扬"统一体"而共同完成的工程等形式的劳动产品中都凝结着所有共同体成员的剩余劳动。③因此,"亚细亚的"共同体形态的"统一体",还承担着把各个共同体的剩余劳动产品用于水利工程、交通设施、军事战争等公共事务的功能。马克思进一步指出,"亚细亚的"共同体必须有一定量的劳动,这些劳动成果一方面用于共同体抵御风险的公共储备,另一方面用于支撑诸如战争、祭祀等共同体自身的活动所需。正因如此,最原始意义上的领主的财产支配权问题第一次在历史中出现。④

第二节 "古代的"共同体形态

马克思所说的"古代的"共同体形态主要是指存在于古希腊、古罗马的共同体,又称为"古代古典的"共同体。"亚细亚的"共同体形态以土地为基础,其劳动资料和劳动材料是所有成员共同占有的财产。与以土地作为基础的"亚细亚的"共同体形态不同,"古代的"共同体是以城市

---

① 《马克思恩格斯文集》第8卷,北京,人民出版社2009年版,第125页。
② 《马克思恩格斯文集》第8卷,北京,人民出版社2009年版,第124页。
③ 《马克思恩格斯文集》第8卷,北京,人民出版社2009年版,第125页。
④ 《马克思恩格斯文集》第8卷,北京,人民出版社2009年版,第125页。

作为居住地。与此相对应，在"古代的"共同体中，耕地不像村庄那样仅仅表现为土地附属物，而是表现为城市的领土①，当然这并不影响它把土地当作共同体存在的基础，当作共同体成员劳动过程的基础组成部分。"亚细亚的"共同体形态作为一种实体，共同体成员只不过是其中的附属物，或者说是这种共同体形态的天然组成部分。"古代的"共同体形态则是"按军事方式组织起来的，是军事组织和军队组织，而这是公社以所有者的资格而存在的条件之一"②。从某种意义上可以说这种共同体形态是一种"军事的共同体"，它之所以按照军事组织的形式存在，是因为共同体经常会遭受其他共同体对自身领土（城市周围的土地）、财产的战争骚扰。保持现有领土或者扩大领土范围，就成为共同体成员面临的共同任务，战争也就成为共同体巨大的共同工作。③

　　支撑"古代的"共同体形态存续的是两种结构。一种是小的私人占有制。即共同体的成员分别拥有自己的生产资料（如土地、生产工具），但是不仅生产资料的数量对于每个人是有限的，而且这些生产资料需要不断被改造、维护才得以保持其生产能力。生产资料的拥有者需要本人劳动，劳动产品归劳动者所有。劳动者生产的目的是自给自足，当然，他们的生产能力也决定了这种生产不可能在满足基本需要后还有太多剩余。这种劳动只是生存的一种必要手段，包括劳动者在自己土地上从事的农业活动，他们的妻子儿女在家庭中从事的纺织活动，等等，都不是为了与他人交换，而是"为直接消费而从事劳动的小农业"④。小农业与手工业相互结合的自给自足的生产方式，是"古代的"共同体形态得以存续的前提。另一种是公有土地与私人占有相结合。在"亚细亚的"共同体形态中，单个成员的财产本身直接就是共同体的财产，单个成员只不过是共同体财产的占有者而非所有者。在"古代的"共同体形态中，大部分土地由共同体成员来占有和支配，这种公有土地是共同体的财产，在某种意义上可称为"国有财产"⑤；另一小部分则被分成小块土地，分给共同体的各个成员，作为他们各自的私有财产。在这种所有制结构中，公有土地与共同体成员的私有土地是截然分开的。如此一来，在"古代的"共同体形态中，单个成员

---

① 《马克思恩格斯文集》第8卷，北京，人民出版社2009年版，第126页。
② 《马克思恩格斯文集》第8卷，北京，人民出版社2009年版，第126页。
③ 《马克思恩格斯文集》第8卷，北京，人民出版社2009年版，第126页。
④ 《马克思恩格斯文集》第8卷，北京，人民出版社2009年版，第128页。
⑤ 《马克思恩格斯文集》第8卷，北京，人民出版社2009年版，第127页。

既是作为共同体成员而存在,同时又是作为小块土地的私有者而存在。基于这种身份,公社成员自觉地形成一种对共同体的归属观念。这种观念一方面保证了公社的个人心目中对自身公社成员身份的认可,另一方面也在现实中保持了公社的存在①。

在"古代的"共同体中,每个共同体成员都占有以土地为代表的一定的生产资料,都需要通过劳动不断生产出满足自身需要和维持再生产的产品。这些共同体成员之间的关系是"自由的和平等的私有者间的相互关系"②。但是这种"自由"和"平等"并非现代意义上的"自由"和"平等",而是带有一种原始的、朴素的性质,它们仍然是"古代的"共同体形态得以存续的条件。农业与手工业相互结合的自给自足的生产方式,共同体(公社)公有土地与个体成员私有土地的空间并存,共同体成员的共同需要、共同荣誉、共同利益,等等,不仅是"古代的"共同体形态的基础和前提,也是维系这种共同体得以存续的纽带。在这种共同体里,公社组织的基础有3个方面的内容:第一,组成公社组织的成员是从事劳动的生产资料(主要是土地)所有者;第二,公社成员在公社中具有一定的独立性,其独立性得以确保的原因,在于拥有一定的生产资料并且成员之间是"自由和平等"的关系;第三,公社作为共同体组织得以维系的基础,是公社成员能够通过在公社公有土地上进行的集体劳动满足自身共同的需要(既可能是现实的物质利益,也可能是共同的荣誉等精神利益,甚至是想象中的利益),只不过这种共同利益、共同财产蕴含于共同体之内,是维系人类共同体存在的结构和纽带,并没有成为支配人类共同体原生形态的根本力量。

第三节 "日耳曼的"共同体形态

人类共同体的原生形态基本上是按照两种方式建立的,一种是以血缘关系为纽带的氏族、部落的共同体形态,另一种是按照地域建立的,以共同利益、共同需要等为纽带的共同体形态。"亚细亚的"共同体形态属于前一种,"古代古典的"共同体形态和"日耳曼的"共同体形态属于后

---

① 《马克思恩格斯文集》第8卷,北京,人民出版社2009年版,第127页。
② 《马克思恩格斯文集》第8卷,北京,人民出版社2009年版,第127页。

一种。但"日耳曼的"共同体既不像"亚细亚的"共同体坐落于土地、牧场、森林中，也不像"古代的"共同体完全集中于城市，而是在乡村与城市的对立中发展起来的：

> 日耳曼的公社并不集中在城市中；而单是由于这种集中——即集中在作为乡村生活的中心、作为农民的居住地、同样也作为军事指挥中心的城市中——，公社本身便具有同单个人的存在不同的外部存在。①

相对而言：

> 古典古代的历史是城市的历史，不过这是以土地所有制和农业为基础的城市；亚细亚的历史是城市和乡村的一种无差别的统一（真正的大城市在这里只能干脆看做王公的营垒，看做真正的经济结构上的赘疣）；中世纪（日耳曼时代）是从乡村这个历史的舞台出发的，然后，它的进一步发展是在城市和乡村的对立中进行的；现代的［历史］是乡村城市化，而不像在古代那样，是城市乡村化。②

按照马克思主义哲学唯物辩证法的基本规律，"整体并不是由它的各个部分组成。它是一种独立的有机体"③。也就是说，作为整体的各个部分之间应该发生紧密联系和相互作用，使整体产生出每个部分都不具备的能力，从而使整体的功能超出各部分功能简单相加之和。按照这样的标准，"日耳曼的"共同体形态并不是一个"整体"，因为"日耳曼的"共同体并非是由单个成员组成的，单个成员仅仅属于家庭，而共同体属于各个家庭之间一种松散的联合。作为共同体组成部分的各个家庭都是"一个独立的生产中心"④。这就与"亚细亚的"共同体与"古代古典的"共同体有着根本不同。在"亚细亚的"共同体中，土地财产属于共同体所有，个体成员仅仅是土地的使用者；而在"日耳曼的"共同体中，多数土地是以家庭为单位所有、使用并获得收益的。在"古代古典的"共同体形态中，共同体

---

① 《马克思恩格斯文集》第8卷，北京，人民出版社2009年版，第131页。
② 《马克思恩格斯文集》第8卷，北京，人民出版社2009年版，第131页。
③ 《马克思恩格斯文集》第8卷，北京，人民出版社2009年版，第131页。
④ 《马克思恩格斯文集》第8卷，北京，人民出版社2009年版，第132页。

成员生活的城市以及附属于其中的土地被看作一个经济整体，共同体成员在其中共同生活生产；而在"日耳曼的"共同体形态中，

>单个的住地就是一个经济整体，这种住地本身仅仅是属于它的土地上的一个点，并不是许多所有者的集中，而只是作为独立单位的家庭。①

在"日耳曼的"共同体形态中，也存在一种属于共同体的公有土地。如果说"古代古典的"共同体是以大块公有土地与小块耕地私有并存的经济结构为支撑的，是一种土地作为"国有财产"与私人土地财产相对立的形式，那么在"日耳曼的"共同体中，公有土地并不是成员共同劳动的主要场所，而仅仅是作为共同体成员在私人土地生产之外的某种补充，甚至对于有的共同体成员而言，这些公有土地只有被作为共同体的象征性标志而需要保卫其免受其他部落侵袭时才显现出其价值，才被视为共同体的生产资料。在共同体成员看来，公有的牧场、猎场等土地，可以被每个家庭（或者说共同体成员）使用，在使用时，这些成员的身份都是公有土地的个人所有者，都是作为个人使用，是把公有土地当作所有"个人所有者的共同财产"②，"当它（公有土地——引者注）必须充当这类特定形式的生产资料时，是不能加以分割的"③。这又与"古代的"共同体中公有土地被部落首领以"国家代表"的身份来使用明显不同。虽然实际上，鉴于贵族阶层在共同体中的地位和影响，这些公有土地事实上是被贵族控制，并且逐渐据为己有。④

作为共同体基本单位的家庭并不生活在一起，而是彼此间隔距离很远。在这种情况下，共同体必须通过成员定期集会的方式进行联系，因此，集会就成了这种共同体显示存在的主要方式。虽然"日耳曼的"共同体形态属于一种松散的联合，但是政治性的集会、血统渊源、家世传统、语言文化、宗教典礼等，仍然是共同体成员维系共同体形态时必不可少的纽带。在这个意义上说，"日耳曼的"共同体是其成员基于共同历史、共同文化形成的统一体，一方面，这种文化是每个成员家庭甚至成员与其他

---

① 《马克思恩格斯文集》第8卷，北京，人民出版社2009年版，第132页。
② 《马克思恩格斯文集》第8卷，北京，人民出版社2009年版，第133~134页。
③ 《马克思恩格斯文集》第8卷，北京，人民出版社2009年版，第132页。
④ 《马克思恩格斯文集》第8卷，北京，人民出版社2009年版，第131页。

共同体相区别的特征；另一方面，这种文化表现的方式即各种集会也是共同体存在的实际方式和存在的意义。更进一步讲，"日耳曼的"共同体经济结构的维系也需要这种集会、战争加以保障，"在日耳曼的形式中，农民并不是国家公民，也就是说，不是城市居民；相反地，这种形式的基础是孤立的、独立的家庭住宅，这一基础通过同本部落其他类似的家庭住宅结成联盟，以及通过在发生战争、举行宗教活动、解决诉讼等等时为取得相互保证而举行的临时集会来得到保障"[1]。日本学者渡边宪正认为，马克思《1857—1858年经济学手稿》中使用的"Gemeinde"一词（被译为"公社"），实际上就是城市国家，属于一种政治层面的共同体，可以视为前资本主义社会中的独立政治组织，"更确切地说，是由男性所组成的公共空间或组织（共同体），比较容易想到的例子是古典古代的城市国家和日耳曼集会"[2]。日本学者的这种理解仅仅注意到了"公社"的字词语义，并没有看到马克思所说的"古代的"共同体形态和"日耳曼的"共同体形态的经济结构，也没有充分注意到它们在维系共同体的军事战争、精神荣誉、宗教信仰、语言文化等方面的作用，关于这一点，马克思早已指出："人只是在历史过程中才孤立化的。人最初表现为类存在物，部落体，群居动物——虽然决不是政治意义上的政治动物。"[3] 由此看来，日本学者渡边宪正的这种理解是不全面的。

第四节　人类共同体原生形态的解体

马克思不是浪漫主义者，对美化和向往原始社会的浪漫主义观点多有批判，他认为这种观点很可笑。批判的原因在于，马克思对原始共同体形态特别是其中的财产所有权形式有清醒的认识，其中包括对这种财产所有权形式局限性的认识。按照马克思的观点，由于原始共同体中财产所有权形式具有局限性，这些财产所有权形式必然要被扬弃，建立在其基础上的原始共同体形态趋向解体，在解体过程中将出现财产所有权"派生的形式"。实际上，马克思所说的局限，是相对于财产所有权"原始的形式"

---

[1]　《马克思恩格斯文集》第8卷，北京，人民出版社2009年版，第133页。
[2]　参见韩立新主编：《新版〈德意志意识形态〉研究》，北京，中国人民大学出版社2008年版，第374页。
[3]　《马克思恩格斯文集》第8卷，北京，人民出版社2009年版，第147页。

来说具有破坏性作用并导致"派生的形式"产生的新因素，把这些新因素罗列出来是如下内容：商品交换的发展，货币关系的出现，土地的集中占有，奴隶制的产生和发展，战争和征服，个人和社会都没有自由发展，人口的增长，个人改变对公社的关系，贫穷化，等等。① 这些新因素中的任何一个，只要发展到一定程度，都会诱致原始共同体中财产所有权"原始的形式"的解体，进而促使原始共同体的解体。下面3种情况是原始共同体形态解体的主要动因。

　　第一种情况是生产力的发展。原始共同体发展缓慢，但这并不意味着毫无进展地原地踏步，而是发展的事实和机遇仍然存在，如新工具的发现和使用，满足生存需求新方法的获得，食物获得方式由采集变为耕种，等等。随着新的劳动方式、新的劳动组合出现，以往农业劳动时间的分配比例将会大幅度增长，从而使共同体旧有的经济条件成为过去。在再生产行为中，一方面，客观现实的条件发生改变，比如生产对象、生产工具、生产条件等；另一方面，生产者也发生改变。生产者可以通过更新产品技术，创造出在质或量上超出旧有生产能力或规模的新产品，在这个过程中，生产者自身也在发生变化，不仅产生更新的思想观念，而且在更大范围或更深程度上加强了共同体成员交往，甚至产生新的交往方式，也就是说，生产者也在再生产的过程中发展和改造着自身。② 这种生产力的发展会给原始共同体及共同体内部人与人之间的关系造成重大冲击，最重要的是财产所有权形式会发生变化。这种结果很快便会成为原因，直接促成新结果的出现，这就是财产所有权"原始的形式"被"派生的形式"所代替，原始共同体被新的社会形式所代替。

　　第二种情况是战争。在丛林法则盛行的原始社会，战争是司空见惯的现象，也是解决不同原始共同体之间纷争的常见形式。战争，是原始共同体"最原始的工作之一，既用以保卫财产，又用以获得财产"③。"保卫财产"意味着以生命相搏地与侵犯者对抗，失败者人、财（主要指土地）两空，皆成为获胜一方的财产。"获得财产"意味着原始共同体作为胜利的一方出现，侵占另一原始共同体的土地、人口和其他财产。这种形式无助于生产力的发展，但能极大地影响以土地易主为标志的财产所有权的转移。一旦这种情况发生，财产所有权"原始的形式"的解体是肯定会发

---

　　① 《马克思恩格斯全集》第30卷，北京，人民出版社1995年版，第478~479页。
　　② 《马克思恩格斯全集》第30卷，北京，人民出版社1995年版，第487~488页。
　　③ 《马克思恩格斯全集》第30卷，北京，人民出版社1995年版，第483页。

生的事情。在马克思看来，在各种原始性的共同体形态中，劳动者自己和土地一起被视为土地的有机附属物，即劳动者被看作生产条件之一，于是，当战争导致财产转移时，劳动者这种附属物在土地被剥夺的同时也一并被剥夺，从而出现新的生产组织方式——奴隶制和农奴制。这些新出现的生产组织方式将彻底改变原有共同体的原始形式。马克思用黑格尔（G.W.F. Hegel）式的哲学语言将其表述为：在否定以往规定的基础上取得了一种否定的规定。①

第三种情况是向外殖民。人类进行生产是任何社会形态存在的必要条件。对于人类共同体的原始形态而言，如果一个原始共同体生存所依赖的土地自然条件较好，不同个人与共同体之间的关系较为和谐稳定，那么将发生的大概率事件就是人口大量增长。一旦人口增长到超出共同体已有土地和产品承载能力时，过量的人口就会成为原始共同体生产和再生产时无法躲避的巨大障碍。原始共同体跨越这一障碍最主要的途径就是向外殖民，即开拓和占有新的土地。向外殖民往往需要战争，因此殖民过程及其结果存在巨大变数，两种结果都可能出现：一种是殖民失败，殖民者会成为其他原始共同体的奴隶，变为他人的财产；另一种是殖民成功，结果是产生新的土地贵族。无论出现何种结果，殊途同归之处在于，原始共同体的生产和再生产过程将出现根本性变化，原有生产方式将无法延续自己的生命，由"原始的形式"演变为"派生的形式"是必然结局。原始共同体的财产所有权形式由于人口增长和向外殖民而发生变化，这是财产所有权"原始的形式"向"派生的形式"转变的具体途径之一。

按照唯物史观关于人类社会发展演变的观点，原生形态的共同体在历史演变中会逐渐解体，从而演化出其"派生的形式"。按照劳动者的财产所有权形式进行划分，"派生的形式"主要有3种：一是小农个体所有制，即劳动者拥有一定的土地和生产工具并进行生产，产品归劳动者支配；二是小手工业个体所有制，即劳动者拥有一定的生产工具，劳动者有生产的心但是要受"行会"组织制约，劳动产品归劳动者支配；三是奴隶制和农奴制，即作为奴隶或农奴的劳动者不拥有生产资料，不能支配劳动产品，需要通过为奴隶主或农奴制劳动才能获得和支配赖以生存的生活资料。在欧洲社会原始形态共同体解体后，奴隶制和农奴制是占据主导地位的派生形式，其他两种"派生的形式"都依附于奴隶制或农奴制。

---

① 《马克思恩格斯全集》第30卷，北京，人民出版社1995年版，第484页。

人类共同体原生形态解体后的派生形态只是历史的过客，具有暂时性质，并非马克思的关注重点。在马克思看来，这些派生形态最为重要的历史价值在于推动了人类共同体从原生形态向新的形态即资本主义社会人类共同体形态的转变。在马克思看来，支撑人类共同体现实形态的经济基础和法律基础是资产阶级财产所有权，因此他在相关研究上投入大量精力。并且，在马克思看来，虽然研究财产所有权的演化历史确实具有历史研究的目标性追求，是马克思"希望做的一项独立的工作"[①]，但马克思认为更直接和更迫切的理论任务是揭示资产阶级财产所有权是如何出现的、内在本质是什么、其社会历史性的前景如何，进而揭示资本主义社会人类共同体形态的内在本质。

马克思的发现表明，资本以"清扫土地上的过剩人口"的形式创造自己所需要的雇佣劳动形式[②]，从而使农民、农业和农村发生根本性变化，以便适应资本的客观需要。在各种变化中，最具有根本性的一点，是劳动者与劳动客观条件（主要是土地和劳动工具）的分离。由于这种分离的持续出现，一些人除了被人雇佣从事劳动别无他法，资本所需要的结果真的出现了，雇佣劳动者成为社会历史性的客观存在，他们没有任何生产资料，任由资本摆布，只有一条路可走，成为资本家追逐剩余价值的雇佣工人。人们这时才发现，"劳动与所有权的同一性"的"原始的形式"已演变为资产阶级的财产所有权形式，表现出来的是资本侵占他人的劳动、劳动创造他人的所有权。

马克思用英国的社会历史性事实证明资产阶级财产所有权形式产生过程的残酷性质。英国圈地运动中被租佃者赶走的茅舍贫农以及各种被遣散消费产品的侍从共同组成一个规模巨大的劳动力群体。劳动市场声称给了这个群体自由，即使他们不仅获得摆脱旧的农奴关系以及徭役关系的自由，而且获得摆脱一切物质财物及其存在形式的自由。这种形式自由下的人实际上自由得一无所有，为了获得生存必需的生活资料，他们被迫出卖自己的劳动能力。除此之外，他们便只能行乞、流浪和犯罪，不得不随时面临各种刑具的威胁而战战兢兢。[③]

这种残酷的社会化过程实质是资本化过程的最终结果，是资产阶级财产所有权形式表示存在和发挥社会历史性作用所需客观条件的准备，包括

---

① 《马克思恩格斯全集》第30卷，北京，人民出版社1995年版，第453页。
② 《马克思恩格斯全集》第30卷，北京，人民出版社1995年版，第235页。
③ 《马克思恩格斯全集》第30卷，北京，人民出版社1995年版，第502页。

4个方面的内容：其一是雇佣劳动者的大量存在；其二是物质财富的足够积累；其三是自由交换特别是劳动者劳动能力与货币资本自由交换的普遍化和制度化；其四是生产的唯一目的在于交换价值，剩余价值是唯一的追逐目标。[①]

[①] 《马克思恩格斯全集》第30卷，北京，人民出版社1995年版，第456页。

第二章 人类共同体的现实形态

马克思真正经历过的人类共同体形态是资本主义社会的人类共同体形态，是在资本宰制之下的人类共同体。对人类共同体这一现实形态的全面揭示和扬弃不仅是马克思的理论之源，也是其理论旨归。从马克思的相关论述可以看出，人类共同体现实形态得以形成的基础是资本主义生产方式向全球的扩张，直接动因是资本对利益的追逐，而根本动因是社会生产力的发展。人类在这一共同体形态中获得了某种进步，也经受着"非人"境遇，所以，这一共同体形态具有"虚假性"，必须经过扬弃而达到人类共同体的新形态。

第一节 人类共同体现实形态的产生条件

在人类共同体的原生形态时期，各个民族、国家和地区的生产方式尽管有所差异，但本质上并没有太大的差别，他们普遍实行的是自给自足的自然经济生产方式。这种生产方式中的人们采取"男耕女织"的模式，以个体生产和家庭作坊为生产单元，世世代代被束缚在狭小的土地上，过着封闭、单调的生活，整个社会也缺乏内在活力。在这样的环境里，世界各民族、国家和地区基本上是在各自的地域内相对孤立、自成一体地平行发展，并以此为单位形成共同体。人们的发展局限于民族地域性，世界性的普遍交往既无必要又无可能，以人类整体为主体的人类共同体在现实中并不存在。

"地理大发现"为人类共同体从"局部"走向"全体"创造了外部条件。15世纪末到16世纪初，哥伦布等航海家发现了美洲新大陆，达·伽马、麦哲伦等航海家开辟了欧洲去往非洲、亚洲等地的海上新航线，这一系列事件被称为"地理大发现"。伴随"地理大发现"而出现的，不仅是世界不同地区、国家、民族之间的人员交往，而且是更为密切的经济联系。从"地理大发现"时代开始，人类真正被作为一个整体存在和被理解。鉴于"地理大发现"如此重要的意义，学术界普遍把"地理大发现"作为人类开始进入世界历史时代的标志性事件。美国著名历史学者 L.S. 斯塔夫里阿诺斯（Leften Stavros Stavrianos）就以 1500 年为分界点，把人类历史划分为两个时段，甚至把哥伦布与 20 世纪登上月球的宇航员相媲美：

> 实际上，严格的全球意义上的世界历史直到哥伦布、达·伽马和麦哲伦进行远航探险时才开始。在这以前，只有各民族的相对平行的历史，而没有一部统一的人类历史……1500 年是人类历史上的一个重要转折点。我们可以拿哥伦布和宇航员进行比较：前者抵达圣萨尔瓦多，打破了地区间彼此隔绝的束缚；后者登上月球，打破了行星间彼此隔绝的束缚。[1]

然而事实上，真正让人类进入世界历史的，并非哥伦布等冒险家，而是被资本主义大工业驱使的资产阶级。"地理大发现"之后，美洲、非洲、印度等地生产的大量金银流入欧洲，而欧洲的手工业产品则更多地销往这些新的区域，"原本仅仅是在欧洲大陆，也许最多到达北非某些区域的贸易活动，如今可以频繁地且快捷地覆盖到东亚、美洲或者其他新发现的地区（例如澳洲）。按照贸易的一般规律，在这些地区，无论是基于人们对贸易商品的迫切需要，或者是出于某种新鲜感，甚至单纯就是因为人口众多，总之，新市场很快就在规模上超过了传统的欧洲市场"[2]。贸易的发展推动了欧洲商品经济的持续稳定增长，进而为资本主义率先在欧洲兴起创造了前提，也为与资本主义相伴相生的资产阶级快速壮大提供了条件。不同于之前的生产方式，资本主义不仅要求打破国内封建割据，形成有利于商品经济发展的统一的国内市场，而且要求冲破各民族、国家和地区间闭关自守和相互隔绝的状态，把整个世界作为它的市场。之前相对隔绝的东西两半球之间、全世界各地之间，开始了更加密切而相对稳定的经贸往

---

[1] ［美］斯塔夫里阿诺斯：《全球通史——1500 年以后的世界》（下册），吴象婴、梁赤民译，上海，上海社会科学院出版社 1992 年版，第 3 页。

[2] ［美］斯塔夫里阿诺斯：《全球通史——1500 年以后的世界》（下册），吴象婴、梁赤民译，上海，上海社会科学院出版社 1992 年版，第 3 页。

来，它们之间的相互影响、相互联系、相互依存、相互作用，从个别的、偶然的、非常规的历史现象变为一种普遍的、必然的、常规的历史现象，从而真正将人类历史推向一个崭新时代——世界历史时代。正是在这个意义上，马克思才认为，"世界史不是过去一直存在的；作为世界史的历史是结果"①。

促使人类共同体从"局部"走向"全体"的根本动因是生产力的发展。大航海带来了大商机，当工场手工业远远不能满足社会化生产方式愈来愈扩张的商品生产需求时，就必然会催生大工业。大工业本身是生产力发展的结果，而其产生和发展不仅进一步推动了生产力的普遍发展，而且促进了人类共同体由原生形态向现实形态的转型。

第一，大工业创造了现代化的交通工具（如轮船、铁路、飞机）和通信工具（如电报、电信、电话），使商业、航海业和交通业得到了巨大发展，人类建立现实联系的条件更加具备，世界各民族、国家的交往从可能成为现实。斯塔夫里阿诺斯认为，以牛顿力学为代表的科学革命为契机，以世界市场的形成为标志的商业革命为推动力，欧洲的工业革命对于生产力的推动主要体现在两个阶段：第一阶段，工业革命时期，蒸汽机的普遍推广引起了纺织机器、交通运输和通信联络方面的革命，蒸汽机结束了人们对自然力作为动力的依赖，它提供了治理和利用热能、为机械供给推动力的手段。可以说，蒸汽机具有重大的历史意义。②不仅如此，蒸汽机还被用于火车和水上运输，大大提高了运输马力和速度，电报的发明和横越大西洋电缆的铺设，使两个半球之间建立了直接的通信联系。第二阶段，以大量生产技术的发展为特点，工业革命首先推动商业资本主义过渡到工业资本主义和金融资本主义；经济和医学的进步推动了人口的大量增长；引起了全世界前所未有的城市化。总之，仿佛推倒了多米诺骨牌一般，从生产工具改进开始，一个个变化相继发生，社会生产能力得到极大提升，人们交往的工具和条件更加便利，最后，世界上各个民族、国家，甚至曾经被欧洲世界认为是最偏僻、最野蛮和最落后的地区都卷入"发展"的历史洪流之中。正如马克思所言，大工业为人类交往创造了物质条件，产生了史无前例的奇迹。③

---

① 《马克思恩格斯文集》第8卷，北京，人民出版社2009年版，第34页。
② ［美］斯塔夫里阿诺斯：《全球通史——1500年以后的世界》（下册），吴象婴、梁赤民译，上海，上海社会科学院出版社1992年版，第287页。
③ 《马克思恩格斯文集》第2卷，北京，人民出版社2009年版，第34页。

第二，大工业促成了现代化的世界市场。商品生产并不仅仅存在于世界历史时代，但是，在此之前，自然经济的生产方式很难使商品生产与商品交换成为占据社会生产方式的主流，商品交换仅仅是作为自给自足小农经济生产方式的补充而存在的，这势必导致市场规模狭小，更谈不上冲破国内市场，走向世界市场。工业生产的巨大扩张和商品经济日渐居于支配地位，为资产阶级创造了更大的活动空间。随着资产阶级政治革命、工业革命、生产革命和科技革命的相继完成，资产阶级终于可以自由地奔走于全球各个地方，用廉价而充足的商品和"坚船利炮"摧毁了一切落后民族的"万里长城"，满怀征服世界创业激情的资产阶级，不断开辟新的产品市场和原料基地，为大工业生产和产品销售创造新的条件，结果是"所有地方性的小市场联合成为一个世界市场"①。

第三，大工业改变了国际化生产的分工格局，使世界逐渐联成一个相互依存的整体。一方面，大工业生产带来的便宜的机器产品，大大超过了国内市场的容量，只有到国外寻求更大的商品销售市场才能满足资本扩大再生产的需要；另一方面，专门从事工业生产的城市人口的急剧增长需要从其他地区和国家寻求更多的原料和粮食。另外，随着资产阶级不断开拓更多的殖民地，各个民族的国内市场日益扩大为世界市场，资本主义生产关系也冲出了国家和民族的界限，形成"生产的国际关系"。这样一来，原本局限于民族国家内的城市与农村、工业与农业的分工，就会逐渐演变成以先进技术为基础、以工业生产为主的国家和以自然条件为基础、以农业生产为主的国家之间的国际分工。随着分工的日益深化，社会性分工愈来愈专业化。② 国际分工的细化和强化，迫使参与到国际市场中的每个地区、国家、民族都需要通过获得其他地区、国家、民族的产品才能满足自己的需要③，各个地区、民族、国家及其人民日益被紧密地联结在一起。

第四，大工业增强了人类共同体的整体意识。由于各民族、国家之间生产、交换、分工的频繁发生，那些落后的国家和民族在资本主义生产方式、政治体制、思想文化面前，自觉不自觉地进行了各种各样的经济、政治、文化等各个领域的改革，在此情势下，任何一个民族的文化都不可能保持原来那种纯而又纯的民族性，而必然掺杂、渗透、融合着其他民族的

---

① 《马克思恩格斯文集》第1卷，北京，人民出版社2009年版，第680页。
② 《马克思恩格斯文集》第1卷，北京，人民出版社2009年版，第627页。
③ 《马克思恩格斯文集》第1卷，北京，人民出版社2009年版，第566页。

文化，也必然会掺杂、渗透、融合到其他民族文化之中，各民族、国家之间的文化交往也就日渐冲破地域性，形成世界性普遍交往。这种不同民族文化的密切相关，最终导致"每一个民族的文化都是其民族性和人类性的有机统一"①。

马克思高度重视世界市场的作用。在他看来，世界市场不仅是资本主义赖以存在的基础和条件，而且是联结世界各民族、国家整合成人类整体的媒介和途径。因此，他始终把世界市场作为《政治经济学批判》体系构想的逻辑归宿和制高点。这一点从《资本论》这一研究成果的写作提纲设计上可见端倪。《资本论》的写作提纲几经调整，大体是3种基本框架。

第一种框架是写作《政治经济学批判》时期提出的"五篇体系"构想。1857年10月至1858年5月，马克思写作了《〈政治经济学批判〉1857—1858年》草稿。这是一部有50多个印张的内容丰富的手稿，是《资本论》最初的手稿。在这部手稿的"导言"部分，马克思提出了《政治经济学批判》的"五篇"体系构想："显然，应当这样来分篇：（1）一般的抽象的规定，因此它们或多或少属于一切社会形式，不过是在上面所阐述的意义上。（2）形成资产阶级社会内部结构并且成为基本阶级的依据的范畴。资本、雇佣劳动、土地所有制。它们的相互关系。城市和乡村。三大社会阶级。它们之间的交换。流通。信用事业（私人的）。（3）资产阶级社会在国家形式上的概括。就它本身来考察。'非生产'阶级。税。国债。公共信用。人口。殖民地。向国外移民。（4）生产的国际关系。国际分工。国际交换。输出和输入。汇率。（5）世界市场和危机。"②

第二种框架是写作《政治经济学批判》时期的"六册体系"构想。马克思也确实想按照这一构想写作。在1859年1月出版的《〈政治经济学批判〉序言》中，马克思说明了提出这一设想的理论逻辑："我考察资产阶级经济制度是按照以下的顺序：资本、土地所有制、雇佣劳动；国家、对外贸易、世界市场。在前三项下，我研究现代资产阶级社会分成的三大阶级的经济生活条件；其他三项的相互联系是一目了然的。"③从中可以看出，马克思通过写作《政治经济学批判》，不仅希望从政治经济学角度揭示资本主义发展的一般规律，而且试图还原资本主义的历史和现实的全貌。

---

① 陈筠泉、刘奔主编：《哲学与文化》，北京，中国社会科学出版社1996年版，第250页。
② 《马克思恩格斯文集》第8卷，北京，人民出版社2009年版，第32~33页。
③ 《马克思恩格斯文集》第2卷，北京，人民出版社2009年版，第588页。

第三种框架是《资本论》四卷本结构。早在1862年12月28日致库格曼的信中,马克思就提出一个想法,即把六册体系中"资本一般"部分,"以《资本论》为标题单独出版,而《政治经济学批判》只作为副标题"①。按照这个思路,马克思从1863年7月开始,即以《资本论》为标题,重新构思与写作。马克思为自己制定的构思与写作提纲包括:(1)资本的生产过程;(2)资本的流通过程;(3)生产过程与流通过程的统一;(4)剩余价值学说史。这就是现行的《资本论》四卷本结构。虽然马克思在世时仅完成和出版了《资本论》第一卷,但是留下了丰富的《资本论》手稿。恩格斯等人根据这些手稿,按照马克思的构想和意图整理出了《资本论》的第二卷、第三卷和《剩余价值学说》等著作,构成现行的《资本论》四卷本。

《资本论》四卷本是马克思理论构想的最终呈现结果。我们应该如何认识"四卷本"和其他两种框架的关系呢?比如,这是不是说明马克思已经随着实际研究的深入完全改变了最初的理论构想?或者像某些西方学者曾经论断的,马克思关于政治经济学批判的理论构想并非一种成熟的理论构想而仅是写作的模式之一呢?答案显然是否定的。马克思之所以从写作方式上首先侧重基础理论部分,把《政治经济学批判》体系中的"资本一般"单独摘出以《资本论》为题出版,最主要的原因是现实所迫。随着当时革命形势的变化,作为无产阶级的革命导师,马克思始终怀有一种对无产阶级进行革命启蒙的责任感,迫切希望出版关于政治经济学一般原理在资本主义世界的现实表现(《资本论》的主要内容),以让工人阶级更多更快地了解资本主义何以产生、为何灭亡的规律,马克思曾吐露心迹:"如果我完成得太晚,以致世界不再关心这类东西,那显然是我自己的过错……"②但是,回顾马克思的思想历程,特别是从《资本论》的体系编排来看,马克思还是贯彻了之前的《政治经济学批判》写作构想,始终把世界市场作为这一体系的最高逻辑归宿,在人类整体的高度揭示资本主义时代资本主义生产方式产生、发展和灭亡的历史:"一般说来,世界市场是资本主义生产方式的基础和生活环境。但资本主义生产的这些比较具体的形式,只有在理解了资本的一般性质以后,才能得到全面的说明;不过这样的说明不在本书计划之内,而属于本书一个可能的续篇的内容。"③

---

① 《马克思恩格斯文集》第10卷,北京,人民出版社2009年版,第196页。
② 《马克思恩格斯文集》第10卷,北京,人民出版社2009年版,第150页。
③ 《马克思恩格斯文集》第7卷,北京,人民出版社2009年版,第126页。

第二节　人类共同体现实形态的结构特点

与人类共同体原生形态不同，在人类共同体现实形态中，世界各地区各民族逐渐成为一个整体。这个相互建立联系的过程，同时也是资本主义生产方式的欧洲原生国对其他资本主义生产方式尚未出现或不发展的地区、国家、民族进行殖民征服，从而迫使被征服地方和民族接受资本主义的生产方式，或者采取"与资本相适应"的生产方式的过程。按照马克思的观点，如果征服民族和被征服民族之间存在生产方式差异，那么殖民征服的结果存在3种可能："征服民族把自己的生产方式强加于被征服的民族（例如，英国人本世纪在爱尔兰所做的，部分地在印度所做的）；或者是征服民族让旧生产方式维持下去，自己满足于征收贡赋（如土耳其人和罗马人）；或者是发生一种相互作用，产生一种新的、综合的东西（日耳曼人的征服中一部分就是这样）。"[①] 当征服者和被征服者的主要生产方式同属于自然经济范畴时，被征服者原有的生产方式有可能继续维持和发展；然而当被征服者的自然经济生产方式面对征服者的资本主义商品经济生产方式时，前者瞬时变得"不堪一击"。马克思以英国对中国和印度的殖民征服为例说明了这一过程：英国殖民者先是在中国、印度等地开展世界贸易，凭借产品的价格优势形成贸易据点站稳脚跟，之后就是将更多类型的商品输入这些国家，引起当地居民新的更大的消费需要，为了满足消费需要，当地居民就要参与到更加广泛的商品交换之中。于是当地之前那种只把极少剩余产品投入交换的旧的自给自足的方式必然会被突破，逐渐向愿意把所有产品都投入交换并且为交换而生产的方式转化，即向资本主义生产方式转化，最后，这些地区和居民都被纳入资本主义世界市场的体系之中，成为资本主义生产方式的一个环节。

事实上，这些率先采取资本主义生产方式的殖民征服者，虽然迫切希望快速摧毁已经在殖民地延续千年的自然经济而将其纳入资本主义商品经济的运行体系，但是他们却并不希望被征服国家通过采取完全的商品经济模式和建立完备的工业生产体系而成为新的资本主义强国，更不愿意这些国家迅速发展成为能够和自己一较高下的竞争对手。因此，对他们来说，

---

① 《马克思恩格斯文集》第8卷，北京，人民出版社2009年版，第21页。

最符合资本家利益的方式,就是只把殖民地变成本国工业生产的原料供应地和商品销售地,这也就是早期殖民者对殖民地完全采取海盗式暴力掠夺的原因所在。随着商品经济的发展,殖民地的资本主义生产方式虽然也得到进一步发展,成为资本主义世界经济整体的有机组成部分,但是殖民地国家和人民并没有也不可能获得与殖民征服者同等的发展权利。在殖民者看来,允许殖民地发展新的经济形式只是为了实现一个目的:为资本家赚取更多的剩余价值和利润。马克思在论述英国殖民者对印度的态度时说:"大不列颠的各个统治阶级过去只是偶尔地、暂时地和例外地对印度的发展问题表示兴趣。贵族只是想征服它,金融寡头只是想掠夺它,工业巨头只是想通过廉价销售商品来压垮它。"[①] 至于殖民地所希望的工业化、现代化的发展,殖民者则总是尽可能地放慢或制止,"工业的自由发展在殖民地从未获得过殖民者的赞成,甚至这种发展的可能性,长期以来都被他们看成是荒谬的,不能接受的"[②]。

对于广大非欧地区特别是殖民地国家来说,一方面,其原有的属于前资本主义形态的自然经济生产方式不可能照旧维持下去;另一方面,殖民者又不允许其发展成为与宗主国完全相同、平起平坐的资本主义国家。因此,这些地区实际上只能采取介于前资本主义和资本主义之间的特殊生产方式。那么,如何定位这些殖民地国家所采取生产方式的性质呢?显然,既不能将其归结为自然经济的原生形态,亦不能归结为资本主义的原生形态,其一方面带有资本主义生产方式的性质,另一方面又未完全脱离前资本主义社会政治、经济和文化的"脐带",表现为两种生产方式相互作用、相互碰撞而产生的一种混合类型。与资本主义生产方式在西欧诸国的原生形态和典型形态相比,这种生产方式既非原生亦不典型,是一种被资本主义控制但又并不成熟的资本主义生产形式,我们可称为"资本主义派生形态"。实际中,其表现出以下特点。

第一,具有经济上的依附性。通过建立世界市场,早先发展起来的资本主义强国建立了一个全球性的经济系统。如同资本主义的工厂有细致分工一样,这个被资本主义主导的全球经济系统也存在分工,被纳入其中的每个国家和地区只是"流水线"上的某个或某些环节。作为殖民者(宗主国,或者其他什么名称并不重要),占据在这个系统的中央,发号施令;

[①] 《马克思恩格斯选集》第 1 卷,北京,人民出版社 2012 年版,第 858 页。
[②] [美]托马斯·哈定等:《文化与进化》,韩建军、商戈令译,杭州,浙江人民出版社 1987 年版,第 72 页。

其他被殖民国家在系统的边缘，要么为系统输入原材料，要么为系统消化新的产品。宗主国俨然成为这一系统的"中心"，其他国家只能围绕在其"外围"。恩格斯有一个形象的比喻，说二者之间好比"太阳"与"卫星"的关系：

> 英国应当成为"世界工厂"；对于英国来说，其他一切国家都应当同爱尔兰一样，成为英国工业品的销售市场，同时又是其原料和粮食的供应地。英国是农业世界的伟大的工业中心，是工业太阳，日益增多的生产谷物和棉花的卫星都围绕着它运转。①

作为"外围"存在的殖民地国家，其在本国经济生产中并无完全的独立性。这些国家中普遍存在着由宗主国资本家建立的垄断性质的商品贸易公司（比如英国在印度的东印度公司）。通过这些公司，宗主国更加便利地控制了殖民地的生产、流通、金融等各个行业，犹如通过一个巨大的水蛭，不断"吮吸"殖民地国家的"血液"，将后者的财富源源不断地输往宗主国。这种经济上的联系和控制，使得处在资本主义派生形态中的国家在相当长时间内无法彻底摆脱宗主国，甚至于，纵然由于某些特殊条件，一些国家实现了政治独立，还是要在较长时间里作为原宗主国的经济依附。在《资本论》第一卷中，马克思对美国资本主义的发展情况作过分析。他指出，由于美国的资本主义从一开始就被绑定在英国大工业体系之中，而且其经济发展本身就是英国工业发展的产物，与英国资本主义有着千丝万缕的联系，所以，尽管美国在1776年已获政治独立，但是很长时间内，即使到了马克思发表这一评论的时代（1857~1858年），美国种植园还没有完全摆脱"世界市场范围内的畸形物"。② 由此来看，政治上的独立和经济上的依附成为殖民地国家存在的一种"畸形"现象。

第二，社会经济结构存在多元性。在殖民地国家，资本主义生产方式虽然从总体上破坏了旧经济形态，但是由于这种破坏是在外力作用下产生的，因此旧经济形态所赖以存在的生产力基础并未被彻底粉碎或迅速提升，同时，由于殖民地生产体系的不健全、不平衡，所以原本存在于殖民地之中的一些生产方式还有生产空间。在这些地区，就形成以派生资本主

---

① 《马克思恩格斯文集》第1卷，北京，人民出版社2009年版，第372~373页。
② 《马克思恩格斯全集》第23卷，北京，人民出版社1972年版，第495页。

义形态为主，而其他原始社会生产关系、奴隶经济、封建经济并存的二元或多元社会经济结构。我们在看到派生形态的资本主义性质时，还必须承认其具有浓厚的前资本主义色彩和特点。这些经济形式之间并非泾渭分明，而是相互渗透、相互作用、相互交叉，甚至于在一些地方，资本主义生产方式直接嫁接到非资本主义形态的生产方式上，产生出更加特殊的资本主义派生形态。在《资本论》第三卷中，马克思就以美洲种植园经济为例，说明资本主义派生形态的复杂性。他指出，美洲种植园经济就是一种特殊的资本主义派生形态，在这种形态中，"黑奴"所经受的剥削虽然也是强制性的，但是已不同于古代奴隶所进行的无偿徭役，他们不是作为种植园主的私产存在，而是拥有一定程度的自由，只是他们要和种植园主一起作为资本主义商品生产的一个环节，依附于资本主义世界体系。在《1857—1858年经济学手稿》中，马克思也这样谈论美洲种植园经济的性质："我们现在不但称美国的种植园主为资本家，而且他们也确实是这样的人，这是由于他们是作为以自由劳动为基础的世界市场范围内的畸形物而存在的。"[①] 马克思分析说，美洲种植园经济同时是资本主义经济与封建主义经济杂交的结果，这表现在：首先，种植园主并非真正的农业资本家，而是具有"地主兼资本家"的双重身份。作为土地的所有者，他们并未与其生产资料（土地）相分离，在这个意义上，作为前资本主义形态的一个重要特点——生产资料与所有者相统一——的情况并未发生根本性变化。其次，在种植园经济中，土地所有者、生产工具的所有者、直接剥削者是合三为一的。在真正的资本主义经营中，剩余价值的不同形式如地租、利润、利息是相互分离的。而在种植园经济中，虽然实际上也生产出剩余价值，但是剩余价值全部被庄园主作为自己的"利润"，地租、利润在这里合二为一，完全没有也不必分割为各种形式。由于资本主义派生形态在各国的具体表现千差万别，各国社会经济结构就变得十分复杂，西欧资本主义国家的发展规律也就不能直接套用到非欧国家特别是殖民地国家身上，这是马克思晚年特别关注和强调的。

第三，多重剥削压迫的残酷性。资本主义派生形态是多种经济形式杂交的产物，也集中了历史上各种剥削的糟粕。马克思在分析英国殖民者对印度的侵略时，指明殖民者虽然破坏了印度社会以公有制为基础的农村公社，但并没有帮助印度建立纯粹的资本主义生产关系，反而是与当地原有

[①] 《马克思恩格斯全集》第30卷，北京，人民出版社1995年版，第509页。

的世袭封建制相结合,制造出两种畸形的资本主义派生形态——柴明达尔制度和莱特瓦尔制度。资本主义剥削与当地世袭封建制的剥削相结合,"在亚洲式专制的基础上建立起来的欧洲式专制,这两种专制结合起来要比萨尔赛达庙里任何狰狞的神像都更为可怕"①。由于殖民者的加入,本地剥削者的收入大为减少。为了保持原有的生活方式,这些本地的剥削者必然独自或者伙同殖民者一起,以更加残酷的方式剥削劳动者。资本主义派生形态的恶性发展犹如毒瘤,"印度农民的肩上压着所有这些各式各样制度的缺陷,但是却享受不到这些制度的任何一项好处"②,带给殖民地国家人民的是深重的灾难,"无论是在孟加拉的柴明达尔制度下,或者是在马德拉斯和孟买的莱特瓦尔制度下,占印度居民十二分之十一的莱特农民都遭到了可怕的赤贫化"③。

在前文所述马克思关于《政治经济学批判》的数次规划和设想中,我们看到马克思力图通过对资本主义各种生产方式具体形态的分析,从理论上构建一个具有严密逻辑关系的科学理论体系,而这个体系必然的逻辑是从一般抽象到丰富具体。为了更加细致地说明这个问题,马克思特别注意对资本主义派生形态的研究,在《〈政治经济学批判〉导言》中,马克思就着重强调要注意:"第二级的和第三级的东西,总之,派生的、转移来的、非原生的生产关系。国际关系在这里的影响。"④

需要指出的一点是,在马克思看来,各地区各民族融入人类共同体的过程,既是资本主义原生国通过建立世界市场把其他国家变成自己的"依附"和"边缘",从而重构世界的过程;也是其他国家通过进入世界历史获取其他文明成果,从而重新定位自身并改变原有发展模式的过程。因此,对资本主义派生形态的研究,就要同时把握以上两个过程的辩证统一,而避免产生两种错误倾向:一种是片面夸大非欧国家资本主义派生形态的资本主义性质,甚至将其等同于资本主义原生形态的萌芽或者早期形式,结果忽视这些国家在经济、政治、文化等方面并不具备独立发展的前提条件,忽视了这些国家的殖民地半殖民地的性质和经济、政治、文化的特殊性,从而不是在全球整体的历史环境中,认识资本主义时代在人类历史上的特殊地位,而是将欧洲国家资本主义社会发展道路指认为世界上所

---

① 《马克思恩格斯文集》第2卷,北京,人民出版社2009年版,第678页。
② 《马克思恩格斯全集》第9卷,北京,人民出版社1961年版,第244页。
③ 《马克思恩格斯全集》第9卷,北京,人民出版社1961年版,第244页。
④ 《马克思恩格斯文集》第8卷,北京,人民出版社2009年版,第33~34页。

有国家、地区和民族的唯一道路。另一种是片面夸大资本主义派生形态与原生形态的差异，将二者完全割裂开来，否认资本主义原生形态对派生形态在历史上所产生的影响，以及二者之间由于共同属于世界市场而发生的现实联系，不仅忽视资本主义原生形态作为资本主义全球整体的有机组成部分的作用和价值，而且忽视其对于非欧国家发展道路选择的现实影响，试图完全脱离资本主义原生形态另起门户。这两种倾向在实践中都是错误的，其根本错误就在于违背了历史唯物主义一切从历史和实际出发的根本态度和方法。

研究非欧国家的资本主义派生形态，罗莎·卢森堡（Rosa Luxemburg）是值得重视的人物，她在许多方面都得出了与马克思相似或相近的结论。比如，卢森堡看到了资本主义在西欧国家原生形态同非欧国家中资本主义派生形态的相互依存关系，指出资本主义的萌生、形成、存在和发展与非欧国家前资本主义结构的破产有着不可分割的联系。她指出，资本主义需要前资本主义的社会形态和非欧国家的非资本主义社会结构，资本主义是一个"自己不能单独存在的经济形态，它需要其他经济形态作为传导和滋生的场所"[①]，"就像需要一种喂养它的土地"一样[②]。在卢森堡看来，国际贸易是联结资本主义国家与非资本主义国家的"桥梁"与"纽带"，也是现代资本主义生产方式得以存活的基本条件，通过国际贸易，资本主义的生产形态可以从非资本主义生产形态中获得生产要素及劳动力的供给。[③]她进一步指出，非资本主义社会经济形态和前资本主义社会经济结构是资本主义经济形态完成资本积累的必要条件，资本主义在形成过程中，践踏了资本主义中心地区以外的非洲、亚洲、拉丁美洲的国家和地区，通过征服、掠夺及各种贸易的联系，完成了资本原始积累过程。卢森堡认为，剩余价值只有在交换过程中才能实现，这就意味着资本主义生产方式必须不断地把非资本主义社会经济形态和前资本主义社会经济结构纳入世界市场体系，资本主义的发展就像蚕食桑叶一样不断地吞吃各种其他社会的经济结构，不断把非资本主义社会经济形态或前资本主义社会经济结构纳入世

---

① ［德］罗莎·卢森堡：《资本积累论》，彭尘舜等译，北京，生活·读书·新知三联书店1959年版，第376页。

② ［德］罗莎·卢森堡：《资本积累论》，彭尘舜等译，北京，生活·读书·新知三联书店1959年版，第376页。

③ ［德］罗莎·卢森堡：《资本积累论》，彭尘舜等译，北京，生活·读书·新知三联书店1959年版，第289~290页。

界市场体系,这是剩余价值实现的前提条件。卢森堡断定,资本主义生产对非(前)资本主义生产方式的不断侵蚀和损害,最终将会导致资本主义生产方式被反噬的灾难性后果——也就是说,当所有非(前)资本主义社会都被纳入资本主义积累过程时,资本主义制度就会崩溃,因为前者给后者造成了无法忍受的苦难和混乱:

> 如果说资本主义中心地带的存在只能以侵蚀它的周围地带的前资本主义形态,以"纳入—瓦解"为前提,那么这种运动必然包含它自身的规律,它的继续存在的不可能性的规律。①

可以说,罗莎·卢森堡是在全球整体和世界市场中看待资本主义生产方式与(前)非资本主义生产方式之间的相互依存、相互作用的,这无疑是对资本主义全球化过程一种正确的分析。美中不足的是,卢森堡仅仅从现象上把资本主义世界经济体系分为(西欧的)资本主义经济体和(非欧国家的)非资本主义经济体。对被资本主义生产方式侵蚀的非(前)资本主义社会结构的变化并未作出精确和准确的分析,也未给予非欧国家资本主义的派生形态以明确的界定,更未对这一特殊形态的产生过程及其特点、性质等加以说明,致使其思想体系未能达到应有的理论高度。

那么人类作为个体在这一共同体形态中是何种存在状态呢?马克思认为,个体在这种共同体中展现的就是"以物的依赖性为基础的人的独立性"②。在资本主义生产方式统治下的人类共同体中,人们原来形形色色的封建羁绊被斩断,一切处于前资本主义社会历史阶段的国家、民族和地区存在的社会关系——"人的依赖纽带、血统差别、教养差别等等事实上都被打破了,被粉碎了"③,原本的社会评价体系被抛弃,一切物品、一切活动被重新评价,原有的社会关系失去了存在的基础,取而代之的是赤裸裸的金钱利益关系。资本关系恣意发展,融入并支配其他各种社会关系,成了资本主义社会各种社会关系中"普照的光",成了一种"特殊的以太"④。在此情况下,人可以不再依附于其他具体的人,而具有独立性。

---

① [德]罗莎·卢森堡:《资本积累论》,彭尘舜等译,北京,生活·读书·新知三联书店1959年版,第182页。
② 《马克思恩格斯文集》第8卷,北京,人民出版社2009年版,第52页。
③ 《马克思恩格斯文集》第8卷,北京,人民出版社2009年版,第58页。
④ 《马克思恩格斯文集》第8卷,北京,人民出版社2009年版,第31页。

拥有生产资料的资本家自不必言，就连从事生产的工人也表现出与前资本主义生产者不同的自由——奴隶或者农奴无法离开与他们直接对立的奴隶主或封建地主，而工人可以自由出卖自己的劳动力，并且因为他们失去一切，所以他们在形式上不再直接属于任何人，主体作为原子性的个体存在，准确地说是一个时刻处于游离态的必须与其他原子进行新的结合的"离子"——作为一无所有的自由劳动者，离开原本熟悉的家园，离开原来的生活和生产环境，旧的交往关系被逐渐切断，在形式上可以不再依附于其他具体的人而具有独立性。然而同时，人又不得不依赖于作为生产和交往中介的物——资本的物质形态。处于这种关系中的人必须通过交换才能生存，"个人的产品或活动必须先转化为交换价值的形式，转化为货币，并且个人通过这种物的形式才取得和证明自己的社会权力"[①]。于是，每一个单独的"原子"，必须与新的生产资料结合，并且只有和新的生产资料结合才能存在下去；作为拥有生产资料的资本家，必须同这些以新的身份进入城市、手工工场和现代工厂的自由工人结合起来，才能实现资本的保值和增殖，然而资本家与这些自由工人之间只有建立在商品买卖之上的交换关系、利用关系，而不再有其他的关系。实现剩余价值逐渐成为资本家与工人建立联系的唯一目的。在生产过程中，资本家唯一的目的就是如何最大限度地实现价值增殖，而对具体生产什么并不关心、对生产者的境遇如何并不关心——影响剩余价值实现的除外。马克思以英国官方的大量数据为证：在陶器业里一个7岁的孩子竟要每天工作15小时；270多个火柴工人每天工作12到14或15小时不等；20岁的女时装工玛丽·安·沃克利平均每天劳动近17小时，在忙季要一连劳动30小时，玛丽在连续工作近27小时后被累死；等等。[②]

马克思也用异化劳动的概念指称人们作为个体在共同体现实形态中的存在状态。他认为，随着资本主义生产方式的发展，人类将日益演化为两个阶级：资本家阶级和雇佣工人阶级。二者之间存在一种对抗关系，即一方在生产、另一方在占有，生产的不能占有而占有的不用生产。双方的共同点在于他们都不是把生产作为最终目的，对于努力想要占有的一方即资本家而言，生产劳动只是为了交换而做的准备；对于不得不生产的一方即雇佣工人而言，生产是被迫的，不再是自由自觉的活动，并且越是生产，

---

① 《马克思恩格斯文集》第8卷，北京，人民出版社2009年版，第52页。
② 《马克思恩格斯文集》第5卷，北京，人民出版社2009年版，第283~295页。

资本家就越是获得剩余价值、越是获得支配雇佣劳动的力量。马克思把这种生产劳动称为异化劳动。理论界的一个思维定势是将马克思对异化劳动4种表现的表述当成规范化的表述，并且将异化劳动概念视为马克思未摆脱费尔巴哈哲学影响的产物。事实上，在马克思创立历史唯物主义理论并扬弃费尔巴哈哲学后，异化劳动仍然是马克思审视资本家活动后果的重要角度，一个例证就是在《资本论》的过程稿《政治经济学批判（1857—1858年手稿）》中，马克思再次明确谈到异化劳动的话题。[1] 通过马克思的相关论述，我们可以看到，在马克思的资本家范畴的成熟期，马克思对于异化劳动概念的理解包括以下内容。

异化劳动首先表现为雇佣劳动者在劳动条件面前的异化。像任何其他社会历史性质的劳动一样，雇佣劳动也需要前提条件。概括地说，这样的前提条件有3种：原材料、劳动资料和维持劳动者生存的生活资料。在自主性劳动中，劳动者与这3种前提条件结为一体，因为它们是劳动者的所有物。雇佣劳动的情况正好与此相反：劳动者与3种前提条件发生分离，它们外在于劳动者，属于资本家所有。虽然劳动者在实际的雇佣劳动过程中与这3种前提条件结为一体，运用它们、支配它们，但在法权意义上，这些劳动的前提条件是资本家的所有物，在资本家的意志支配下与劳动者发生关系。这样的关系性质与自主性劳动过程中的关系性质（结为一体，融为一体）相悖谬，马克思把这种情况界定为劳动者在劳动条件面前的异化，或者说，劳动条件的资本家占有性质使然，它们成了支配劳动者和统治劳动者的物质力量。这样的物质力量强劲有力，劳动者在生存（活命和养家）意义层面上始终受这种物质力量的威胁和支配。劳动者要活命，只得听命于这种物质力量的支配。[2]

异化劳动还表现为劳动者在自己的劳动能力面前的异化。任何社会历史形态中的劳动都一样，劳动能力属于劳动者所有。这样的客观事实使人们的认知固定下来，劳动者与劳动能力实为一体，从不同的角度看问题，才有劳动者和劳动能力之分。在剩余价值的生产过程中，这种事实的外观或叫假象仍然存在，货币资本与劳动能力的交换便是证明。如果劳动能力不归劳动者所有，那么，他或她用什么东西与货币资本相交换以便获取自己的生活资料（工资）呢？在剩余价值的生产过程中，一旦进入实际

---

[1] 《马克思恩格斯文集》第8卷，北京，人民出版社2009年版，第100页。
[2] 参见宫敬才、吴学飞：《论〈政治经济学批判大纲〉中的哲学分析框架问题（待续）》，《河北大学学报（哲学社会科学版）》2016年第4期。

的劳动状态,如上事实的虚假性完全暴露出来,真正的客观事实就现出原形——劳动者在自己的劳动能力面前发生异化,他自己拥有所有权的劳动能力不听他指挥,不为他服务。与此正好相反的是,剩余价值生产过程中劳动者的劳动能力听命于资本,服务于资本,为资本压迫和剥削劳动者助一臂之力。原因何在?就在于货币资本与劳动能力交换过程中完成的一项大任务:劳动者劳动能力的使用权已卖给资本家,归资本家随意支配。马克思发现了这一点,并为我们指出这一点:"劳动能力不仅把必要劳动的条件作为属于资本的条件创造出来,而且潜藏在劳动能力身上的增殖价值的可能性,创造价值的可能性,现在也作为剩余价值,作为剩余产品而存在,总之,作为资本,作为对活劳动能力的统治权,作为赋有自己权力和意志的价值而同处于抽象的、丧失了客观条件的、纯粹主体的贫穷中的劳动能力相对立。"[1]

异化劳动也表现为劳动者在劳动活动中的异化。在剩余价值的生产过程中,资本家拥有对劳动客观与主观条件的使用权,劳动者在它们面前处于异化状态,必然的结果是劳动者在劳动活动中异化自己,或者说,劳动者的劳动活动发生了异化。用黑格尔哲学的语言形式可以表述为,劳动不是把主体变成自为存在的过程,而是把主体变为他在的过程:"劳动的这种变为现实性的过程,也是丧失现实性的过程。劳动把自己变成客观的东西,但是它把它的这种客体性变为它自己的非存在,或它的非存在——资本——的存在。"[2]马克思用类似黑格尔哲学的语言揭示出来的内容是深刻的。正是由于雇佣劳动者的劳动活动,作为自为存在的主体变成了为他的非存在,即为资本的存在。而资本,通过劳动者的劳动活动发生了性质变化,由静态存在的物,变成了具有内在驱动力的自为存在,这种自为存在驱使劳动者为资本劳动,使资本在保持自身的同时增殖自身。这种内涵丰富深刻的辩证法不是如黑格尔主张的那样是一种主观意识存在,是纯思辨逻辑的演化过程,而是活生生的、浸透着雇佣劳动者血汗的客观存在。这种客观存在作为具有统治力的力量与作为雇佣劳动者的主体之间有一种此长彼消的动态关系。[3]

不仅资本家的对象即雇佣劳动者被异化,而且资本家的现实本质——各种社会关系的总和——不仅没有变得更加丰富,反而变得更加单调。

---

[1] 《马克思恩格斯文集》第8卷,北京,人民出版社2009年版,第101页。
[2] 《马克思恩格斯文集》第8卷,北京,人民出版社2009年版,第102页。
[3] 参见宫敬才、吴学飞:《论〈政治经济学批判大纲〉中的哲学分析框架问题(待续)》,《河北大学学报(哲学社会科学版)》2016年第4期。

获得了异化劳动产品的资本家非但无福消受产品使用价值的消费权,而且无时无刻不得不关心自己的产品如何转化为交换价值。资本家只是在"经手人"的层面占有产品,因而只是一种虚假的占有。剩余价值,这个原本属于人的一部分的关系,现在在形式上已经离开人,存贮在产品(表现形式是商品、货币、资本)之中,似乎成了可以脱离开人的、自然属于产品本身的属性,而只要人获得这个产品就获得了这种关系,这种认识被马克思称为"拜物教"[①]。因此,马克思所说的"拜物教"是人的一种认识,其基本含义不是指人们把物当作宗教中的神那样来崇拜,而是指在人的认识中,物所体现的特殊关系被独立化、客观化;但是人们把经验中看到的表象反映为一种错觉,即不论是谁(无论男女、老幼、贫富等)只要得到这个物,就拥有把这个关系——实际上是资本主义社会中唯一的统治关系——变为自身的可能性,得到的物越多,获得的可能性就越大,这样一来,被用于交换的产品即商品就成了人人追逐的对象,这就过渡到了"拜物教"的衍生意义,即把物当作崇拜对象。马克思揭示了人的资本化衍生的3种"拜物教"。

首先是"商品拜物教"。资本主义的生产方式要求大量生产蕴含着剩余价值的商品,资本家组织工人把大量商品生产出来,人与人的关系以物的形式呈现在商品中。[②] 劳动产品一旦变成商品被投放于市场中,商品生产者之间原本清晰的人与人的关系,就转变为商品与商品之间的物的关系。不仅如此,商品能否被顺利地出售,出售的价格是高还是低,商品生产者能否获取利润,等等。这些情况统统将受到由亚当·斯密(Adam Smith)所比喻的那个"看不见的手"的市场规律所影响。因此,在资本主义社会中,商品生产者的命运决定于商品的命运,而商品的命运决定于市场交换的结果,如此一来,市场交换过程中的自然规律就变成一股制约商品生产者的神秘力量。这就是"商品拜物教"形成的根源。

其次是"货币拜物教"。货币本质上也是一种商品。在历史上,当劳动产品专门为交换而生产即成为商品。随着商品交换规模扩大、空间扩大、时间延长,一般等价物就作为交换中介出现了。由于贵金属特别是金、银的物理特性,一般等价物被最终固定在金、银身上成为货币,之后又随着信用的发展通过纸币、符号等形式表现出来。[③] 但是由于各种商

---

① 《马克思恩格斯文集》第5卷,北京,人民出版社2009年版,第90页。
② 《马克思恩格斯文集》第5卷,北京,人民出版社2009年版,第89页。
③ 《马克思恩格斯文集》第5卷,北京,人民出版社2009年版,第108页。

品都要通过货币来标注自己的交换价值，所以货币在人们的观念里就变成了一种用来衡量事物普遍价值的独立的东西，是可以获得一切有用性的手段。如果说"商品拜物教"是把依赖于人的交换关系当成了一种独立存在，那么"货币拜物教"就是把依赖于各种具体过程的商品交换关系当成了一个更为抽象的独立存在。

最后是"资本拜物教"。马克思认为资本的本质是一种社会生产关系，但是在大多数人眼里看到的资本就是一种以货币或者生产资料等形式存在的物，但是这种物又与商品、货币不同，因为商品之间的交换、货币与商品之间的交换都是等值的交换，而资本这种物就能带来"利息"、发生增殖，因此资本被看作可以生蛋的鸡。"有钱才能生钱、有钱就能生钱"，被视为一种客观真理。从商品代表一切，到钱能买来一切，再到钱能生出更多的钱，就是三大"拜物教"的衍生逻辑。

总之，在这种共同体形态中，"资本具有独立性和个性，而活动着的个人却没有独立性和个性"[①]，所有现实的人都基于资本的个性才具有自己的个性。

第三节　人类共同体现实形态的评价

人类共同体的现实形态具有复杂性，马克思从不同维度对其作出评价，既称其为"创造的共同体"，也称其为"虚幻的共同体"。

马克思强调，人类生存的第一个前提是必须能够有衣食住行等基本资料，人类第一个历史活动就是生产满足自己生活所需资料的物质生产。就像在现实生活中，一个人不可能不通过与他人交谈就能学会语言一样，一个人也不可能不通过群体的教育就直接掌握生产的技能，特别是在人类社会早期，群体的生产能力尚且有限，遑论孤立的个人，更不可能离开群体而独自生存。人类最初就是基于满足生存的需要而结成共同体。[②]但是与人类早先时候依靠土地、山川、河流等自然条件，"自然形成的"原生形态的"天然的共同体"[③]截然不同，人类共同体现实形态是在世界历史背景下形成的，并且正是在这一共同体形态中，从前受到民族、地域等种种局

[①] 《马克思恩格斯文集》第2卷，北京，人民出版社2009年版，第46页。
[②] 《马克思恩格斯文集》第8卷，北京，人民出版社2009年版，第6页。
[③] 《马克思恩格斯文集》第8卷，北京，人民出版社2009年版，第123页。

限的个人才能超越有限的自我,通过与其他民族、区域的人们甚至与整个世界建立实际联系,从而获得可以使用人类所有生产创造能力的机会。既然劳动者的生产条件与生产工具本身都是世界历史性的产物,是社会化大生产方式的产物,那么劳动者创造出自己的生产条件与生产工具的劳动过程本身就是一种世界历史性的,而非单个人的劳动创造出来的,是一种人类共同体创造出来的结果,马克思称其为劳动者的"劳动创造的共同体"。

马克思认为,社会生产力是人们从事生产的能力,其要素包括劳动者、劳动资料、劳动对象。在各种要素中,包含在劳动资料之中的生产工具是生产力发展水平的主要标志。在对生产工艺学考察之后,马克思指出,在前资本主义阶段,自然经济主导社会生产,各个行业、同一行业的不同环节甚至同一环节的不同手工劳动者,由于个体体力和经验的主观性差别,对劳动工具、生产技术的掌握是孤立的、神秘的。因此,生产工具虽然世代相传,但是长期只有量变而无质变。交往的普遍性和生产力发展的全球性为各民族、国家及其中活动的个人占有更多的生产力成果提供了客观的物质前提。在前世界历史时代,生产力发展的民族性和交往的地域性使各民族、国家和个人占有的只是有限的生产力,在全球性日益发展和深化的世界历史时代,各民族及其中活动的个人才有可能享用其他民族的生产力成果,生产力的历史成果也在各民族的普遍交往中生存和发展下去。

在人类采用资本主义生产方式并逐渐形成新的共同体形态后,商品生产成为一种社会性的活动,各个生产部门、环节和每个劳动者都成为社会生产的一部分,各种生产工具被集合起来、结合起来,以有机组成部分的方式组成一个新的更大的生产工具——机器。机器的出现真正使科学和技术结合为一种生产力,是生产工具的质变,标志着生产力产生了质的飞跃。随着机器大工业的发展,科学与技术的互动转化更为频繁,从而创造出比以往时代更多的物质财富。从这个意义上讲,人类共同体新的组织方式第一次为自然科学直接服务于生产提供了实践场所,把物质生产过程变成了科学在生产过程中的应用过程。[①] 更为重要的是,被资本统治的人类共同体不同于以往一切形态的地方,就在于永不停息的变革与动荡[②],作为这个共同体中掌握权力的一方——资产阶级,必须不断地对现有生产工具、生产关系进而对全部社会关系进行革命,如此才能生存下去,他们

---

① 《马克思恩格斯全集》第47卷,北京,人民出版社1979年版,第570页。
② 《马克思恩格斯文集》第2卷,北京,人民出版社2009年版,第34页。

的活动使得科技与生产结合、转化的活动具有永无止境的革命性,以前所未有的速度和力量推动了生产力的巨大发展。①

马克思进一步指出,由于资本的参与和主导,人类在这一共同体形态下爆发出前所未有的创造力,他称其为资本的"伟大的文明作用"。在马克思看来,资本不是某个个体的力量,"资本是集体的产物,它只有通过社会许多成员的共同活动,而且归根到底只有通过社会全体成员的共同活动,才能运动起来"②。质言之,资本的本质是一种通过普遍交往和普遍交换形成的社会力量。在人类共同体的现实形态中,"社会全体成员"包括了被资本主义征服的一切地区、民族和个人,因此,进行创造的主体是世界历史性的生产劳动者,进行创造的条件是世界历史性的劳动的产物,其结果则是世界历史性的劳动的生产力。

生产力的发展,为人类创造出更多满足生存需要的产品。对于资本而言,商品只是价值、交换价值、剩余价值。然而商品毕竟是满足人的物质需要的生产生活资料,其终极归宿是使用价值。换句话说,商品的实物形态要被人通过衣食住行等各种自然需要消耗掉,变成物质意义上的人的一部分并进而回到自然物本身。人的需要不断进化发展,在第一个需要得到满足的过程中,为满足这一需要进行的活动和使用的工具又会引发新的需要。③人们对未来生活的美好期待、人的需要的无限性,使得人们对使用价值的追求不断增长;而个人在时间、空间上的有限性,使得这些已经和正在增长的需要必须通过与他人的不断交换才能得到满足;作为世界性的人类共同体,对于任何一个国家或民族,"它们的产品不仅供本国消费,而且同时供世界各地消费。旧的、靠本国产品来满足的需要,被新的、要靠极其遥远的国家和地带的产品来满足的需要所代替了"④。资本家生产的主观目的显然不是生产商品的物质形态或者说使用价值本身,而是为了生产和占有剩余价值,但是剩余价值只能贮存在商品的物质形态中,并且在商品流通中被"取出来"。用一个比喻来说明,商品好比一个只能在一头存钱、另一头取钱的存钱罐,雇佣工人劳动创造的财富源源不断地通过存钱这一端放进存钱罐,而资本家则在存钱罐的另一边随时把钱取出来。为了取出更多的钱,就需要制造更多的存钱罐,需要强迫工人在存钱罐里只

---

① 《马克思恩格斯文集》第2卷,北京,人民出版社2009年版,第36页。
② 《马克思恩格斯文集》第2卷,北京,人民出版社2009年版,第46页。
③ 《马克思恩格斯文集》第1卷,北京,人民出版社2009年版,第531页。
④ 《马克思恩格斯文集》第2卷,北京,人民出版社2009年版,第35页。

存不取地放进更多的钱。各式各样的"存钱罐",被人们以不同形式拼装起来,构成一个光怪陆离的世界。这个过程还原为实际,就是雇佣劳动持续循环、永不停歇,就是商品生产规模扩大、质量提升,就是商品经济产能增加、不断繁荣,在客观上为更好地满足人的当下需要和产生的新需要提供可能性。

更进一步说,这种创造性的生产,也为人类共同体的未来形态创造了物质前提。马克思指出,与旧的守财奴或者"货币贮存者"不同,货币在资本家眼中不是一次性的财富,"而只是谋取利润的无休止的运动"①。资本家让货币不断地促进生产并且通过流通积累下来,在这个过程中,以商品和货币为表现的资本不断"保存和扩大自己"。如果产品不表现为商品,那么就只是使用价值并且只属于局部的人,只有成为商品才能为社会所用;并且,作为价值物质性载体的商品通过不断的消费进入再生产,在更大的空间和更长的时间里保存并积累,成为全社会的财富。资本原本只是过去的死劳动,但是现在被资本家当作吸收劳动者的活劳动,再次焕发生机。资本家强迫无产阶级从事劳动,主观上是为了攫取更多剩余价值,而客观上则为社会积累了物质财富,积累了集体力量、社会力量、统一体力量,为人类通向自由王国建立了基础。

资本主义社会生产力的巨大发展和世界性的普遍交往,使得每一个人与其他人发生某种经济、贸易、金融、政治、文化、思想等方面的关系成为可能。②我们必须承认,这种联系是以"物的依赖性"为前提,但是从世界历史的发展来看,"这种物的联系比单个人之间没有联系要好,或者比只是以自然血缘关系和统治从属关系为基础的地方性联系要好"③。当然,这种全面的联系只是局限于资本主义生产关系内部的自发的联系。④所以,这种表面上看来是个人之间的自由联系,是相对独立的社会关系,实际上它们对于个人来说只是以"物的依赖性"为基础的"外部关系"。

资产阶级统治者为了掩饰这种"物化"的社会关系对人的主宰和支配,宣称资产阶级"国家"是代表所有人利益的共同体,是人类"普遍的""共同的"利益的体现者。与此针锋相对,马克思以"虚幻的共同体""虚假的共同体""冒充的共同体"等相近的概念,揭示了资产阶级这

---

① 《马克思恩格斯文集》第5卷,北京,人民出版社2009年版,第179页。
② 《马克思恩格斯文集》第8卷,北京,人民出版社2009年版,第56页。
③ 《马克思恩格斯文集》第8卷,北京,人民出版社2009年版,第56页。
④ 《马克思恩格斯文集》第8卷,北京,人民出版社2009年版,第56页。

种欲盖弥彰的谎言，阐明了自己的观点和立场。

第一，"虚幻的共同体"是资产阶级利益的代表。马克思首先从分工的视角指明了"虚幻的共同体"存在的历史必然性。社会分工的发展使每个人相对独立，随之产生了属于单个人或单个家庭的特殊利益，每个人的特殊利益在社会关系和普遍交往中必然会产生矛盾，统治阶级的政府或国家担负着调节这些不同的特殊利益之间关系的职责，所以，在自然分工的阶段，"国家"的存在有其必要性。但是，资本主义社会的"国家"代表着资产阶级的"特殊利益"，而不是全体劳动者的"共同利益"，这种"共同利益"与"特殊利益"的冲突是不可调和的，是资本主义社会中永恒存在的矛盾。资产阶级只是社会中的少数成员，而且是与多数成员相对立的少数派，无论他们如何试图把本阶级的"特殊利益"吹嘘成符合全体劳动者和整个人类的"共同利益"，都不会改变其作为异己的、虚幻的、特殊的"共同利益"的实质。马克思认为，这种代表着少数资产阶级"共同利益"的"国家"，并非符合全体生产劳动者利益和人类发展方向的"真正的共同体"，归根结底是一种"虚幻的共同体"。①

第二，"虚幻的共同体"导致真正的劳动者"普遍的物化"和"全面的异化"。代表着少数资产阶级利益的"虚幻的共同体"，只是为占据统治地位的资产阶级提供了充分的自由体制，对于生产劳动者来说，这个"虚幻的共同体"却是一种根本得不到自由发展的不可逾越的"桎梏"。② 不仅如此，生产劳动者被资产阶级强大的统治权力和国家机器挤压成为一种恩格斯所说的"世袭的雇佣奴隶——无产者阶级"③，"全面的能力"只能扭曲为"片面的能力"，"普遍性的发展"只能"物化"为"畸形的发展"，"人的内在本质"被抽离为"完全的空虚化"。

第三，"虚幻的共同体"处处充斥着阶级对立和冲突斗争。按照马克思的观点，在资产阶级社会中，任何个人都是作为某个阶级的成员融入共同体的，资产阶级国家的本质是"虚幻的共同体"，其中每时每刻都存在着不同阶级之间的斗争、不同利益之间的冲突，甚至本阶级内部的斗争和冲突。尽管资本主义社会统治阶级内部也存在着矛盾和斗争，但是这些斗争中的个人都清楚地知道，他们只有作为统治阶级共同体中的一员才能生存，所以必须维护其共同体的根本利益，因此他们之间的斗争只是

---

① 《马克思恩格斯文集》第1卷，北京，人民出版社2009年版，第536页。
② 《马克思恩格斯文集》第1卷，北京，人民出版社2009年版，第571页。
③ 《马克思恩格斯全集》第21卷，北京，人民出版社1965年版，第430页。

"虚幻的"形式。在资本主义社会,只有无产阶级与资产阶级两个阶级之间的斗争才是你死我活的、"真正的"斗争。①无产阶级为了自身和整个人类的自由全面发展,必须彻底摧毁资产阶级国家这个"虚幻的共同体";资产阶级的贪欲驱动的这种无休止的争夺利益的斗争,必定会导致资本主义社会的崩溃和自身的毁灭。马克思曾引用英国哲学家霍布斯(Thomas Hobbes)的话,形象地说明了这一历史规律的结局:"这种一切人反对一切人的战争所造成的结果,不是普遍的肯定,而是普遍的否定。"②

人类共同体的现实形态扬弃了之前社会那种以血缘关系为纽带的共同体形态,社会成员之间所发生的联系表现在交换价值上。这就形成了资本力量的普遍交换的双方,一方是处于交换的主体即货币或资本,另一方是处于交换的客体即雇佣劳动或无产阶级,"劳动本身属于生产客观条件的这些关系的解体;而所有这些关系既表明使用价值和以直接消费为目的的生产占优势,也表明那种本身还直接作为生产前提而存在的现实的共同体占优势。以交换价值为基础的生产和以这种交换价值的交换为基础的共同体"③。这种"现实的共同体"是资本逻辑主导的交换价值的必然产物,它既成为交换双方的相互依赖、相互作用的一种"共同体",也为交换双方的普遍交换提供一种"现实的"前提。

表面来看,人们在这种现实形态中是平等的,因为与奴隶主使用武力强迫奴隶劳动、无偿占有奴隶的所有劳动成果不同,与封建地主依靠封建法权要求农民提供劳役、无偿占有农民的部分劳动成果不同,在资本所反映的这种社会性质和生产关系之中,劳动力的购买方和出卖方是"独立"的人,购买者和提供者之间表现为商品交换,一个买一个卖,通过互相交换自己的产品而满足自身需要,促成他们交换的只是自己的利益,双方看起来是各取所需,都拥有选择和谁交换的自由,其流通过程完全符合商品交换的规律,在形式上看就是公平交易。但是,被平等形式遮蔽的是不平等的交换。第一重不平等在于,作为交换标的的劳动力是一种特殊商品,劳动力的购买者实际上获得的是一个特殊的劳动生产力④,这种劳动生产

---

① 《马克思恩格斯文集》第8卷,北京,人民出版社2009年版,第147~148页。
② 《马克思恩格斯文集》第8卷,北京,人民出版社2009年版,第50页。
③ 《马克思恩格斯文集》第8卷,北京,人民出版社2009年版,第163页。
④ 马克思指出:"这种生产力使资本得以保存和增殖,从而变成了资本的生产力和再生产力,一种属于资本本身的力。"参见《马克思恩格斯全集》第46卷(上),北京,人民出版社1979年版,第231页。

力不仅能够创造价值,而且能够使价值增殖。购买者付给出卖者一个交换价值(即工资),却支配劳动者生产出比交换价值更大的价值,这个差额被马克思称为剩余价值。剩余价值在物的形态上,与其他实现了的交换价值(如财富、生产资料等)没有区别,如同黑人就是黑人一样。① 由于资本可以购买和支配劳动力,死劳动不仅支配了活劳动,并且是平等形式掩盖之下占有了活劳动的成果;这种交换在不断发生,始终处于运动之中,于是借助这种不对等的劳动力市场交易,购买者实际上是把"黑人"变成"黑奴"。第二重不平等在于,由于劳动力出卖者没有生产资料,在现实性上必须出卖自己的劳动力;看起来他们可以选择把劳动力卖给这个人或者那个人,而事实上他们只能在不得不出卖劳动力的前提下选择卖给哪个人而且必须卖给一个人,因此他们的选择权只是被迫的选择权,表面看起来的自由选择和平等交换只是抽象的概念,事实上他们"在雇用他的人面前不是处于自由的卖者地位……如果劳动不是每时都在出卖,那么它的价值就会完全消失"②。

在人类共同体的现实形态中,普遍存在的交换价值彻底毁灭了这种原生形态共同体中个人的"原始的丰富",造成了生产劳动者的普遍"物化",与在自然规定性上的对象化即自由的生产状况下有所不同,在交换价值上的个人对象化并非主体内部自发性的,而是个人在一种外在社会规定条件下的对象化。③ 单个人在社会关系上的、外在规定上的"物化",同时摧毁了人类共同体原生形态赋予个人的那种原始的"平等"和"自由",而代之以资产阶级社会中劳动生产者必须为资本家进行商品生产,出卖自己劳动的"平等"和"自由"。所以,在以交换价值或资本逻辑主导的"现实的共同体"中,不可能存在劳动生产者的"平等"和"自由",也不可能存在真正意义的"平等"与"自由",限制这个制度走向进一步平等和自由的,正是这个制度本身的固有特征,也就是说,这个制度平等和自由的方式恰恰证明了制度自身的不平等和不自由。④

---

① 所以,很多人特别是西方经济学家认为这种占有方式早已存在并无稀奇之处,他们恰恰忽略了,之前的社会里缺少的正是"人的独立性",由于人的本质的变化,使人的产品也发生了本质的变化。
② 《马克思恩格斯文集》第1卷,北京,人民出版社2009年版,第128页。
③ 《马克思恩格斯全集》第30卷,北京,人民出版社1995年版,第178~179页。
④ 《马克思恩格斯全集》第30卷,北京,人民出版社1995年版,第204页。

第三章 人类共同体的未来形态

在人类共同体的现实形态中，快速膨胀的物质生产并没有给其成员带来更幸福的生活，相反，每一个被迫卷入其中的人都像被追逐的野兽那样处于恐慌之中、不得安宁。马克思肯定这一共同体形态所创造出的巨大生产力，但更无情地揭露了共同体成员所受的异化压迫——作为被剥削、被压迫的无产阶级，其处境不仅没有随着生产力水平的不断提高而逐渐好转，反而日益恶化；原本处于隔绝状态自行发展的民族，在融入世界历史之后，不仅没有获得平等发展的机会，反而要面对殖民者的征服、掠夺和战争。在现实的人类共同体形态中，不能实现人类的彻底解放。因此，这一共同体必须被扬弃，为新的共同体未来形态所取代，"代替那存在着阶级和阶级对立的资产阶级旧社会的，将是这样一个联合体，在那里，每个人的自由发展是一切人的自由发展的条件"[①]。也就是说，在马克思的人类共同体理论中，人类共同体的未来形态就是"自由人的联合体"。

第一节 人类共同体未来形态的内涵

"自由人的联合体"这一表述最早可以追溯到马克思担任《莱茵报》撰稿人的时期。在对《〈科隆日报〉第179号社论》的反驳中，马克思就提出"自由人的联合体"的主张，批评《〈科隆日报〉第179号社论》的错误之一，就是没有"把国家看作是相互教育的自由人的联合体"[②]。尽管此时的马克思已经敏锐地意识到个体成员在共同体现实形态中没有自由个性，但是马克思当时的主要批判对象还是基督教国家，思想武器还是黑格

[①] 《马克思恩格斯文集》第2卷，北京，人民出版社2009年版，第53页。
[②] 《马克思恩格斯全集》第1卷，北京，人民出版社1995年版，第217页。

尔哲学。因此，马克思此处使用"自由人的联合体"这一个概念，本质上还是"合乎理性的共同体"，这仍然带有黑格尔法哲学的痕迹，受到其理性国家观的影响。

之后，马克思渐渐发现仅仅诉诸黑格尔式的抽象理性，根本无法改变现存的世界。在《论犹太人问题》一文中，马克思指出，按照黑格尔式抽象理性建立的资产阶级国家，只是能把人从旧的宗教的、封建的统治下解放出来，最多能实现的结果只是人类的政治解放。马克思认为，虽然政治解放是人们追求的目标之一，并且人们追求政治解放的过程也是对封建社会专制权力的反抗，具有一种进步的历史意义；但对此马克思非常清醒，他认为这种政治解放的结果仅仅是把人从教皇、国王的统治中解放出来，成为市民社会的独立成员，而这种独立出来的人又重新进入到被资本这个"无冕之王"的统治中，被无限追求个人物质利益的动机所支配，依然没有实现真正的自我，并且与人的理想状态相背离、相对立。这样的人所结成的共同体，是人类共同体的现实形态，是需要被未来共同体形态取代的。

在《1844年经济学哲学手稿》中，马克思明确提出："自由的有意识的活动恰恰就是人的类特性。"[①] 基于这种对于人的本质判断，人类是通过以生产实践和交往实践为核心的实践活动创造对象世界来展开自身的。换句话说，人类自身生命活动不断展开的过程，就是自然界不断被人认识、开发、利用、改造的过程，是自然界的"人化"；而人类历史就是人类在认识和重构自然界过程中所经历的时间和空间，从结果的意义上说是劳动实践的产物，从过程的意义上说就是劳动实践本身。在这个过程中，人类更加意识到自身的意义，更加意识到自身和自身所处环境的发展规律（自然的或者人类社会的），更加合乎规律地因而更加自由地处理人与自然、人与人的关系。在这个不断获得自由权的过程中，人类越来越成为真正意义上的"类存在物"，当每个人都完成了个体与他人从而与共同体的有机统一，才能够而且必然能够实现人类的彻底解放。

1848年2月，马克思和恩格斯共同写作并发表了《共产党宣言》。在"无产者和共产党人"一章中，他们明确提出："代替那存在着阶级和阶级对立的资产阶级旧社会的，将是这样一个联合体，在那里，每个人的自由

[①] 《马克思恩格斯文集》第1卷，北京，人民出版社2009年版，第162页。

发展是一切人的自由发展的条件。"[1] "自由人的联合体"这一提法,意味着马克思正式将其作为一种人类共同体的未来形态、作为人类社会的理想形态来看待。沿着这一理路,马克思在《1857—1858 年经济学手稿》中,对人类历史时代发展过程作出了以下划分:

> 人的依赖关系(起初完全是自然发生的),是最初的社会形式,在这种形式下,人的生产能力只是在狭小的范围内和孤立的地点上发展着。以物的依赖性为基础的人的独立性,是第二大形式,在这种形式下,才形成普遍的社会物质变换、全面的关系、多方面的需要以及全面的能力的体系。建立在个人全面发展和他们共同的、社会的生产能力成为从属于他们的社会财富这一基础上的自由个性,是第三个阶段。第二个阶段为第三个阶段创造条件。[2]

准确把握"自由人的联合体"的思想内涵,要基于对马克思关于人的本质的规定的科学理解。对人的本质的思考是马克思主义哲学一个重大主题。在马克思之前,西方哲学关于人的本质的思考,大致分为 3 个阶段。

第一阶段是在实体层面上理解人的本质。比如,泰勒斯认为水是一切的本原,德谟克利特认为一切都是由原子构成的。他们采用自然哲学的思维方式,看到了人与自然世界的统一性,在一定程度上初步触及人的本质问题。但是在唯物辩证法看来,本质不仅是事物的内部矛盾,而且是划分不同事物的典型标志。早期自然哲学没有把人和物区分开来,所以并没有真正揭示出人的本质。

第二阶段是从本体层面上分析人的本质。这一阶段的哲学家们主要将某种抽象理念作为人的本质。一些人将人的本质归为客观理性。古希腊哲学用抽象的理念将人与其他物区分开,典型的如苏格拉底将追求普遍和绝对的"善"作为人之为人的根本标志。另一些人将人的本质归为神性。比如,在中世纪基督教看来,神按照自己的形象造出了人,并且将神制定的永恒律——自然律铭刻于人的内心,以自然的方式自觉地支配着人的行为,使人表现出自然的禀赋和倾向,所以,尽管人有"原罪",但依然可以作出"善"的选择,并通过对神的信仰实现与神性的统一。但是正如

---

[1] 《马克思恩格斯文集》第 2 卷,北京,人民出版社 2009 年版,第 53 页。
[2] 《马克思恩格斯文集》第 8 卷,北京,人民出版社 2009 年版,第 52 页。

马克思指出的："人创造了宗教，而不是宗教创造人。"① 所以，人的本质不应该在人之外去寻找，更不应该从神那里去寻找，所以将人的本质理解为某种理念也没有揭示人的本质。

第三阶段是在活体层面理解人的本质。换句话说，就是把人作为有生命有思想的存在来看待。文艺复兴打破宗教桎梏，释放人的本能欲望，鼓吹人们按照自然本性生活，追求物质和精神的满足。在此思想指引下，笛卡尔（René Descartes）第一个提出"我思故我在"，开辟了从人的活动（即活体）层面理解人之本质的理路。在他之后，康德（Immanuel Kant）以"三大理性批判"为人类立法，将人进行自我认知的理性作为人的本质。费尔巴哈（Ludwig Feuerbach）则更明确地指出，使人区别于动物而成为"人"的根本在于人有意识，并且是"类"的意识。洛克（John Locke）、休谟（David Hume）和亚当·斯密（Adam Smith）、李嘉图（David Ricardo）等人则认为，充满"人人为自己"动机而在社会中选择趋利避害的"经济人"，才是人的本真存在、合理存在、永久存在。② 从人的心理、情感、意志等角度看待人，已经更加接近发现人的本质，但是单纯从这个角度看待人的结果是把人抽象化，无法解释现实中人与人的差异，人的本质成为一个悬浮的概念。马克思如此评价道：

> 从前的一切唯物主义（包括费尔巴哈的唯物主义）的主要缺点是：对对象、现实、感性，只是从客体的或者直观的形式去理解，而不是把它们当做感性的人的活动，当做实践去理解，不是从主体方面去理解。因此，和唯物主义相反，唯心主义却把能动的方面抽象地发展了，当然，唯心主义是不知道现实的、感性的活动本身的。③

与之前的尤其是德国古典哲学的思想家不同，马克思是从主体角度理解人的本质的，也就是在互动性的实践活动中看待人的。他从3个层面揭示了人的本质。首先，人作为主体具有社会性。马克思把人看作现实的、从事活动的人们，在他看来，这些现实的个人在各自的活动过程中结成各

---

① 《马克思恩格斯选集》第1卷，北京，人民出版社2012年版，第1页。
② 一般认为，最早在理论层面关注"经济人"的是亚当·斯密，主要文本依据是《道德情操论》和《国富论》；实际上首次正式提出"经济人"概念的是约翰·穆勒，文本依据是《论政治经济学的定义》。参见宫敬才：《经济个人主义的哲学研究》，北京，人民出版社2016年版，第178页。
③ 《马克思恩格斯文集》第1卷，北京，人民出版社2009年版，第499页。

种各样的社会关系，除去血缘关系的自然联系外，还有地缘关系、学缘关系，或者政治的、法律的、道德的、宗教的等社会性联系。这些复杂的社会联系使人成为一个关系的综合体，成为现实的人的本质。人的本质不仅是在现实生产活动中由于交往而生成和发展的，并且是在现实的交往过程中得以展现的。其次，人作为主体具有生产性。马克思借用了费尔巴哈的"类本质"概念，把"人"作为一种"类"与动物界相区分，但区分的标准不是抽象的理性或直接的自然性，而是现实的劳动。作为主体的人，不同于动物只是通过直接的自然生理器官，而是可以生产和使用工具这种"人工器官"；不同于动物只能遵照种的本能进行活动，人可以按照主体的个性意愿、个体的多样需求自由地进行各种各样的生产劳动，并且在生产劳动过程中"发生一定的社会关系和政治关系"[①]。换句话说，人的"真正的社会联系"、一切社会关系的前提和支配者，是人在生产活动中的关系。最后，人作为主体具有历史性。人们在社会中所结成的关系不是一直不变的，"这种联系是由需要和生产方式决定的，它和人的本身有同样长久的历史"[②]，从这个意义上说，人类共同体不同形态的演变过程，体现的就是人作为主体的历史演变过程。

依据马克思对人的本质的规定，对于"自由人的联合体"中的"自由人"，我们也应该从3个层面来理解。

第一，"自由人"意味着主体在面对自然界时享有自由。

人是生产实践的主体，自然界是生产实践的对象，生产实践从根本上说就是人类利用自然规律将自然资源转化为所需要产品的过程。从抽象哲学思辨的角度或者说从"物自体"的角度看，我们可以设定在人的认识之外先验地或者自在地存在一个在人认识之外的自然，即"天然自然"，人作为和天然自然分离的存在，在自然之外观察它、把握它、运用它。这显然存在一个逻辑悖论：人能否知道在自己所知道范围之外存在一个自己不知道的东西？马克思用"人化自然"的概念解开了这一悖论的死结，他指出，首先，就人也是动物而言，人化自然就是人的自然生存环境，与人的活动是融为一体的；其次，就人是主体而言，人与人的联系是通过自然的物或者经人改造后的物联系在一起的（在雇佣劳动形式下就是资本），所以人化自然就是人与人联系的纽带，人只能生活在人化的自然中，只能认

[①] 《马克思恩格斯文集》第1卷，北京，人民出版社2009年版，第523~524页。

[②] 《马克思恩格斯文集》第1卷，北京，人民出版社2009年版，第533页。

识"人化自然"。

人化自然并非静止的,而是处在一对矛盾的辩证运动之中。这对矛盾的对立面是人和人之外的其他存在(在狭义上可以称为自然,下同),二者的对立统一体现为人的实践劳动。首先,将自然第一个纳入人的视野的是人维持生存的生产劳动。劳动产生了自然的第一个性质即满足人的物质生产,然后才是其他性质。在这个意义上,自然通过人的劳动被赋予本质。其次,自然需要通过物质工具来理解和改造。作为人类和自然之间的桥梁,工具是人通过劳动创造的产品,自然通过劳动才能被感知。最后,自然的动力是人交换的需要。个体的人通过分工而存在,先要通过劳动将价值凝聚在物的产品中,才能通过价值的交换获得物的使用价值。通过劳动生产创造可用于交换的产品就是人的动力,在这个动力驱动下,自然的边界逐步扩大,自然成为人能理解的存在。在这个意义上,人类历史与人化自然的历史是同一的,"整个所谓世界历史不外是人通过人的劳动而诞生的过程"[1]。在人和自然的交互作用中,人化自然的形式和内容,以及人类历史的形式和内容,也不断发生变化。马克思之前的思想家们所犯的错误正是没有认识到这一点:"现实的生活生产被看成是某种非历史的东西,而历史的东西则被看成是某种脱离日常生活的东西,某种处于世界之外和超乎世界之上的东西。"[2]

综上所述,我们可以得出一个结论:人的自由程度就是人化自然的发展程度。对于处在人类共同体原生形态的人们来说,他们视野中的自然是狭小的,他们认识和使用自然的能力是弱小的,人化自然的质、量都在一个相对较低的水平,人类不具备获得"自由"的条件。对于处在人类共同体现实形态的人们来说,资本关系唤醒了人类更大的欲望、激励人不断地深化对自然的认识[3],更加广阔和更加深刻地改变了人化自然的空间,大幅度推动了人化自然界限的扩张和非人化自然界限的退缩。但是,自然并非单纯的客体,而是会按照辩证法的原理对主体发生反作用的客体,当人类沉浸在对自然的征服之中时,"自然必然性"的界限也在扩大,自然界对人类报复的广度也在加大、程度也在加深,人化自然对人而言是异己的存在,人类并未获得真正的"自由"。作为对现有形态的否定,未来的"自由人"必须是能够充分认识和把握"自然必然性",不仅可以从自然中

---

[1] 《马克思恩格斯文集》第1卷,北京,人民出版社2009年版,第196页。
[2] 《马克思恩格斯文集》第1卷,北京,人民出版社2009年版,第545页。
[3] 《马克思恩格斯文集》第8卷,北京,人民出版社2009年版,第89页。

取得所需要的一切，而且是能够自然实现和谐相处的新人类。

第二，"自由人"意味着主体在面对他人时享有自由。

脱离社会和集体，作为个体的人的自由个性的实现是绝对不可能的。因为即使作为个体，也是社会存在物的个体，或者说是社会的有机组成部分。正因如此，马克思才从人的现实性维度概括了人的本质："人的本质不是单个人所固有的抽象物，在其现实性上，它是一切社会关系的总和。"① 既然个人是一种社会关系的存在，这说明人的自由本性的实现也不是单纯的个体行为，而是一种社会存在物的行为。所以，马克思并没有把个体的自由置于个体之中，而是置于社会关系之中，置于个体关系之中来说明，所以马克思才说："新唯物主义的立脚点则是人类社会或社会化的人类。"②

在人类的原初社会形态中，作为个体的人实际上是不能独立存在的，他（她）只有把自身依附在某个共同体——以血缘关系、种姓关系、宗法关系等为纽带的共同体——才能存在和生存，也才能找到和实现自身的价值。③

资本主义的生产方式打破了之前社会形态的僵滞和封闭，带给人们一种全新的生产方式以及随之而来的生活方式、消费方式、交往方式、道德观念、价值观念等，大大激发了人们潜藏在自身和社会中以物质欲望为代表的生命力，扬弃了以"人的依赖关系"的时代，使人类具有了"以物的依赖性为基础的人的独立性"，形成了资产阶级时代人类共同体的现实形态。在以资本和金钱为纽带的人类共同体现实形态中，人与人之间的社会关系、人与外在世界之间的关系表现为金钱关系，完全疏离了人的自由自觉的活动的本性，人被彻底变成了以金钱为中心和目的的"非人"，现实的人与人的关系变成了利己主义的个人与他人之间的关系：

> 现实的人只有以利己的个体形式出现才可予以承认，真正的人只有以抽象的 *citoyen*［公民］形式出现才可予以承认。④

作为劳动者的人不仅在劳动过程、劳动结果中被非人的力量统治和异

---

① 《马克思恩格斯文集》第1卷，北京，人民出版社2009年版，第501页。
② 《马克思恩格斯文集》第1卷，北京，人民出版社2009年版，第502页。
③ 《马克思恩格斯文集》第8卷，北京，人民出版社2009年版，第6页。
④ 《马克思恩格斯文集》第1卷，北京，人民出版社2009年版，第46页。

化，而且在人自身生存的状态中、在个人与他人的关系中表现为"以物的依赖性为基础的人的独立性"。质言之，人在劳动过程中不断创造出的否定着自身应有的独立性和个性的力量：

> 工人在劳动中耗费的力量越多，他亲手创造出来反对自身的、异己的对象世界的力量就越强大，他自身、他的内部世界就越贫乏，归他所有的东西就越少……他的劳动作为一种与他相异的东西不依赖于他而在他之外存在，并成为同他对立的独立力量；意味着他给予对象的生命是作为敌对的和相异的东西同他相对立。①

马克思认为，在资产阶级时代的人类共同体现实形态中，只有资本才可能获得独立性和个性，而现实的人却必然丧失独立性和个性，"物的关系"即资本的逻辑，主导着"人的关系"。②正如马克思恩格斯在《共产党宣言》中指出的那样，每一个人的自由发展是一切人的自由发展的条件，只有每个人都作为个体直接获得普遍性，实现与他人的和解，人才能获得真正的自由。换句话说，未来的"自由人"，不仅是摆脱受他人剥削、束缚的无产阶级，也包括从消灭雇佣关系中解放出来的资产阶级。

第三，"自由人"意味着主体在面对自我时享有自由。

早在《黑格尔法哲学批判导言》一文中，马克思就已经指出，"人的根本就是人本身"③，"人是人的最高本质"④。因此，人类历史的终极指向是人获得自由的全面的发展，"任何解放都是使人的世界和人的关系回归于人自身"⑤。如果仅仅从单纯的外在表现方式来说，人与动植物一样都是受动的、受制的、受限的存在物，是纯粹的"自然存在物"和"对象性存在物"。但是，人不仅是"自然存在物"和"对象性存在物"，更是一种"自为存在物"。"自为存在物"是在普遍意义上更能够体现人的内在本性的存在物，动植物仅仅在自己的自然存在中证实自身的存在，人不仅在自身的自然存在和肉体存在中确证自身，更重要的是在人这一"类"所特有的意识、知识、思想、感情、爱情、友谊、直觉、激情、幸福、自由等的过程

---

① 《马克思恩格斯文集》第1卷，北京，人民出版社2009年版，第157页。
② 《马克思恩格斯全集》第3卷，北京，人民出版社2002年版，第515页。
③ 《马克思恩格斯文集》第1卷，北京，人民出版社2009年版，第11页。
④ 《马克思恩格斯文集》第1卷，北京，人民出版社2009年版，第11页。
⑤ 《马克思恩格斯全集》第3卷，北京，人民出版社2002年版，第189页。

中来确证自身，只有这种确证才能表明人是一种"类存在物"。因此，人所特有的感觉、激情等特质，就不应该仅仅被狭隘地看作是"人本学的规定"，而应该看作是对人的本质的真正的"本体论的肯定"。

衡量一个种类特性的关键在于分析其生命活动的性质。如果仅从生理角度或人的自然属性角度来说，人的类生活与动物的生活是相同的，都把自然界作为自己生命的对象，就人与动物都根源于自然界和作为自然界的一部分来说，人把自然界作为自己的对象等于融入了自然界之中。但是，人作为"类存在物"，其特殊之处在于，人与自然界的联系方式并不完全是自发的生理需要，而是具有自由的有意识的自觉活动。进一步说，正是这种特殊性质的生命活动，才能够把人"类"这种存在物与动物的活动区别开来——动物生命活动最重要的特点，就在于动物还不能把自身与生命活动区别开来，而人则能够把自身所进行的生命活动转变为人类理性反思和关照的对象。不仅如此，人类还能够通过特有的实践活动创造对象世界，把自己的内在尺度外化到现实活动和现实世界之中。①

按照人获得自身的程度不同，马克思把人的历史分为3种形态。第一种形态是指人类历史的前资本主义阶段，主体表现为"人的依赖关系"。这一时期，由于生产能力和交往范围的局限，主体的活动需要以各种自然条件（如土地、地理、气候、地质、水文等）为根本前提，以各自群居组织的血缘关系与依附关系为联结纽带，以家庭、氏族、部落乃至公社、城镇为基本单元，作为个体的人只有把自身依附在某个共同体上才能够生存，只不过是共同体的附属物，人本身根本不具有独立性，因此并无所谓的个人自由可言。第二种形态指涉资本主义历史阶段，主体表现为"以物的依赖性为基础的人的独立性"。这里所说的"物"显然不是作为人生存环境的物，因为在这种意义上，在任何时候任何物质的人的生存都要依赖于物；此处的"物"是指作为社会生产资料的物。由于资本关系的存在，人可以不再依附于其他具体的人而具有独立性。但是，身处资本关系中的人，无论是资本家还是工人，每个人都被已经固化的死劳动牵制，人为物而活着，物主宰人的追求，"死人抓住活人"，人的社会关系"表现为对他们本身来说是异己的、独立的东西，表现为一种物"②，人类感受的是一种普遍的"个人的物化"，也没有真正的自由。在马克思看来，人类历史的

---

① 《马克思恩格斯文集》第1卷，北京，人民出版社2009年版，第162页。
② 《马克思恩格斯文集》第8卷，北京，人民出版社2009年版，第51页。

发展历程也就是人的本性产生、异化和复归的过程。如果把人类原初社会看成是人的现实本性得以产生的社会形态，那么以资本主义社会为代表的私有制社会则是人的本性被普遍异化的社会形态，要完成人的复归①或者说作为一个"自由人"，就要认识到自己的类特性，要把"自由的自觉的活动"②，从而把人自己作为目的，并通过各种活动丰富自己的生命形式、掌控自己的命运、确认自己的价值。这是人的历史的第三种形态。

如果说，全面发展的个人（世界历史个人）是世界历史的产物的话，那么资本主义时代产生的个人关系和个人能力的普遍性和全面性，是以一种异化形式而出现的③。未来取代"以物的依赖性为基础的人的独立性"的，必然是这样的情况："建立在个人全面发展和他们共同的社会生产能力成为他们的社会财富这一基础上的自由个性。"④

依据马克思对于"自由人"的内在规定，获得"自由"的人必然获得真正的普遍的牢固的社会关系，必然同时就是"自由人的联合体"；相对于现存的由资本主导控制的"现实的共同体"来说，"自由人的联合体"就是人类共同体未来的理想的形态。这个共同体将是赋予充分自由和全面发展的人类共同体，是"真正的共同体"，是人类的自我解放。

第一，这是真正独立的个体的联合体。在以往包括现实的人类共同体中，个体主要是作为阶级成员出现的，他们在共同体中与他人发生关系或者发挥作用，不是以独立的个人的身份和条件，而是必须依托于其所在阶级的经济基础和政治地位，所以他们只有作为阶级的一员才存在于共同体之中。⑤但是，"真正的共同体"中的每个个体不再是从属于某个阶级的成员，而是作为能够"占有自己的全面的本质"的自由独立的个体而出现的。⑥

第二，这是个体可以进行自由创造的联合体。作为自然的人，人类也要受自然规律的约束，单个人的生产时间、生产能力总是有限的，这种有限性决定单个的人只能部分而不是全部地占有世界，而且部分占有世界的也只能是人类中的部分个体，所以分工是人类自然的选择。但是，在以往

---

① 《马克思恩格斯文集》第1卷，北京，人民出版社2009年版，第46页。
② 《马克思恩格斯全集》第42卷，北京，人民出版社1979年版，第96页。
③ 《马克思恩格斯文集》第8卷，北京，人民出版社2009年版，第56页。
④ 《马克思恩格斯文集》第8卷，北京，人民出版社2009年版，第52页。
⑤ 《马克思恩格斯文集》第1卷，北京，人民出版社2009年版，第573~574页。
⑥ 《马克思恩格斯文集》第1卷，北京，人民出版社2009年版，第571页。

的共同体中,特别是在现实的共同体中,人类必须通过分工才能满足自己、表现自己,其结果是人类被束缚在自己的分工领域不能自拔,从而进一步强化了社会分工,这种"恶性循环"把人变成了"单向度的人"。在资本主义社会这个共同体的现实形态里,人被自己生产的产品异化、被自己所物化的力量统治,这种违背人的本质规定的现象成为一种社会常态,"不能靠人们从头脑里抛开关于这一现象的一般观念的办法来消灭,而只能靠个人重新驾驭这些物的力量,靠消灭分工的办法来消灭"①。在未来的共同体中,每个个体的活动将不再受固定化的职业分工的限制。②

第三,这是个体共同占有的联合体。在过去和现实的一切共同体中,作为个体的人,要么因为生产能力的低下而普遍得不到需要的满足,要么因为生产资料被他人占有而导致一部分人占有另一部分人的劳动成果。在未来的共同体中,个体将共同生产、共同生活、共同协作、共同发展,社会将按照"各尽所能,按需分配"的原则进行分配,生活于其中的每个个体不仅尽其所能为社会贡献自己的劳动能力,而且都能够充分和自由地享用社会的全部资源。

第二节 人类共同体未来形态的必然性

人类共同体的未来形态如此美好,但究竟是天方夜谭的臆想,抑或宗教虚无缥缈的天国,还是人类可以期待的现实呢?马克思认为,这是历史的必然。

马克思运用历史唯物主义的一般原理,分析了人类共同体现实形态中资产阶级和无产阶级之间斗争的发展趋势。1848年发表的《共产党宣言》中提出:"资产阶级的灭亡和无产阶级的胜利是同样不可避免的。"③这一说法在1882年俄文版序言中被再次提及:"《共产主义宣言》的任务,是宣告现代资产阶级所有制必然灭亡。"④1848年马克思刚开始研究政治经济学不久,1882年是马克思逝世前一年,由此可见,马克思始终都在坚持上述观点。这一观点被后来的马克思主义者概括为"两个必然",即"资产

---

① 《马克思恩格斯文集》第1卷,北京,人民出版社2009年版,第570~571页。
② 《马克思恩格斯文集》第1卷,北京,人民出版社2009年版,第573页。
③ 《马克思恩格斯文集》第2卷,北京,人民出版社2009年版,第43页。
④ 《马克思恩格斯文集》第2卷,北京,人民出版社2009年版,第8页。

阶级必然灭亡，无产阶级必然胜利"。"两个必然"的结果就是人类共同体现实形态的解体和未来形态的到来。但是，1859年，马克思又在《〈政治经济学批判〉序言》中提出："无论哪一个社会形态，在它所能容纳的全部生产力发挥出来以前，是决不会灭亡的；而新的更高的生产关系，在它的物质存在条件在旧社会的胎胞里成熟以前，是决不会出现的。"[1] 这被学术界简称为"两个必然"和"两个决不会"。

"两个必然"和"两个决不会"的观点，是马克思辩证统一的两个论断。一方面，二者存在内容上的区别。"两个必然"突出了规律的必然性和绝对性，指出资本家（资产阶级）只是某个社会历史阶段的产物，最终一定会被消灭，消灭它的必然是它的唯一对立面——无产者（无产阶级），这个趋势是确定不变的；"两个决不会"则突出了规律发挥作用的偶然性和相对性，资本家（资产阶级）的灭亡具有复杂性、长期性，无产者（无产阶级）不会轻而易举地取得成功，需要不断斗争。另一方面，二者的思想是一贯的。"两个必然"是"两个决不会"的结果，"两个必然"是历史的灯塔，而"两个决不会"则是历史的路程；"两个决不会"是"两个必然"的条件，只有为改变"两个决不会"创造各种积极因素，才能最终实现"两个必然"。作为一对矛盾，"两个必然"的绝对性这一方是矛盾的主要方面，而"两个决不会"的相对性一方是矛盾的次要方面，主要方面决定次要方面。这一对矛盾也换化为资本家活动各个领域的具体矛盾，在这些矛盾里体现"两个必然"的是主要矛盾，体现"两个决不会"的是次要矛盾，主要矛盾决定次要矛盾。二者的矛盾关系决定，人类共同体的未来形态一定能够到来，但是必然会经历一个历史过程。

马克思之所以笃定这一点，是因为他看到，在人类共同体的现实形态即资本主义世界体系中蕴含着实现人类共同体未来形态的条件。在《1857—1858年经济学手稿》中，马克思把人类社会划分为3个不同的阶段，第一阶段是"人的依赖关系"，第二阶段是"以物的依赖性为基础的人的独立性"，第三阶段是"建立在个人全面发展和他们共同的、社会的生产能力成为从属于他们的社会财富这一基础上的自由个性"。马克思突出强调的是，在第二阶段即"物的依赖性"主宰的人的本质匮乏的状态中，潜存着向"自由个性"即"自由人的联合体"阶段转变的可能性，

---

[1] 《马克思恩格斯文集》第2卷，北京，人民出版社2009年版，第592页。

"第二个阶段为第三个阶段创造条件"①。

上一章已经说明，以"以物的依赖性为基础的人的独立性"为特征的共同体就是资本统治下的人类共同体的现实形态。在马克思看来，"资本实质上就是资本家"②。资本或者说资本家最为重要的本性是生产和扩大再生产，资本的生产关系，"只有在资产阶级社会里，自由竞争的社会里，才得到充分发展，并且发展得越来越充分"③。资本的增殖性即追求剩余价值或利润最大化，为了逐利而"力求超越一切空间界限"，是资本或者资本家存在的动力所在。因而，开创世界市场，推动全球各民族、国家和地区连接成一个整体，乃是资本利益最大化的本性使然。资本的这种"全球性"本性使其人格化的资产阶级负有不同于以往任何阶级的历史使命，即形成和扩大世界普遍交往以及进行这种交往的工具。马克思在1858年10月8日致恩格斯的信中说：

> 资产阶级社会的真正任务是建成世界市场（至少是一个轮廓）和确立以这种市场为基础的生产。因为地球是圆的，所以随着加利福尼亚和澳大利亚的殖民地化，随着中国和日本的门户开放，这个过程看来已完成了。④

马克思所说的"这个过程"即向全世界推广资本主义生产方式或"与资本相适应"的生产方式的过程。表现为：第一，在一个民族和国家内部，资本的本性就是促使所有的生产都要服从资本主义的生产方式，或者说接受资本的"统治"。第二，在世界市场方面，通过国际竞争，摧毁其他地方市场，建立资本主义主导的市场和与资本主义商品经济相适应的生产方式，"资产阶级，由于开拓了世界市场，使一切国家的生产和消费都成为世界性的了"⑤。资产阶级通过世界市场，把所有的资本（商业资本、高利贷资本）都变成了工业生产所需的资本，使世界各民族的生产方式都不同程度地沾染上资本主义的色彩。⑥

---

① 《马克思恩格斯文集》第8卷，北京，人民出版社2009年版，第52页。
② 《马克思恩格斯文集》第8卷，北京，人民出版社2009年版，第167页。
③ 《马克思恩格斯文集》第8卷，北京，人民出版社2009年版，第50页。
④ 《马克思恩格斯文集》第10卷，北京，人民出版社2009年版，第166页。
⑤ 《马克思恩格斯文集》第2卷，北京，人民出版社2009年版，第35页。
⑥ 《马克思恩格斯文集》第2卷，北京，人民出版社2009年版，第35~36页。

以生产力的迅猛发展为基础，以现代化的交通工具和通信工具为手段，以世界市场、普遍竞争和国际分工为中介，资产阶级使世界各地未开化和半开化的国家、民族和地区自觉不自觉地被纳入了资本主义生产方式的世界体系之中。人类共同体的现实形态就为未来形态的到来创造了前提条件。

第一，普遍的交换。资本主义是一种普遍交换的社会，社会分工使得劳动生产者之间互相依赖，而商品经济和市场经济的存在和运行必须以产品或者货币的交换为纽带，只有参与到交换过程中，劳动生产者才能表明自己的存在价值和社会权力。为了实现全社会甚至全世界的普遍交换的生产关系与交往关系，"以资本为基础的生产，其条件是创造一个不断扩大的流通范围，不管是直接扩大这个范围，还是在这个范围内把更多的地点创造为生产地点"[1]。资本主义生产与流通范围的不断扩大，"从本质上来说，就是推广以资本为基础的生产或与资本相适应的生产方式。创造世界市场的趋势已经直接包含在资本的概念本身中。任何界限都表现为必须克服的限制"[2]。所以，一方面，在资本主义社会，这种普遍交换的社会关系支配着全部生产关系和交往关系；另一方面，"在以交换价值为基础的资产阶级社会内部，产生出一些交往关系和生产关系，它们同时又是炸毁这个社会的地雷"[3]。

第二，多样的需求。生产力的迅猛发展与交往关系的普遍性，也推动着人们由原来的简单需求逐渐向多方面需求转化。这种多方面的需求源于资本主义生产的内在逻辑，或者说是资本主义生产存在的一个必要条件：

> 培养社会的人的一切属性，并且把他作为具有尽可能丰富的属性和联系的人，因而具有尽可能广泛需要的人生产出来——把他作为尽可能完整的和全面的社会产品生产出来（因为要多方面享受，他就必须有享受的能力，因此他必须是具有高度文明的人）——，这同样是以资本为基础的生产的一个条件。[4]

与此同时，资本主义时代的世界历史发展趋势也为满足这种多方面需

---

[1] 《马克思恩格斯文集》第8卷，北京，人民出版社2009年版，第88页。
[2] 《马克思恩格斯文集》第8卷，北京，人民出版社2009年版，第88页。
[3] 《马克思恩格斯文集》第8卷，北京，人民出版社2009年版，第54页。
[4] 《马克思恩格斯文集》第8卷，北京，人民出版社2009年版，第90页。

求的能力提供了必要前提,每个劳动生产者为了销售自己生产的产品,总是力求了解世界市场的普遍的商品供求情况:

> 因为世界市场(其中包括每一单个人的活动)的独立化(如果可以这样说的话)随着货币关系(交换价值)的发展而增长,以及后者随着前者的发展而增长,所以生产和消费的普遍联系和全面依赖随着消费者和生产者的相互独立和漠不关心而一同增长。①

第三,全面的能力。在"人的依赖性"即原初社会阶段,单个人的能力是单一的、贫乏的,彼此之间缺乏一定的联系,他们只是同时与共同体发生联系,"人的生产能力只是在狭小的范围内和孤立的地点上发展着"②。随着资本主义的发展,生产力在客观上得到发展,人们之间的交往更加普遍、形式更加丰富,个人摆脱了血缘关系和依附关系对其的限制或控制,这一切为个人的全面能力的发展提供了物质前提和历史前提。③"人的独立性"外在表现为"偶然的个人"或"独立的个人",内在表现为"物化"的或"异化"的个人,"商品拜物教""货币拜物教""资本拜物教"等成为每个个体不可摆脱的梦魇,所以资本主义社会是以"物化"或"异化"扭曲的方式提供的。不同于资本主义社会,未来共同体形态中的个人获得了全面的自由的发展,他们所处的社会关系是由自己创造和建立的,是作为人类共同的社会关系而存在的。因此,在这种关系中,能力的发展达到一定的全面性,个性才得以成为可能。马克思并没有把个体的自由仅仅置于个体之中,而是将其置于社会关系之中。所以,作为个体的人的自由个性的实现并不是纯粹偶然的事件,而是必须以历史中人的自由本性的实现过程为前提,因此,通过人类共同体现实形态的发育走向人的本性的复归是世界历史的最终使命。

在此情况下,作为个体的人也获得了以下可能性,进一步发展为"自由人",并结成"自由人的联合体"这一未来形态。

第一,获得人身自由的可能性。旧有封建生产方式下的劳动者,在摆脱人身依附关系的过程中,与自己的生产资料、生产条件相脱离,出现大量自由的劳动力,这是资本家生成的前提。为了维持资本家的持续生成,

---

① 《马克思恩格斯文集》第 8 卷,北京,人民出版社 2009 年版,第 55 页。
② 《马克思恩格斯文集》第 8 卷,北京,人民出版社 2009 年版,第 52 页。
③ 《马克思恩格斯文集》第 8 卷,北京,人民出版社 2009 年版,第 90 页。

不仅需要在生产过程中不断把自由工人生产出来，而且必须保持一定数量的自由工人预备队。这个过程对失去生产资料、一无所有的劳动者而言，是一个痛苦的过程，但是这又为劳动者打开了"自由之窗"。首先，他们在失去旧的生产资料过程中也失去了与封建地主、手工行会等之间的关系，摆脱了人身依附关系的束缚；其次，虽然他们必须选择一个资本家作为雇主，但是他们可以相对自由地选择到哪里工作、为谁工作，第一次在有限的意义上拥有选择的自由；最后，他们可以在新的环境中重新创造自己的新的关系，先是在抽象的意义上然后逐渐地在现实的意义上进行无限的创造。

第二，获得生产自由的可能性。资本家在利益驱动下，不断提高生产力。生产力提高的结果是：首先，人类的生产空间进一步拓展，从地球到太阳系到银河系，从分子到原子到夸克，一些原来根本没有向人类实践打开的大门被人类开启；其次，人类对事物的质的把握更加具体，原来的煤炭仅仅被用来作为燃料，之后就被用来提炼化工产品，事物被人类以更加丰富的质的形态展现出来，也为人类按照自己的意识更加自由地创造提供可能；最后，人类更加清晰地掌握自然和社会的运动规律，自然界的边界在人类面前不断退缩，自然界越来越真正地成为人类实践的对象，而人类越来越可以掌握和利用自然界以满足自身的需要。

第三，获得消费自由的可能性。人的需要、消费是生产的动力，但是人能消费什么不仅要看客观条件能够生产什么，还要看人是否具备消费的主体能力。[1]资本主义的商品生产，不仅极大地丰富了物质供给，使人有了更多的消费可能，"旧时王谢堂前燕，飞入寻常百姓家"，在封建社会或者在历史进程中的每个阶段，被压抑的欲望都有可能在下一个历史阶段得到满足；同时，人类的消费能力也在消费中被锻炼和培养，听音乐需要能欣赏音乐的耳朵，绝不是说有了物质的器官就能获得消费的体验，否则就不会有"对牛弹琴"一说，而消费实践恰恰是由资本主义的生产提供的，因为这种生产就是要"培养社会的人的一切属性，并且把他作为具有尽可能丰富的属性和联系的人，因而具有尽可能广泛需要的人生产出来"[2]。

第四，获得时间自由的可能性。时间是人的存在方式之一。在马克思看来，人类的劳动价值也是用劳动时间来衡量的；资本家占有和支配劳动

---

[1] 《马克思恩格斯全集》第30卷，北京，人民出版社1995年版，第30页。
[2] 《马克思恩格斯全集》第30卷，北京，人民出版社1995年版，第389页。

力，除了支配劳动者的肌肉活动，更重要的是支配劳动者的时间；绝对剩余价值、相对剩余价值、超额剩余价值都是在与时间赛跑。资本主义生产的规律在于，不断压缩工人的必要劳动时间，并且具有不断减少工人实际劳动时间的要求，而"节约劳动时间等于增加自由时间"[①]。对于劳动者而言，获得可以自由支配的时间同样意味着自己被解放。

第五，获得思想自由的可能性。文艺复兴运动在资本家掌握意识形态领导权之前已经结束，但是文艺复兴提出的"人性""自由""平等"理念却影响深远，成为资本家意识形态的标签。当资本家走上历史舞台、占据历史舞台，就不断通过各种"文艺复兴"，给社会各个方面打上这些标签的烙印。尽管马克思批判了资本主义人性观、价值观、自由观、平等观的虚伪性，但是也同样肯定地指出，正是"个人利己主义"引导和激励人们彻底摆脱封建势力的压迫，使劳动者摆脱封建式的人身依附关系的羁绊，从而把劳动者变为法律意义上自由的人，资产阶级主导的政治革命和思想革命唤醒了人对自由更大的渴望，一种对完全自由、真正自由的新世界新关系的渴望。

第三节 人类共同体未来形态的实现条件

马克思主义不仅揭示了人类共同体未来形态实现的必然性，而且指出了实现这种必然性的实践路径。在《共产党宣言》中，直接将"自由人的联合体"认定为未来的共产主义社会，确立为人类共同体理论未来的理想的形态，这也正是马克思世界历史理论的题中应有之义。马克思还指出：

> 共产主义对我们来说不是应当确立的状况，不是现实应当与之相适应的理想。我们所称为共产主义的是那种消灭现存状况的现实的运动。这个运动的条件是由现有的前提产生的。[②]

具体而言：

[①] 《马克思恩格斯全集》第31卷，北京，人民出版社1998年版，第107页。
[②] 《马克思恩格斯文集》第1卷，北京，人民出版社2009年版，第539页。

共产主义和所有过去的运动不同的地方在于：它推翻一切旧的生产关系和交往关系的基础，并且第一次自觉地把一切自发形成的前提看做是前人的创造，消除这些前提的自发性，使这些前提受联合起来的个人的支配。因此，建立共产主义实质上具有经济的性质，这就是为这种联合创造各种物质条件，把现存的条件变成联合的条件。共产主义所造成的存在状况，正是这样一种现实基础，它使一切不依赖于个人而存在的状况不可能发生，因为这种存在状况只不过是各个人之间迄今为止的交往的产物。这样，共产主义者实际上把迄今为止的生产和交往所产生的条件看做无机的条件。[1]

建立"自由人的联合体"必需的前提条件是生产力获得高度发展、物质财富实现极大丰富。唯有这样，共产主义在世界范围内作为普遍的事实才可能同时发生。马克思发现了唯物史观这一科学规律，这个规律的核心内容就是，社会发展在根本上是由生产力的发展所决定的，生产力是社会形态实现更替的根本性力量，要发展生产力，必须摧毁建立在旧的生产力基础上的已不能适应新生产力发展要求的落后生产关系。封建社会末期，资本家能够剥夺封建地主，根本上是因为地主所属的封建生产关系已经不能容纳当时生产力的发展，并且已经成为阻碍生产力发展的桎梏；而现在资本家正面临和封建地主同样的境遇。因此，归根结底，生产力的发展对于制服资本这条"恶龙"、对于建立"自由人的联合体"是一个必要条件。

但是生产力的极大发展，或者说是生产和交往的普遍发展，不可能是个别民族单独能够产生和解决的：

共产主义只有作为占统治地位的各民族"一下子"同时发生的行动，在经验上才是可能的，而这是以生产力的普遍发展和与此相联系的世界交往为前提的。[2]

如果不是这样，那么：

（1）共产主义就只能作为某种地域性的东西而存在；（2）交往的

---

[1] 《马克思恩格斯文集》第1卷，北京，人民出版社2009年版，第574页。
[2] 《马克思恩格斯文集》第1卷，北京，人民出版社2009年版，第538~539页。

力量本身就不可能发展成为一种普遍的因而是不堪忍受的力量：它们会依然处于地方的、笼罩着迷信气氛的"状态"；（3）交往的任何扩大都会消灭地域性的共产主义。①

生产力的这种发展（随着这种发展，人们的世界历史性的而不是地域性的存在同时已经是经验的存在了）之所以是绝对必需的实际前提，还因为如果没有这种发展，那就只会有贫穷、极端贫困的普遍化；而在极端贫困的情况下，必须重新开始争取必需品的斗争，全部陈腐污浊的东西又要死灰复燃。②

对于这种"地域性的共产主义"，马克思持坚决反对的态度。马克思认为，生产力的极大发展，必须以世界历史性的普遍交往为前提。第一，从人类历史发展进程来看，狭隘、闭塞、孤立的交往关系往往与生产力的落后和水平低下紧密相关。随着各个民族在各领域的互相往来和各方面的互相依赖的日益增强，各个民族、国家被卷入普遍竞争状态，实现"生产力的巨大增长和高度发展"，就成为一个民族和国家生存和发展以及融入世界历史时代的绝对必需的前提。第二，普遍交往使得每个民族及每个人都有力量利用全球的全面生产（人们所创造的一切），用相互学习、交流和横向继承的方法保存其他民族创造的文化成果（包括生产力等物质文化成果和科学、思想、艺术等精神文化成果）。③

生产力的普遍发展和世界交往的普遍发展都与货币的普遍性或世界性不可分割。第一，从本质上说，货币是一种无所不在的流通的"商品"，"从肯定意义上说，货币就是世界铸币；而货币作为世界铸币，同形式规定无关，本质上就是商品本身，是无所不在的不受地方限制的商品"④。第二，货币具有双重属性，不仅可以作为财富的存在形式，而且具有社会化的交换价值，"它使财富扩大到具有普遍性，并把交换的范围扩展到整个地球"⑤。世界性的货币使国内商品交换越出原本流通领域变成国际商品交换，各国不同的价值也转化为按"世界劳动的平均单位"为基准的国际单位。当货币成为世界货币时：

---

① 《马克思恩格斯文集》第1卷，北京，人民出版社2009年版，第538页。
② 《马克思恩格斯文集》第1卷，北京，人民出版社2009年版，第538页。
③ 《马克思恩格斯文集》第1卷，北京，人民出版社2009年版，第559~560页。
④ 《马克思恩格斯全集》第30卷，北京，人民出版社1995年版，第182页。
⑤ 《马克思恩格斯全集》第30卷，北京，人民出版社1995年版，第178页。

商品所有者也就发展为世界主义者……民族性"不过是基尼上的印记而已"。在商品所有者看来,整个世界都融化在其中的那个崇高的观念,就是一个市场的观念,世界市场的观念。①

马克思认为,资本主义性质的人类共同体现实形态得以存在,有两个先决条件:一是大量的社会财富向少数人集中,从而促成资本的形成与增长;二是大量失去劳动资料,一无所有,但拥有人身自由的独立的人,即雇佣工人的形成。作为现实形态中的人之所以会在处理与自然、与人的关系上出现不平衡,之所以无法克服自身对自然、对他人的掠夺,之所以不能通过自我努力达到和解,正是因为这种共同体形态的一切生产生活都是建立在劳动的客观条件与劳动者分离并被他人私人占有的资本主义私有制基础之上。实现共产主义,必须改变生产资料的私人占有制,重建个人所有制。

受资本统治的人类共同体本身包含着否定生产资料私人占有制的可能性:

尽管按照资本的本性来说,它本身是狭隘的,但它力求全面地发展生产力……这种趋势是资本所具有的,但同时又是同资本这种狭隘的生产形式相矛盾的,因而把资本推向解体,这种趋势使资本同以往的一切生产方式区别开来,同时意味着,资本不过表现为过渡点。②

这段话的内涵十分丰富。第一,强调了资本本性的狭隘。不断生产和占有剩余价值已经成为资本家不可改变的路径依赖,随着资本家对剩余价值的加剧占有,社会的财富和资源也会不断向他们手中聚集,资本家越来越拥有强迫社会生产服从个人目的、满足私欲膨胀的支配权力,于是私人的狭隘利益与社会的公共利益之间的对抗也必然越来越强烈。第二,肯定了资本在促进生产力发展方面的历史作用。资本家对提高生产能力的愿望是真实的,因为只有生产能力提高,他们才能获得更多利润;并且,资本主义的生产已经把全社会卷入其中,各行各业、各个经济组织不过是作为

---

① 《马克思恩格斯全集》第31卷,北京,人民出版社1998年版,第547页。
② 《马克思恩格斯文集》第8卷,北京,人民出版社2009年版,第169~170页。

总体的资本家组织生产的"车间",每个单独的资本家越来越依赖整体的社会生产才能生产,这些个体之间越来越紧密的配合必然形成一个更大的生产力。第三,指出了个体支配社会生产与社会生产反支配之间矛盾的不可调和。人类的生产实践从一开始就具有社会性,商品生产是生产社会性的体现又进一步强化了这一属性,资本主义商品生产把这种社会性推向新的巅峰。一切私有制本质上都是基于财产所有权产生的对他人生产的支配权,奴隶所有制和封建所有制只能支配部分人,而资本主义所有制则使资本家妄图支配所有人。社会化生产作为参与主体共同发力的客观性力量具有超个体性,要求个体按照整体目的进行生产,并且表现出多样性、自由性、斗争性和主体性的特点,而这并不符合资本家生产的目的。资本家生产以获取利益和扩大所有权为目的,并且掌握生产资料的资本家从不愿意失去对生产力的绝对支配权;只要生产资料还作为私人的资本掌握在个体化的资本家手中,而不是掌握在所有参与生产和交换的共同体手中,这种对立就始终存在,矛盾不断积累的必然结果就是激烈的爆发与最终的转化。资本愈是发展,就愈成为生产的桎梏,也愈成为消费的桎梏。[①]"资本主义私有制的丧钟就要响了。剥夺者就要被剥夺了。"[②]

如何剥夺剥夺者?马克思说道:"在协作和对土地及靠劳动本身生产的生产资料的共同占有的基础上,重新建立个人所有制。"[③]我们可以从中读出两个层次的意味:一是要剥夺资本家对雇佣劳动的支配权,将在资本主义生产中被异化为物与物的关系的人与人的关系重新颠倒过来,使劳动者重新在社会生产中恢复主体地位,在经济、政治、法律等方面实现自己的权利,从而与他人所在的、所关联的整个社会恢复全面自由的关系。二是要扬弃所有的私人占有制,也就是说,新的个人所有制不是重复已经被资本主义私有制否定的封建小农经济的个体所有制,而是对所有私人占有制的否定;人否定和超越一切因为私有制而造成的对人的异化,开始从事"自由的、无阻碍的、不断进步的和全面的发展"的生产活动。在新的所有制中,因为人们共同占有生产资料从而获得了自己支配自己的权力,所以是"自由人";因为人们通过协作开展社会生产,所以是一个"联合体"。"自由人的联合体"即共产主义,"并不是要废除一般的所有制,而

---

① 《马克思恩格斯文集》第8卷,北京,人民出版社2009年版,第97页。
② 《马克思恩格斯文集》第5卷,北京,人民出版社2009年版,第874页。
③ 《马克思恩格斯文集》第5卷,北京,人民出版社2009年版,第874页。

是要废除资产阶级的所有制"①,"并不剥夺任何人占有社会产品的权力,它只剥夺利用这种占有去奴役他人劳动的权力"②。

对于如何重建个人所有制,马克思提出两条可能性路径。两种可能性路径同时存在,互不矛盾,并且互为补充。一是无产阶级通过革命活动,直接剥夺资本家的所有制并建立个人所有制。列宁领导的俄国无产阶级革命、中国共产党领导的新民主主义革命和社会主义改造的成功举措,都证明了这条路径的正确性和可行性。二是通过运用资本的规律,以其人之道还治其人之身:"人们认识到资本本身就是这种趋势的最大限制,因而驱使人们利用资本本身来消灭资本。"③在考察工人合作工厂后,马克思评价说,工人合作工厂,是"在旧形式内对旧形式打开的第一个缺口……资本和劳动之间的对立在这种工厂内已经被扬弃,虽然起初只是在下述形式上被扬弃,即工人作为联合体是他们自己的资本家,也就是说,他们利用生产资料来使他们自己的劳动增殖"④。虽然股份制和合作工厂都不可能超出资本主义制度本身允许的界限,只能在资本主义的法权意义上达到"集体的私有",不会直接造成新的个人所有制,但是,它们为通过社会联合成为更大的资本,用联合起来的、公有的、不为个人支配他人而存在的资本,消灭孤立的、私有的、只为奴役他人的资本,从而为剥夺资本主义的个人私有制提供了可能途径。⑤

最后,马克思指出,共产主义运动意味着要消灭作为共同体现实形态中的特殊的个人——资产阶级。但是如同历史上所有已经被消灭的阶级一样,资产阶级不会自动灭亡,不能像空想社会主义者那样期待资产阶级对人性自我觉悟而获得人与自然、人与人的和解,要实现共产主义还需要采取现实的行动,需要无产阶级承担行动的主体。无产阶级之所以必须承担这项使命,是因为"无产者只有废除自己的现存的占有方式,从而废除全部现存的占有方式,才能取得社会生产力";无产阶级之所以敢于承担这项使命,是因为"无产者没有什么自己的东西必须加以保护,他们必须摧毁至今保护和保障私有财产的一切"。⑥

---

① 《马克思恩格斯文集》第2卷,北京,人民出版社2009年版,第45页。
② 《马克思恩格斯文集》第2卷,北京,人民出版社2009年版,第47页。
③ 《马克思恩格斯文集》第8卷,北京,人民出版社2009年版,第91页。
④ 《马克思恩格斯文集》第7卷,北京,人民出版社2009年版,第498~499页。
⑤ 《马克思恩格斯文集》第7卷,北京,人民出版社2009年版,第498~499页。
⑥ 《马克思恩格斯文集》第2卷,北京,人民出版社2009年版,第42页。

马克思意识到，资产阶级并非垂垂老矣、坐以待毙，而是可以不断进行自我调整和完善，同时还可以通过意识形态为自己的存活提供合理化的解释。面对这样的情况，部分无产者可能会被资本迷惑，误把自己当成资本利益的执行者，愿意接受并成为资本人格化的工具，但是马克思仍然坚信无产阶级必将觉醒、战斗和取得胜利。为此，他通过创立科学理论，启发无产阶级革命意识觉醒；他积极参加工人运动，引导无产阶级主动承担历史主体责任。一方面，马克思看到，资产阶级国家普遍采取法治模式，破除了封建的人治模式和宗教的神治模式，通过公法明确了政府的权力边界，通过私法协调每个成员的权利义务；不仅建立了比较完善的实体法，还发展了越来越细致的程序法，使包括无产阶级在内的社会各阶层享受到过去所没有的民主选举、民主管理、民主监督等权利，建立了一整套包括理念、制度、法律在内的治理体系，在一个较长的时期保障了国家权力的有序运作和社会环境的相对稳定。在这样的环境中，存在资本主义向社会主义和平过渡的可能。[①] 另一方面，马克思强调："革命之所以必需，不仅是因为没有任何其他的办法能够推翻统治阶级，而且还因为推翻统治阶级的那个阶级，只有在革命中才能抛掉自己身上的一切陈旧的肮脏东西，才能胜任重建社会的工作。"[②] 也就是说，无产阶级要保持革命的警惕和斗志，准备在革命斗争中完成对历史的重塑，也完成对自我的重塑。

[①] 《马克思恩格斯全集》第18卷，北京，人民出版社1964年版，第179页。
[②] 《马克思恩格斯文集》第1卷，北京，人民出版社2009年版，第543页。

第四章 人类共同体理论蕴含的方法论

马克思的人类共同体理论，不应该被仅仅理解为一种思想理论体系，更应该注意其中内在蕴含着的那种观察理解世界历史时代崭新的独特视角。因此，马克思的人类共同体理论既是世界观也是方法论。它要求我们分析、解决各种各样的社会历史问题时，不仅要着眼于民族、国家或地区的"地域"视野，更要超越"地域"视野而具有"世界历史"视野，要站在人类高度，从世界整体意义上来看待、理解、观察、分析和解决问题，来把握世界各民族、国家之间在经济、政治、文化、生态诸方面的发展道路。对现实问题的观照，对时代难题的解答，是马克思主义理论始终保持生命力的秘密，也是其产生和发展的根本推动力。当今世界正经历百年未有之大变局，但我们仍未完全超越人类共同体的现实形态。在此背景之下，回顾马克思对人类共同体各种形态特别是对人类共同体现实形态的细致分析，不仅是为了厘清其主要观点和理论框架，更重要的是从中找到解决现实问题的思想武器，用理论指导实践，又用实践检验和发展理论。

第一节 民族性与世界性的统一

人类共同体的历史进入世界历史时代以后，民族性、世界性的关系成为一种时代的理论问题。马克思的人类共同体理论立足于民族性与世界性的统一，来分析世界历史时代中的重大问题。

立足于世界整体，还是立足于狭隘地域性的民族立场，是马克思的人类共同体理论同其他历史理论，如黑格尔的世界历史理论的根本区别之一，也是与形形色色的民族文化中心论的本质差异所在，因为马克思提出的人类共同体未来形态必然要求平等地看待世界各民族的社会发展道路和历史文化价值。马克思恩格斯虽然出生并成长于德国，深受德国文化的熏陶，可是，他们并没有像黑格尔那样局限于民族的狭隘地域性，走向民族文化中心论，而是以唯物史观为基础，从世界历史时代的历史现实出发，解构了各种各样的民族文化中心论，尤其对"德国民族中心论"——"大日耳曼主义"进行了深刻的剖析和有力的批判。

  作为黑格尔思想的积极继承者，青年黑格尔派虽然在辩证法方面保留了黑格尔的许多积极的思想，可是在历史观上仍未跳出唯心史观和民族文化中心论的窠臼。马克思恩格斯在《德意志意识形态》中，针对德国"真正的社会主义者"、青年黑格尔派的代表海尔曼·泽米希（Hermann Zemich）的一篇文章（《共产主义、社会主义、人道主义》）中渗透出来的保守的、狭隘的民族局限性进行了尖锐的批判："这篇文章使我们再一次认清，德国人的虚假的普遍主义和世界主义是以多么狭隘的民族世界观为基础的。"同时，在《神圣家族》中，马克思恩格斯批判了自称为"批判的批判者"的青年黑格尔派，指明了这种德国民族中心论的历史观夸大日耳曼民族的作用所导致的逻辑混乱。[①] 在这些德国民族中心论者看来，世界历史进程的德意志化是不可避免的。恩格斯在《波河与莱茵河》中，也揭露了德国民族中心论这种"大日耳曼主义"的实质。[②]

  马克思指出，在世界历史时代发展进程中，任何民族的历史发展道路的选择都不仅取决于民族精神、历史传统等国内的经济、政治、文化诸因

---

  ① 恩格斯指出："直到现在每个民族同另一个民族相比都具有某种优点。但是，如果批判的预言是正确的，那么任何一个民族同另一个民族相比都将不会具有某种长处，因为所有的欧洲文明民族——英国人、德国人、法国人——现在都在'批判自己和其他民族'并'能认识普遍衰败的原因'。最后，说'批判'、'认识'即精神活动能提供精神优势，其实只是一种词句上的同义反复；批判凭借无限的自我意识，使自己凌驾于各民族之上，期待着各民族跪在自己脚下乞求指点迷津，它正是通过这种漫画化的、基督教日耳曼的唯心主义，证明它依然深深地陷在德国民族性的泥坑里。"参见《马克思恩格斯文集》第 1 卷，北京，人民出版社 2009 年版，第 354~355 页。

  ② 恩格斯说："这里所说的理论就是所谓'中欧大国'论，根据这个理论，奥地利、普鲁士及德国其他各邦应当在奥地利的霸权下形成一个联邦制的国家；对于匈牙利和沿多瑙河的斯拉夫——罗马尼亚各国应当用殖民、办学校和怀柔的方法使它们德意志化；从而使这个国家集合体的重心逐渐转向东南方，转向维也纳；此外，还应当重新夺取亚尔萨斯和洛林。这个'中欧大国'应当是德意志民族神圣罗马帝国的复活。并且除了其他的目的以外，似乎还要兼并原奥属尼德兰以及荷兰作为藩属。这样一来，德意志祖国也许几乎要比现在操德语的范围扩大一倍；如果所有这一切真正实现了，德国就要成为欧洲的仲裁者和主宰。命运已经在设法使所有这一切得以实现。罗曼语系各民族正在迅速地衰落着；西班牙人和意大利人已经完全灭亡了；法国人目前也正在衰落中。另一方面，斯拉夫人完全无力建设真正的现代化国家，世界历史的进程注定他们要德意志化，而复兴的奥地利则一定要再度成为执行天意的主角。因此，保持精神力量而又能完成历史创举的，就只有日耳曼各民族了，但是其中英国人已经深深陷入了自己岛国的唯我主义和实利主义……因此，纯粹的德意志的美德和年轻的'中欧大国'就绝对有把握在短期内争得陆上和海上的世界霸权，从而开辟历史的新纪元，那时德国在经过了长期休养生息之后将会重执牛耳，而其他各民族则将唯命是从。"参见《马克思恩格斯全集》第 13 卷，北京，人民出版社 1962 年版，第 250~251 页。

素，而且与世界历史时代主题、国际历史环境密切相关。同样，任何民族的重大历史事件不仅对本国发生重大影响，同时也会波及其他国家和民族，具有"世界历史意义"。因而，民族性与世界性的辩证统一是我们分析全球整体化的崭新视角。简言之，其一，民族性是世界性的前提和基础。各民族的生产方式、生活方式、风俗习惯、文化传统等是一个民族走向世界，与其他民族交往的支点。陈寅恪先生基于对文化发展史的长期研究，认为文化实际上遵循着一个"虽似相反而适相成"的发展原则，历史上能够延续和繁荣的文化形态，"必须一方面吸收输入外来之学说，一方面不忘本来民族之地位"[①]。其二，世界性是民族性存在和发展的条件。在世界普遍交往日益深化的时代，任何民族——无论是发达的、先进的，还是不发达的、发展中的——在生产方式、生活方式、文化价值观念、社会机制等各个方面都会直接、间接地受到其他民族的影响。惟有走向世界，才能适应这个世界；只有适应这个世界，才能谈得上民族特色，才能谈得上民族的生存和发展。世界性与民族性二者是不可分割的统一体。

具体来说，马克思又从3个方面探讨过民族性与世界性的关系。

第一，交往的民族性与世界性。马克思认为，人类的历史是与工业和交换的历史联系在一起的。在前资本主义时代，生产力水平低下，生产资料落后，使人们的交往范围狭窄，局限于相邻地区，被壁垒一样的自然地域分割。即使存在交往，也是极其偶然的、个别的、区域性的交往状态，这种局限在民族区域内的交往状态，不可能冲破民族和地域的界限。资本主义大工业生产体系的确立，推动着交往冲破民族和地域的界限，使世界普遍交往具有了可能性。惟有在世界历史时代（资本主义时代），才会消灭前世界历史时代即前资本主义历史阶段自然形成的各个国家、民族和地区的孤立状态，使这些国家、民族和地区中的每个个人越来越需要从他人那里甚至从整个世界那里获得所需要的一切。也就是通过这样的发展历程，个人交往的活动范围越是扩大，他所在的国家、民族原有的孤立状态和自然分工，就越将被新的生产、交往、分工方式所取代，历史就越是成为世界历史。[②] 不同于前世界历史时代，世界历史时代的交往状态有两个明显的特点：其一，交往范围从区域性、民族性转变为全球性和世界性；其二，交往领域由过去单纯的经济领域和文化交往为主扩展为多层面、全

---

① 陈寅恪:《金明馆丛稿二编》，上海，上海古籍出版社1980年版，第252页。
② 《马克思恩格斯文集》第1卷，北京，人民出版社2009年版，第541页。

方位的交往。

第二，生产力与生产关系的民族性和世界性。在前世界历史时代，孤立、闭塞的交往状态使一个民族的发展只能利用本民族历史上遗留下来的材料、资金和生产力，根本不可能吸收和借鉴其他民族长期发展积淀下来的物质成果和精神成果，就好比数条笔直的直线一样，永远不会相交，当然更谈不上相互影响、取长补短。因而，各民族在各自地域内的自然平行式发展使得重复性劳动（这是人类智力的巨大浪费）不可避免。世界历史时代形成了各个民族、国家和地区的相互依存、相互制约的全球整体格局，国际分工的大规模完成使世界逐渐形成一个相互联系的经济单位，国家和民族的生产和消费具有世界性的特点，全球化的生产力发展有了进一步可能。不仅如此，交往的普遍性和生产力发展的全球性为各民族、国家及其中活动的个人占有更大、更多的生产力成果提供了客观的物质前提。在前世界历史时代，生产力发展的民族性和交往的地域性使民族、国家和个人占有生产力成果受到了限制，他们占有的只是有限的生产力。在交往的普遍性、世界性日益发展和深化的世界历史时代，各民族和个人才能摆脱前世界历史时代生产和交往的局限，同世界各个民族的生产与交往发生实际联系，唯其如此，各民族及其中活动的个人才有可能享用其他民族的生产力成果，在各民族的普遍交往中生存和发展下去。为了保证自己的生存，实现自己的自主活动，个人要占有现有的生产力总和。同时，这种占有首先受制于被占有的对象，也就是发展成某种总量并只存在于普遍的相互作用领域的生产力。因此，仅仅由于这个原因，占有必须具有与生产力和相互交往相对应的普遍特性。①

第三，精神文化的民族性和世界性。在前世界历史时代，生产力水平的低下和交往的隔绝、闭塞状态，导致每个民族的文化只能在本民族区域内平行地发展，每一种民族文化也只能继承、利用本民族文化长期发展积淀下来的文化成果。文化的民族地域性就好比撒哈拉大沙漠中点缀的几片绿洲，周围被广袤无垠的沙漠（文明盲区）隔绝，这种地域的隔绝状态导致了人们文化视野的狭隘性。民族文化之间的冲突、交流、融合的现象虽然时有发生，但仅仅是作为极其个别的文化现象，并且只限于毗邻地区，大规模全球性的文化冲突、碰撞和文化交流、融合是根本不可能的。文化的民族地域性的最大片面性和局限性，是不能以客观、公平的态度和观点

---

① 《马克思恩格斯文集》第1卷，北京，人民出版社2009年版，第580~581页。

去看待、评价本民族文化和其他民族文化的价值,不能正确把握不同民族文化之间的关系。因为眼界和视野的狭隘性,鉴别本民族和其他民族文化的价值也极其困难,因而绝大多数民族都把本民族文化看作是世界上最优秀、最有价值的文化,文化的民族地域性极有可能导致形成民族文化中心论。

人类历史从前世界历史时代进入世界历史时代,世界生产力的普遍发展和与之相关的世界范围内的普遍交往,使世界各地逐渐摆脱了地域的限制,随之而来的不同民族文化的碰撞和冲突以及文化的交流和融合也逐渐成为普遍的历史现象,文化的世界性不再是神话,而变成了现实。随着各地方与民族自给自足状态逐一被打破,无论是物质生产还是精神生产,民族间各方面的相互往来变得空前频繁,与频繁交往伴随而来的是各民族间相互依赖的逐步加深:一方面是物质、经济方面的互相往来,另一方面是精神产品也趋向了世界性,各个民族的片面性和局限性日益被世界性所取代。文化的世界性为全球各民族及其中活动的个人学习、利用、借鉴其他民族的文化成果提供了前提和可能。①

文化的民族地域性之所以能够冲破民族的地域局限,形成文化的世界性,换句话说,各个不同的民族之所以能找到文化的衔接点,汇成世界文化的洪流,归根到底在于各民族文化都根源于人类实践活动的普遍性品格。因为无论处于何种时代、何处地域的民族,无论其文化的表现形式多么千差万别,它所要解决的矛盾只能是3种:人与自然的矛盾、人与人的矛盾以及人与自身的矛盾(综合为人与世界的关系),各民族文化无非是人类生产(包括物质生产和精神生产)实践和交往实践及在此基础上的各种实践活动的升华、积淀的结晶,这也就是人们常说的人类的"文化通性"。② 在此意义上我们可以说,不同时代、不同民族的个人完全可以得到基本点相同或相近的结论。众所周知,生活在欧洲的马克思通过对人类社会历史发展规律的把握,剖析资本主义时代并追溯到前资本主义社会,创立了伟大的社会历史理论——唯物史观;而生活在美洲的人类学家摩尔根也通过对北美印第安人易洛魁部落长期系统的研究,在人类学的意义上印证了马克思的伟大发现。所以,恩格斯在《家庭、私有制和国家的起源》第一版序言中对摩尔根的研究成果给予了高度评价:"摩尔根在美国,

---

① 《马克思恩格斯文集》第1卷,北京,人民出版社2009年版,第541~542页。
② 李鹏程:《当代文化哲学沉思》,北京,人民出版社1994年版,第478页。

以他自己的方式，重新发现了 40 年前马克思所发现的唯物主义历史观，并且以此为指导，在把野蛮时代和文明时代加以对比的时候，在主要点上得出了与马克思相同的结果。"①

　　文化从民族地域性走向世界，走向全球，产生了巨大的历史效应，其中最为主要的体现在两点：其一，各民族文化的交流使世界文化更为丰富和完整。各民族文化的相互依赖、相互理解、相互影响、相互作用的广度和深度空前加大，使原来只属于民族文化的内容日益成为世界文化的重要组成部分，如英语、汉语等民族语言变成具有广泛影响的世界性语言；文化交流的日益频繁使地球越变越小，以致出现了"地球村"现象，任何一个民族的文化都不可能保持原来那种纯而又纯的民族性，它必然掺杂、渗透、融合着其他民族文化，也必然掺杂、渗透、融合到其他民族文化之中，所谓民族特色已是文化世界性前提下的民族特色。这种不同民族文化的密切交往和相互渗透，创造了一种真正的可能性，即每个国家在吸收世界上最先进的文化成果的同时，将使其民族文化成为整个人类文化的一个组成部分。这样一来，每个民族的文化都是其民族性和人类性的有机统一体。② 其二，世界文化的形成使各民族文化具有了更大的世界历史价值。在前资本主义时代，交往的闭塞和狭隘使民族艺术的保存和继承成为极其困难的事情，在《德意志意识形态》中，马克思曾以腓尼基人的文化和中世纪玻璃绘画术为例说明了这一点。而且，民族文化成果仅仅具有民族文化价值。人类历史自进入全球化时代以来，交往的世界普遍性使原来只属于民族文化的宝贵财富极有可能成为全人类共同的文化瑰宝，具有了永久的世界文化价值。③

第二节　历史尺度与价值尺度的统一

　　人类历史进入世界历史时代后，各个国家、民族都不得不主动或被动地参与到世界历史进程中。已经完全建立或基本建立资本主义体制的国家或民族，在资产阶级的统率下，凭借强大的生产能力、雄厚的经济条件、先进的科学技术、领先的武装力量，在一切可能之处开辟殖民地、建立世

---

① 《马克思恩格斯文集》第 4 卷，北京，人民出版社 2009 年版，第 15 页。
② 陈筠泉、刘奔主编：《哲学与文化》，北京，中国社会科学出版社 1996 年版，第 250 页。
③ 李鹏程：《当代文化哲学沉思》，北京，人民出版社 1994 年版，第 476 页。

界市场,以强力者、胜利者、领导者的姿态主导世界历史的方向。尚处在前(非)资本主义阶段的国家、民族则被动地卷入世界历史的洪流,相比于资本主义的工业化强国,这些以旧式农业为主要经济基础的区域和国家,一切都显得相对落后,于是这些区域和国家接连沦为殖民地或半殖民地,成为资本主义国家倾销产品和掠夺原料的场所,以落后者、失败者、跟从者的面目示人。占据优势地位的资本主义国家将自己树立为文明的典型,将其他国家视作不开化或者半开化的典型,不仅向这些地方输出自己的工业产品,而且输出生产方式、生活方式、思维方式、社会管理方式,从而对落后国家、民族进行全面的掠夺、征服、统治。处于弱势地位的地区和民族,被资本主义性质的商品经济冲毁了赖以存在的小农经济基础,不得不跟随资本主义国家进行经济、政治、文化等各方面的整体转型。当然,这种转型并非一步到位,也并非一帆风顺,而是始终伴随着与资本主义强国的斗争、内部各种新旧事物的斗争,甚至会在转型与不转型之间徘徊。一方面,经济落后地区完成"历史向世界历史转变",成为人类共同体中现实的一员,可以更加丰富这一地区民族乃至个人生产生活的内容,延展其活动的时间和空间。另一方面,这种不是由内部自然发展产生,而是被外部力量强势推动的转型,也使这些地区、民族、每个人都要经受血与火的"洗礼",付出巨大的代价。马克思运用辩证唯物主义和历史唯物主义的基本方法,一方面从历史规律的视角肯定这种转型对各国以及世界发展的积极意义,另一方面从人类价值的视角批判由于资本参与而在转型中造成的不公正不合理。

最能体现这一方法论思想的例子,是马克思对东方社会历史命运的思考和评述。我们可以举出两个例证。一个是马克思在19世纪五六十年代对英国在印度殖民统治的前景和历史作用的思考,另一个是马克思晚年对俄国社会发展能否走一条跨越资本主义"卡夫丁峡谷"直接走向社会主义道路的思考。

马克思无疑是近代西方较早自觉关注东方社会的思想家。从19世纪四五十年代开始,马克思就在阅读各种文献和做摘录的过程中,开始对东方社会有了初步了解,特别通过阅读英国议会公布的材料、新闻报纸等渠道,获得了关于在英国殖民统治下的印度的更多信息,了解了印度成为英国殖民地后所发生的一系列变化。基于此,马克思对印度当时的状况和未来发展趋势发表了很多重要见解。

按照马克思的观点,历史上的印度社会之所以经历过千百次战争和其他挑战，依然能够保持社会基本结构在长达千年的历史中稳定不变，其根本原因在于其一直以自给自足的小农业和小手工业为经济基础。从历史的视角看，这是与生产力较低水平相适应的生产关系，是落后的必将被新的先进生产力所扬弃的。与此同时，作为殖民者一方的英国凭借所拥有的新科学技术手段，不断产生先进的生产工具、强大的生产能力，在此基础上建立的生产方式远远超过印度社会的水平。正如一般的历史规律所揭示的那样，代表落后生产方式的一方将要被代表更先进生产方式的一方所征服，印度所面临的正是这一现实，处于资本主义殖民地的印度，无法逃脱被文明民族同化的结局："野蛮的征服者，按照一条永恒的历史规律，本身被他们所征服的臣民的较高文明所征服。不列颠人是第一批文明程度高于印度因而不受印度文明影响的征服者。"① 先进的生产方式唤醒了当地的生产需要，提供了新的生产工具，创造了新的交换和分配方式，冲破了印度社会内部长期以来封闭保守、各自为营的状态，推动社会结构发生巨大变革。马克思形象地称这一变化，就如同早已在棺木中封闭千年而腐朽不堪、只存其表的木乃伊遇到新鲜空气一样，瞬间就会解体。②

由于印度社会是被强行纳入资本主义的世界历史进程的，其社会结构变革和瓦解的速度之快、形势之猛远远超乎印度人民的想象，当往日习以为常并多年奉行的宗法制和以此为规则运行的"无害"的社会组织被扬弃，当充满怀旧色彩的谋生手段失去社会存在的现实意义，亲身经历这样的历史变迁会拉动人类的情绪，使人类产生悲观情绪。③ 更为严重的是，印度人民现实遭受的不仅是毫无准备的"心理创伤"，而且要遭受更加残酷的经济剥削、政治压迫。在马克思看来，英国殖民者占领了印度，遵循着资本逻辑，以获取最大限度剩余价值为目的，通过种种活动，摧毁了印度古老陈旧的生产方式，破坏了印度原有的社会组织即农村公社，冲击甚至中断了印度的历史传统，等等④，从而把印度完全变成了原料产地和销售市场；当资本主义的殖民统治与当地残余的封建统治嫁接在一起时，当地人民就要承受更为深重的灾难，马克思谴责说，这二者的结合"比

---

① 《马克思恩格斯文集》第 2 卷，北京，人民出版社 2009 年版，第 686 页。
② 参见许春华：《对马克思的世界历史思想和东方社会历史命运的思考——兼论马克思思想的一致性》，《河北大学学报（哲学社会科学版）》1994 年第 4 期。
③ 《马克思恩格斯文集》第 2 卷，北京，人民出版社 2009 年版，第 682 页。
④ 《马克思恩格斯文集》第 2 卷，北京，人民出版社 2009 年版，第 679 页。

萨尔赛达庙里任何狰狞的神像都更为可怕"①。对于身处苦海的印度人民，马克思不止一次表示深切的同情。

但是，马克思并未仅从私人的道德情感出发评价资本主义殖民活动的历史作用，而是从"世界历史"发展的维度作出了一个理性的评价：资本主义的殖民者充当了世界理性不自觉的工具。马克思关于世界理性的观念来自黑格尔。在黑格尔看来，历史不过是"世界理性"的运动过程，"在世界精神所进行的这种事业中，国家、民族和个人都各按其特殊的和特定的原则而兴起……在它们意识到这些东西并潜心致力于自己的利益的同时，它们不知不觉地成为在它们内部进行的那种世界精神的事业的工具和机关"②，作为现实的个人只是世界理性不自觉的工具。在黑格尔这种个人及其行为的工具化论、工具化个人的非道德论和非人格论影响下，马克思将殖民者视为一定的阶级关系和利益的承担者，指出这些殖民者本身的暂时必然性只有包含在资本主义生产方式的暂时必然性中才有历史的价值，殖民者所进行的活动只是在执行资本向世界扩张的意志，从而跳出单纯的人道主义情怀，更深刻地解释了殖民者在世界历史发展中的作用。③马克思将殖民者的作用概括为"双重历史使命"：其一是破坏的使命，即要消灭旧印度所有与资本主义生产从而与资本主义统治的世界市场不相适应的生产和生活方式，完成一次对印度乃至亚洲的"社会革命"。其二是重建的使命，即要为被摧毁的旧印度建设新的物质基础（例如铁路、港口等硬件设施，或者教育、报刊等软件条件），虽然这些物质基础还是为了更好地服务于资本主义在当地的统治。马克思认为，通过破坏和建设所建设的新的印度可以更全面地融入世界历史，并从中获得更多、更大的生产力和其他文明成果，这对印度而言是一种进步。这样一来，马克思就以设问句的方式对英国殖民者当时的活动作出了评价："问题在于，如果亚洲的社会状态没有一个根本的革命，人类能不能实现自己的使命？如果不能，那么，英国不管犯下多少罪行，它造成这个革命毕竟是充当了历史的不自觉的工具。"④结合马克思上下文的表述可以看出，此处所说的"人类的使命"就是破除封建生产的经济基础和精神统治，实现与世界各国各民族的普遍交往，完成民族历史向世界历史的转变。马克思没有明言印度

---

① 《马克思恩格斯文集》第2卷，北京，人民出版社2009年版，第678页。
② ［德］黑格尔：《法哲学原理》，范扬、张企泰译，北京，商务印书馆2011年版，第400页。
③ 宫敬才：《论马克思的资本家范畴》，《学术研究》2018年第5期。
④ 《马克思恩格斯文集》第2卷，北京，人民出版社2009年版，第683页。

人民是否能够不假外力地实现"自己的使命",但是从马克思前后文的表述可以推知,他对旧印度并不抱有希望,在他看来,在旧印度占据绝对主体地位的小生产方式,造成市场的封闭割据,影响水利等公共基础设施的建设,也束缚人民的思想,已经严重制约了生产力的发展。这样的生产方式已经延续几千年历史而并无改变的迹象,因此在短时间内不可能依靠内部力量发生突变,只有通过外力摧毁后重建的方式才能实现这个必需的使命,而事实上,正是英国殖民者的活动在客观上对印度造成了前所未有的冲击,推动印度乃至整个东方世界进行了"一场前所未闻的最大的、老实说也是唯一的一次社会革命"[①]。面对人类共同的需要,面对历史的规律,人类私人道德情感的价值就不再是主要的评价标准:"无论一个古老世界崩溃的情景对我们个人的感情来说是怎样难过,但是从历史观点来看,我们有权同歌德一起高唱:'我们何必因这痛苦而伤心,既然它带给我们更多欢乐?'"[②]

毋庸置疑,马克思在肯定历史观的同时,对人的价值和命运也给予了充分的关切。我们认为,马克思与抽象的人道主义的区别在于:后者把价值尺度看作是空洞的超越现实的抽象原则,前者则把人的价值置于科学的坚定的基础之上,主张不能脱离现实的物质生产活动抽象地谈论人的价值,个人的物质生产直接是他表现生命的方式,也直接是这个个人本身。[③]个人价值能否得以实现,个人利益能否得以保障,人的潜能与个性能否得以发挥,根本取决于个体作为社会价值主体,是否适合和顺应生产力的发展。换句话说,人类历史发展和社会取得进步,不仅要以历史上适应和促进生产力发展的价值主体利益的实现为中介,而且要以牺牲同生产力发展不相适应的、有碍于新的价值主体利益实现的个体或群体的利益为代价。正如恩格斯所说的:"历史可以说是所有女神中最残酷的一个,她不仅在战争中,而且在'和平的'经济发展过程中,都驾着凯旋车在堆积如山的尸体上驰骋。"[④]只有人类迈进理想的共同体形态,历史观和价值观才会有机地协调和统一起来,使"生产无非就是发展人类的生产力,也就是发展人类天性的财富这种目的本身"[⑤]。如果从历史观和价值观这种包含着内在

[①] 《马克思恩格斯文集》第 2 卷,北京,人民出版社 2009 年版,第 682 页。
[②] 《马克思恩格斯文集》第 2 卷,北京,人民出版社 2009 年版,第 683 页。
[③] 《马克思恩格斯文集》第 1 卷,北京,人民出版社 2009 年版,第 520 页。
[④] 《马克思恩格斯文集》第 10 卷,北京,人民出版社 2009 年版,第 650~651 页。
[⑤] 《马克思恩格斯全集》第 34 卷,北京,人民出版社 2008 年版,第 127 页。

矛盾的统一性关系出发，而不是借助对二者关系的片面把握，对马克思在不同时代、从不同视角、采取不同的语气评价历史发展和人的价值的关系问题也就不难理解了。[①]

第三节 "西方中心论"的消解

以印度为代表的东方社会付出惨重代价才得以融入世界历史，这是否意味着东方社会在未来的发展中必须依附以欧洲资本主义国家为代表的西方社会，或者只能按照西方资本主义的发展图示前进而别无选择呢？马克思的答案是否定的。

马克思充分肯定了西方资本主义国家对于促进生产力发展以及促使世界历史形成的巨大作用，但他并未因此就把资本主义看作世界历史的本质。在他看来，资本主义和世界历史都是生产力发展的结果，世界历史虽然是伴随资本主义出现的，但不能由此推导出世界历史只能在资本主义生产方式下才可以出现和发展的结论。马克思在《资本论》和其他著作中多次强调，欧洲特别是西欧资本主义的萌芽和发展，是当时生产力特殊状况下的产物，不能把欧洲社会从封建社会走向资本主义社会的历程抽象地认作世界各个国家历史的普遍规律。一个国家应该选择什么道路，适合选择什么道路，必须与其当时的生产力发展水平相一致，并且充分考虑其历史传统和现实环境，包括阶级矛盾和民族矛盾的发展程度、社会革命的成熟状况等。即便是被英国殖民的印度，其之所以被迫走上资本主义道路，也不仅仅是由于殖民者的主观意图，更主要的是因为殖民者在这里建立了现代化的工业、商业，才为印度社会生产方式的变革和发展创造了条件。马克思对以印度为代表的东方社会发展方向的分析，一方面表明他不是一个狭隘的个人道德论者，而是看到了世界历史发展的普遍规律对于东方社会所产生的不可抗拒的制约作用，即不管东方社会在走向世界历史的道路上面临着多么复杂的局面，都必须承认东方社会传统的社会结构已经解体，再也无法回到闭关自守、自以为是的社会状态中，这是世界历史发展不可逆转的客观表现；另一方面表明他在对东方社会发展道路的思考

[①] 参见许春华：《对马克思的世界历史思想和东方社会历史命运的思考——兼论马克思思想的一致性》，《河北大学学报（哲学社会科学版）》1994年第4期。

中，并非没有看到东方社会的特殊性，从而简单地判定东方社会的发展方向，而是依据东方社会的特殊性，提出了东方社会选择不同发展道路的可能性。马克思指出，世界历史的一个特点和优点恰恰就在于，它为其中的各个国家、民族搭建了生产力的共享平台，也就是说，生产力在局部地区的首先变革，将通过民族交往向其他区域延展从而成为一个世界历史性的事实。从理论上说，进入世界历史时代，某国、某民族的生产力都可以成为全世界、各民族的生产力，一个原本生产能力落后的国家、民族可以直接获得和世界历史上最强大国家同样的生产能力，从而在时间上跨越后者曾经历的阶段。这也是马克思的人类共同体理论在价值观上与"西方中心论"的本质区别。[1] 马克思曾以对俄国社会能否跨越资本主义"卡夫丁峡谷"的分析说明这一点。

如果说19世纪五六十年代的马克思着重从历史理性的视角，审视以印度为代表的、刚刚被卷入世界历史过程的、经济落后地区的发展命运，那么19世纪七八十年代的马克思则更加侧重以现实环境的条件，评估以俄国为代表的、正在经历世界历史过程的、具有与西欧国家不同历史条件国家的发展道路。马克思以英国为例对资本主义社会进行了透辟的研究，揭示了资本主义无法自我根治的致命弊端，即社会化生产与资本主义私有制相对立这个社会基本矛盾，以及由此引发的国内矛盾和国际矛盾。看到正处在上升期的资产阶级不断向世界各地推广资本主义生产方式和建立世界资本主义体系，被纳入这一体系的民族正面临巨大灾难，马克思忧心忡忡。一方面，他迫切希望无产阶级能够快速壮大，并推翻资产阶级的统治；另一方面，他也在思索是否有可能使某些国家、民族绕开资本主义的泥沼。恰在此时，他发现了俄国农村公社的共同体形态。马克思曾多次提及，作为人类共同体现实形态的资本主义社会早已充斥着生产力与生产关系、经济基础与上层建筑、无产阶级与资产阶级、被压迫民族与殖民统治等各种强烈的对抗，而结束这些对抗的必然方向，就是扬弃这一共同体形态而回复到"古代"类型的集体所有制和集体生产，当然，这种回复只是在否定之否定的意义上来使用的。通过对俄国农村公社现状的解读分析，马克思十分欣慰地表示，"'农村公社'的这种发展是符合我们时代历史发展的方向的，对这一点的最好证明，是资本主义生产在它最发达的欧美各

---

[1] 参见许春华：《对马克思的世界历史思想和东方社会历史命运的思考——兼论马克思思想的一致性》，《河北大学学报（哲学社会科学版）》1994年第4期。

国中所遭到的致命危机"①。

　　基于这一认识，马克思在和俄国革命者的讨论中，反复地向俄国革命者说明：第一，俄国农村公社当前所采取的土地公有制与共产主义的公有制不仅形式相似，而且可以产生"天然的联系"。尤为可贵的是，这种所有制并不像其他原生形态共同体所有制那样已经名存实亡，而是仍然在发挥积极作用，"显示出独特的勃勃生机"。由于农村公社的存在，俄国革命者可以尝试走出一条与西欧国家不同的发展道路，俄国革命者应该对此积极关注，并为其继续发展创造有利条件。第二，俄国如果想要跳出西欧国家发展的历史周期，必须借助世界历史舞台获得最先进的生产力。马克思明确指出，俄国农村公社的落后现状，不可能在短时间内创造出进入社会主义所需要的发达的生产力与社会化大生产方式；俄国之所以存在跨越资本主义的可能性，根本上是因为农村公社"与资本主义生产是同时代的东西"，"和控制着世界市场的西方生产同时存在"。俄国革命者必须努力获得资本主义所创造的生产力和其他一切文明成果，才能为直接超越资本主义创造现实条件。为此，马克思在对俄国民粹派空想社会主义者进行批评时，着重批驳了他们同时否定资本主义制度与资本主义生产力的做法，认为这样的思想是与唯物史观根本对立的形而上学。马克思强调，先进的生产力特别是其构成要素的科学技术，是俄国向跨越资本主义而向社会主义过渡所必需的物质条件，就生产力只有在资产阶级手中才达到这样高的发展水平来说，资产阶级正如无产阶级一样，也是社会主义革命的一个必要的"先决条件"，谁否定这一点，"那就只不过证明，他还需要学一学关于社会主义的初步知识"②。

　　从以上分析中可以看出，马克思对"西方中心论"持否定态度，而对各国根据自身特点寻找适合道路则抱有积极支持和主动帮助的态度。所以，当俄国民粹派思想家尼·康·米海洛夫斯基（Mikhailovsky）把《资本论》中关于西欧资本主义起源的历史概述变成一般发展道路的历史哲学理论，由此要求一切民族，不管他们所处的历史环境如何，都注定要经历资本主义的发展阶段时，马克思认为这样做会给他"过多的荣誉"，同时会给他"过多的侮辱"；并指出，"超历史"的一般历史哲学理论并不是一把万能钥匙，极为相似的事情在不同的历史环境中出现就会引起完全不

---

① 《马克思恩格斯文集》第3卷，北京，人民出版社2009年版，第579页。
② 《马克思恩格斯文集》第3卷，北京，人民出版社2009年版，第390页。

同的结果,俄国农村公社面临的是和西方农村公社"毫无相似之处"的历史环境,因此不能把《资本论》中的有关理论应用到俄国农村公社上,也就是说,俄国不必重蹈西方国家的覆辙。①

在晚年马克思的笔记中,我们也可以看到,马克思坚持东西方社会发展道路存在历史差异,并没有贸然把东方社会的发展道路纳入西方社会模式中,从而与"西方中心论"划清了界限。

《公社土地占有制,其解体的原因、进程和结果》是俄国著名的人类学家、历史学家马·柯瓦列夫斯基的代表著作。该书以美洲、印度和北非当时存在的农村公社所有制及其解体过程为主要研究对象,对这些国家和地区的"封建化"过程进行了分析论证。在柯瓦列夫斯基看来,非欧社会农村公社土地所有制的解体过程毫无疑问是"封建化过程",即资本主义大土地所有制奠定基础的过程。柯瓦列夫斯基完全用西方封建化模式来套用非欧社会农村公社土地所有制结构的解体过程,自觉不自觉地滑向了"西方中心论"。

在分析印度农村公社土地所有制解体过程时,柯瓦列夫斯基说:

> 如果我们也象研究穆斯林世界封建制度发展的原因和进程的其它学者一样,认为可以闭口不谈那种与我们在中世纪整个西欧所见到的情况极为相似的有趣现象,那么,我们对于大莫卧儿帝国时代影响印度土地所有制封建化过程的各种因素的分析说明就可能是不完全的了。我所指的这个有趣现象就是:小土地所有者把所有权让给大土地所有者,而以给小土地所有制保留世袭的使用权为条件。这种契约(相当于中世纪的"荫庇制",这一点自然会引起每个人的重视)直到今天还存在于印度,称为"伊克巴尔达瓦"。我们将在下面看到:由于这种契约的广泛流行,从而使农民的自主地产一方面迅速地转变为柴明达尔的封建地产,另一方面则迅速地转变为僧侣团体、慈善机构和公益机构的封建地产……这就是在印度实行这种契约所造成的后果:这与日耳曼—罗马世界中世纪的荫庇关系属于同一性质。

在另一处地方,他写道:

---

① 参见许春华:《对马克思的世界历史思想和东方社会历史命运的思考——兼论马克思思想的一致性》,《河北大学学报(哲学社会科学版)》1994年第4期。

根据上面所说的情况，我们认为可以得出以下结论：在中世纪历史学家通常（尽管不太正确地）认为是日耳曼—罗马封建主义所特有的那四种因素当中，有三种（即采邑制、公职承包制和荫庇制）都可以在穆斯林所征服的印度中找到。

晚年马克思在摘录柯瓦列夫斯基的《公社土地占有制，其解体的原因、进程和结果》时，强烈反对作者照搬西方资本主义起源的发展模式，把非欧社会农村公社土地所有制解体过程等同于"封建化过程"的方法。例如，晚年马克思在摘录该书"穆斯林统治时期印度土地所有制的封建化过程"部分时，经常把"封建化过程"或改写为"所谓的封建化"，或加上引号以示区别。针对原作者把存在于印度的"采邑制""公职承包制"和"荫庇制"混同于西方的封建制度的看法，马克思说：

由于在印度有"采邑制"、"公职承包制"（后者根本不是封建主义的，罗马就是证明）和"荫庇制"，所以柯瓦列夫斯基就认为这是西欧意义上的封建主义。别的不说，柯瓦列夫斯基忘记了农奴制，这种制度并不存在于印度，而且它是一个基本因素。［至于说封建主（执行检察官任务的封建主）不仅对非自由农民，而且对自由农民的个人保护作用（参看帕尔格雷夫著作），那么，这一点在印度，除了在教田方面，所起的作用是很小的］；［罗马—日耳曼封建主义所固有的对土地的崇高颂歌（见毛勒的著作），在印度正如在罗马一样少见。土地在印度的任何地方都不是贵族性的，就是说，土地并非不得出让给平民！］[①]

马克思还指出：

根据印度的法律，统治者的权力不得在诸子中分配；这样一来，欧洲封建主义的主要源泉之一便被堵塞了。[②]

在摘录第八章"法国征服时期阿尔及利亚土地占有制的各种形式"

[①]《马克思恩格斯全集》第45卷，北京，人民出版社1985年版，第283~284页。
[②]《马克思恩格斯全集》第45卷，北京，人民出版社1985年版，第274页。

时，马克思针对"军事移民区"的封建化，说，"柯瓦列夫斯基把这种军事移民区命名为'封建的'，理由不足。"①在摘录第五章"穆斯林法律及其在印度土地关系领域中所作的改变"时，马克思针对原作者把"军功田的授予"导致"封建的占有"的说法，指出：

> 纳地亩税并没有把他们（指印度教徒——引者注）的财产变为封建财产，正如法国的地亩税不曾把法国的地产变为封建地产一样。柯瓦列夫斯基整个这一段都写得非常笨拙。②

这些摘录和批注都清楚表明，晚年马克思从多个方面批评了原书作者把非欧社会农村公社土地所有制结构的解体过程等同于西方社会早已经历的封建化的看法，反对用西方社会的发展模式作为唯一尺度去衡量非欧国家的发展历程。

在资本主义生产方式起源的途径问题上，马克思同样拒斥"西方中心论"。在《资本论》第一卷中，马克思指出资本主义起源即劳动者与生产资料的分离过程的历史，"在不同的国家带有不同的色彩，按不同的顺序、在不同的历史时代通过不同的阶段。只有在英国，它才具有典型的形式"③。因此，《资本论》第一卷对资本主义生产方式起源的分析，"这只是从欧洲的观点来看的"④。它不可能成为适用于所有民族、国家和地区的模式。马克思尤其注意到了东西方社会两条不同的资本主义起源途径：马克思多次强调西方国家资本主义是从奴隶制、农奴制等小土地私有制形式的封建关系中产生的，而东方社会是从公有制的崩溃中产生的，即把"他们的公有制变成私有制"的过程。晚年马克思愈加明确了这种现实的历史差异。在晚年的摘录笔记中，马克思着重分析了非欧国家和东方社会农村公社土地公有制，在西方殖民者的"坚船利炮"和廉价商品的双重冲击下被侵蚀和解体的过程，为此，在《给〈祖国纪事〉杂志编辑部的信》和致查苏里奇的信及草稿中，马克思一再申明，《资本论》第一卷以英国为典型，关于资本主义生产方式起源的分析仅仅"限于西欧社会"，这种起源过程的"历史必然性"并非一种适合所有民族，尤其是不能简单套用

---

① 《马克思恩格斯全集》第45卷，北京，人民出版社1985年版，第312页。
② 《马克思恩格斯全集》第45卷，北京，人民出版社1985年版，第269页。
③ 《马克思恩格斯文集》第5卷，北京，人民出版社2009年版，第823页。
④ 《马克思恩格斯文集》第8卷，北京，人民出版社2009年版，第147页。

到东方社会发展道路的"普遍模式",认为极为相似的事情在不同的历史环境中出现就会引起完全不同的结果。马克思坚定地说:

> (如果有人——引者加)一定要把我关于西欧资本主义起源的历史概述彻底变成一般发展道路的历史哲学理论,一切民族,不管它们所处的历史环境如何,都注定要走这条道路,——以便最后都达到在保证社会劳动生产力极高度发展的同时又保证每个生产者个人最全面的发展的这样一种经济形态。但是我要请他原谅。(他这样做,会给我过多的荣誉,同时也会给我过多的侮辱。)①

从晚年马克思提出的跨越设想及其可能性和现实条件中不难看出,"跨越论"贯穿着马克思对世界历史发展的辩证理解。它以一种全新的形式重申并发挥了世界历史理论。第一,马克思坚决反对把世界历史理解为世界所有民族都必须毫无例外地经历资本主义发展阶段的历史机械论,看到无论是西方资本主义社会还是受其侵蚀和影响的尚处于前资本主义阶段的东方社会,都出现了一种政治、经济上的危机形势,这种形势为东方社会跨越资本主义制度、用社会主义形式减轻通常在资本主义形式下所不可避免的新社会从旧社会的胎胞中分娩而出的巨大痛苦,提供了历史契机。第二,马克思并没有在世界历史的普遍规律之外来理解东方落后国家的特殊道路。他批判了民粹派把俄国落后的农村公社等同于社会主义的空想论,认为跨越资本主义本身恰恰是资本主义在世界范围内发展的产物,从世界历史进程来看,资本主义是一个不可缺少的阶段。因此,在世界历史体系中认识东方社会的发展道路,不仅要看到东方社会在生产关系和所有制领域中可以跨越资本主义的一面,还要看到在生产力和经济领域中不可跨越的一面。晚年马克思反复强调俄国跨越资本主义的一个重要历史前提是尽可能广泛地吸收资本主义的一切肯定成果,这充分表明,社会有机体的所有制形态和社会制度可以跳跃式前进,而社会的生产力和经济形态则只能是拾级而上。第三,晚年马克思把俄国革命和西方无产阶级革命的相互补充、相互作用作为俄国实现跨越的现实条件,一方面说明世界各民族在"历史向世界历史"的转变过程中的相互依存性,具体指明了世界历史发展的整体性;另一方面表明,晚年马克思站在世界革命的高度,把俄国

---

① 《马克思恩格斯文集》第3卷,北京,人民出版社2009年版,第466页。

革命放在世界革命的整体格局中来考虑,以东方社会和西方资本主义国家同时代的社会主义革命作为实现共产主义、彻底完成"民族历史"向"世界历史"转变的必要条件和现实基础。①

综观马克思的世界历史理论以及在此基础上对东方社会历史命运的分析,可以看出,无论是在19世纪五六十年代对殖民主义历史作用和印度社会发展道路的探讨,还是晚年对俄国特殊发展道路可能性和现实条件的设想,都是在世界历史进程中来考察和把握东方社会的历史命运,在东方社会发展道路中贯彻世界历史思想。当他用世界历史理论把握东方社会的前途和命运时,丝毫没有排除东方社会各民族在历史上表现出来的特殊性,而是把这种特殊性置于世界历史进程中加以考察;当他具体分析一个特定民族的独特发展道路时,也没有排除世界历史进程对东方社会各民族应有的制约作用,他认为,无论是西方文明国家,还是东方落后民族,向世界历史的转变是其民族历史发展的必然趋势。这正是马克思世界历史理论的深刻之处。②

第四节 对俄国民粹派东方中心论的反思

随着马克思的"人类学笔记"的发现和出版,"晚年马克思"日益引起国际学术界的重视。尽管晚年马克思年迈体衰,并且也没有像青年和中年时期那样给后人留下大量的非常完整和系统的著作和文章,而主要是遗留下一些摘录、笔记和评注,但其中蕴含的丰富思想仍需要我们挖掘并引起学术界的进一步重视,与世界历史理论的关系仍需进一步梳理。

晚年马克思在其卷帙浩繁、内容丰富的笔记中,思维触角伸展到了人类历史的不同时代和世界不同民族,不仅包括人类历史的原初社会、前资本主义时代、资本主义时代,而且涵盖了世界很多民族,从美洲的墨西哥、印第安人到非洲的埃及、阿尔及利亚;从亚洲的印度、爪哇、锡兰到北美洲的易洛魁部落;从欧洲的英国、法国、意大利、爱尔兰到横跨欧亚两洲的俄国,展示了其全球性的宽广的理论视野。

---

① 参见许春华:《对马克思的世界历史思想和东方社会历史命运的思考——兼论马克思思想的一致性》,《河北大学学报(哲学社会科学版)》1994年第4期。

② 参见许春华:《对马克思的世界历史思想和东方社会历史命运的思考——兼论马克思思想的一致性》,《河北大学学报(哲学社会科学版)》1994年第4期。

晚年马克思作了大量的摘录和笔记。自从国外发现晚年马克思关于东方社会的"人类学笔记"以来，国内外对"人类学笔记"的研究成果非常丰富，但是对于晚年马克思的其他笔记的研究，如"历史学笔记"涉及甚少。公平而论，人们常说的"人类学笔记"确是晚年马克思众多笔记的重要组成部分，可它们绝非晚年马克思笔记的全部，更不能取代晚年马克思笔记的更多内容。为此，很有必要开列晚年马克思各种笔记的清单：

（1）《历史学笔记》（1881年底~1883年底）。在这部长达80多万字的摘录笔记中，晚年马克思并没有使自己的研究视野局限于狭隘的地域，而是摘录了包括西方国家（如英国、法国、意大利、德国等）和东方民族（如土耳其、阿拉伯、蒙古国、俄罗斯等）在内的世界各民族在历史发展过程中的相互影响、相互作用以及产生世界性影响的重要历史事件如十字军东征、宗教改革等，力图从全球整体上把握人类历史的前资本主义阶段。

（2）《哥达纲领批判》笔记（1875年）。这是晚年马克思对《哥达纲领》的摘录式批判，是对在发达生产力和物质产品极大丰富基础之上产生的社会主义的一种设想。

（3）关于俄国问题的笔记（包括未发表的通信及手稿）：

《给〈祖国纪事〉杂志编辑部的信》（1877年10~11月）；

《评阿·瓦格纳的〈政治经济学教科书〉》（1879年下半年~1880年初）；

对巴·瓦·安年柯夫《美妙的十年》的评注（1880年9~10月）；

对尼·伊·柯斯托马罗夫《历史专题论文的研究》的评注（1879年底~1880年初）；

阅读了有关俄国1861年改革后社会经济发展的资料汇编，作了《关于俄国1861年改革和改革后的发展的札记》（1881年1月）；

阅读了车尔尼雪夫斯基关于俄国公社土地所有制的著作，在《没有收信人的信》的基础上，写了这些信的内容概要，题为《关于俄国废除农奴制问题》（1881年1~6月）；

对D.F.阿里索夫《解放者亚历山大二世》和彼·德拉哥尔诺夫《俄国的残暴屠杀》的批注（1881年3~4月）；

对恩·加尔特《乡村来信十一封（1870—1882）》一书的评语（1882年9~10月）；

致维·伊·查苏利奇的信及草稿（1881年3月）。

（4）关于非欧社会的笔记：

路易斯·亨·摩尔根《〈古代社会〉一书摘要》；

马·柯瓦列夫斯基《〈公社土地占有制，其解体的原因、进程和结果〉一书摘要》；

亨利·萨姆纳·梅恩《〈古代法制史讲演录〉一书摘要》；

约·拉伯克《〈文明的起源和人的原始状态〉一书摘要》；

约·布·菲尔《〈印度和锡兰的雅利安人村社〉一书摘要》；

乔·瓦尼《〈爪哇，或怎样管理殖民地〉一书摘要》；

埃·雷·于克《中华帝国》的摘录（1881年8~9月）。

在西欧诸民族纷纷投入资本主义社会的怀抱，遭受资本主义残酷的历史规律的支配，经历着具有历史必然性的各种危机与灾难的痛苦时，俄国泛斯拉夫主义者却提出了拯救世界各民族于水火之中的独特的"俄罗斯使命"，认为"俄罗斯民族包含着伟大的力量，俄罗斯民族是未来的民族，它将解决西方已经无力解决、甚至从深层来说都不能提出的问题"①。其著名代表人物赫尔岑（Alexander Herzen）说得更加明确，"俄国的庄稼汉将把世界从西方资本主义和欧洲的工人那里所具有的洋洋得意的市侩习气中拯救出来"②。泛斯拉夫主义继承了黑格尔的世界历史理论和方法，把俄罗斯民族看作是世界历史民族，认为俄罗斯必将成为世界的中心。

马克思恩格斯对泛斯拉夫主义这种典型的民族文化中心论进行了不遗余力的批判：第一，剖析了泛斯拉夫主义试图使整个世界从属于俄罗斯民族的霸权主义倾向。明确指出，"泛斯拉夫主义的直接目的，是要建立一个由俄国统治的从厄尔士山脉和喀尔巴阡山脉直到黑海、爱琴海和亚得利亚海的斯拉夫国家"③；泛斯拉夫主义运动的实质是反历史、反文化的"民族文化中心论"，它是"从几个斯拉夫族的历史学爱好者的书斋里发起了一个荒唐的、反历史的运动，其目的无非是要使文明的西方屈服于野蛮的东方，城市屈服于乡村，商业、工业和文化屈服于斯拉夫农奴的原始农业"④。马克思在1855年2月13日致恩格斯的信中公开表明对泛斯拉夫主

---

① ［俄］尼·别尔嘉耶夫：《俄罗斯思想》，雷永生、邱守娟译，北京，生活·读书·新知三联书店1995年版，第70页。
② ［俄］尼·别尔嘉耶夫：《俄罗斯思想》，雷永生、邱守娟译，北京，生活·读书·新知三联书店1995年版，第105页。
③ 《马克思恩格斯全集》第6卷，北京，人民出版社1961年版，第201页。
④ 《马克思恩格斯文集》第2卷，北京，人民出版社2009年版，第401页。

义者赫尔岑的态度,"我不愿意在任何时间和任何场合同赫尔岑一起出面,因为我不赞成这样的意见:似乎旧欧洲要用俄罗斯的血液来更新"。[1] 第二,指明泛斯拉夫主义"民族情结"的表象背后隐藏着一种幼稚的空想。恩格斯在《民主的泛斯拉夫主义》中指出:"(泛斯拉夫主义是一种)具有民主主义情绪的派别,企图把自己的民主主义观点同自己的民族感情调和起来,大家知道,这种感情在斯拉夫人身上表现得非常强烈;因为现实世界,他们本国的实际情况不能为这种调和提供任何根据,或者只能提供一些假想的根据,所以除了彼岸的'梦想的空中王国'、美好愿望的世界、幻想的政治以外,他们就一无所有了。"[2] 因此,"泛斯拉夫主义的幼稚性和反动性并不比泛日耳曼主义少些"[3]。

在19世纪的俄国、印度等东方国家,广泛存在的农村公社构成了东方社会独特的"风景线"。俄国民粹派把俄国几乎到处存在的农村公社,以及在这种农村公社基础上形成的"集体主义"精神,视为俄国能够选择一条与西方资本主义道路不同的独特发展道路的基点,这种选择不仅能够使俄国避免资本主义灾难,而且是能够救治西方资本主义社会各种弊病的"良医妙方"。民粹派根本看不到世界历史时代全球整体化的历史背景,否定资产阶级创造的先进生产力、社会化大生产方式和商品经济运行机制是走向更高级社会形态的前提条件,不是在世界性的生产力、生产关系及其互动所构成的矛盾运动中,而是主张,在各个民族普遍交往中来理解俄国社会主义革命的可能性和必然性。正是因为俄国保留了原始公社遗存的农村公社,没有选择资本主义发展道路,才比欧洲各国更有可能进行社会革命。对这种东方农业空想社会主义观点,马克思恩格斯给予了彻底批判,指出社会主义革命即无产阶级战胜资产阶级的革命,它不仅需要有能实现这一变革的无产阶级,而且就生产力只有在资产阶级手中才发展到这样高的水平来说,资产阶级正如无产阶级一样,也是社会主义革命的一个必要的先决条件,只相信那种"自发的社会主义使命"的民粹派,是对社会主义缺乏基本的了解。[4]

与民粹派这种狭隘民族世界观基础上的"地域性"空想社会主义不同,马克思恩格斯是从各个民族普遍交往、生产力与生产关系的世界性矛

---

[1] 《马克思恩格斯全集》第28卷,北京,人民出版社1973年版,第433页。
[2] 《马克思恩格斯全集》第6卷,北京,人民出版社1961年版,第327页。
[3] 《马克思恩格斯全集》第6卷,北京,人民出版社1961年版,第340页。
[4] 《马克思恩格斯文集》第3卷,北京,人民出版社2009年版,第390页。

盾运动中,来理解俄国跨越资本主义制度的"卡夫丁峡谷"的可能条件。晚年马克思在致查苏利奇的信的草稿中一再指明,仅仅依靠俄国遗存的农村公社,决不会产生社会主义革命的条件。如果俄国是脱离西方社会甚至整个世界而单独存在的,如果它只能依靠自身的力量,取得西方社会经过一系列发展才取得的经济、技术成果,那么,毋庸置疑的是,俄国遗存的农村公社必定会伴随俄国社会的进一步发展而消失。所以,俄国之所以存在跨越资本主义制度"卡夫丁峡谷"的可能性,归根到底在于它处于与其他类型的农村公社(如西欧的马尔克公社)的历史环境毫无相似之处的历史环境中。这种历史环境的独特性在于,它"和资本主义生产是同时代的东西"[①],"恰好又生存在现代的历史环境中,处在文化较高的时代,和资本主义生产所统治的世界市场联系在一起"[②]。而这种跨越的可能性变成现实的历史前提就在于俄国革命与西方无产阶级革命的相互依存、相互补充、相互推动,并尽可能使之吸取资本主义社会所创造的一切"肯定成果",用现代化的生产工具、社会化大生产方式、普遍交往形式改造俄国农村公社落后的生产力状况、自给自足的小农经济生产方式、闭塞孤立隔绝的交往状态,为东方社会用社会主义形式减轻通常在资本主义形式下所不可避免的新社会从旧社会的胎胞中分娩而出的巨大痛苦提供了绝好的历史契机。这正是马克思的世界历史理论与民粹派空想社会主义和狭隘地域性的民族中心论的本质差异。

毫无疑问,资本主义时代与世界历史时代可谓不可分离的"双胞胎",这就注定世界历史时代必然注入资本主义的思想、文化,其意识形态不可避免地带有资本主义性质。所以,各式各样的"西方中心论",如生物种族主义、文化种族主义、东方主义、现代化理论等,都是与世界历史时代相伴随产生的。同样,对"西方中心论"进行解构的各式理论也是层出不穷,马克思站在受压迫的世界无产阶级立场,对代表资产阶级利益的各种"民族文化中心论"尤其是"西方中心论"进行了批判。在马克思主义创始人看来,人的生产和交往实践活动是世界历史时代发展过程的基点,世界上各个民族、国家和地区在这种世界性的生产和交往实践活动面前是完全客观的、平等的,这也就是人类实践活动的普遍性品格。这种普遍性品格,必然内在地要求客观地、平等地看待世界各民族对自身发展道路的选

[①]《马克思恩格斯全集》第19卷,北京,人民出版社1963年版,第432页。
[②]《马克思恩格斯全集》第19卷,北京,人民出版社1963年版,第444页。

择和世界各民族历史文化的价值。具体来说，其一，拒斥把西方民族的历史与社会发展道路（过去）视为非欧民族和国家在现实及未来的发展过程中必须遵循的模式（范式），因为任何民族、国家对于历史与社会发展道路的选择，都是由该民族、国家的内外各种因素"凑合"而成的一股"合力"决定的，即使是极为相似的历史环境，在不同的时代、不同的国家、不同的民族中也会产生不同的结果，把欧洲民族国家的历史与社会发展道路夸大成为一种超越所有民族国家的"一般历史发展道路"，是有悖于丰富多彩的世界历史发展过程的。其二，马克思的人类共同体理论立足于全球整体，必然要求平等地看待各民族的历史文化价值，坚决反对无限夸大某个民族的文化价值，一味贬低甚至完全否定其他民族文化价值的观点。任何民族文化都发祥于本民族的生产、交往及各种实践活动，是本民族长期发展、不断积淀的结晶，一味贬低甚至完全否定一个民族的文化价值，也就等于否定了该民族存在的必要性和合理性。因此，各种色彩的"民族文化中心论""文化帝国主义"都是与马克思的人类共同体理论格格不入的。

马克思的人类共同体理论，是马克思在唯物史观创立过程中的重大理论创造，"人类共同体"也是进入世界历史以后人类无法回避的现实问题。在马克思之后，不同的民族国家的不同学者，根据自己的理解，依据各自所处的社会历史境遇，试图回应马克思的人类共同体理论。可以说，这些学者回应的理论成果各具特色，有的具有马克思主义性质，有的具有非马克思主义性质。对于这些理论的解读与评析，有助于我们对马克思人类共同体理论的深刻理解，也有助于我们对中国式现代化道路的认识，对人类命运共同体理念的科学把握。

在第二次世界大战以后出现的这些理论中，巴西学者特奥托尼奥·多斯桑托斯（Theotonio Dos-Santos）的依附理论、美国学者伊曼纽尔·沃勒斯坦的现代世界体系理论、英国学者安东尼·吉登斯的现代性与全球化理论、美国学者塞缪尔·亨廷顿的"文明冲突论"，是其中比较有代表性的理论。下面我们依次解读和阐释这些理论，并对其进行评析。

第五章　依附发展的不平衡共同体
——多斯桑托斯的依附理论

特奥托尼奥·多斯桑托斯是巴西里约热内卢联邦大学经济学教授，在依附理论与发展研究领域有着突出的成就和贡献。其代表性的著作有《帝国主义与依附》《世界经济：地区一体化与可持续发展》《依附论：均衡的观点》《发展主义理论的危机》《论世界经济体系概念的起源》等。

第一节　对现代化理论的批评

第二次世界大战以后，产生了影响甚至决定拉丁美洲国家的经济发展的两大发展趋势，一是西方帝国主义跨国公司、跨国集团的大规模扩张，二是拉丁美洲的大规模工业化发展进程。

20世纪初期，世界资本主义主要表现为金融垄断资本主义的形式。20世纪50年代末至60年代初，金融垄断资本主义进一步向跨国垄断资本主义过渡，跨国公司、跨国集团大量出现。因此，20世纪中叶之后，垄断资本主义（或称帝国主义）发生一系列新的重要变化，其基本特征表现为以下4个相互关联的方面：第一，在资本主义国家内部，垄断资本与资本控制的国家机构之间相互推动，进一步形成和巩固了国家垄断资本主义的形态；第二，资本主义世界各主要经济体之间，伴随垄断资本的集团化、国际化发展，强化了经济中心地位，并且由于利益的共通性、一致性，实现了高度一体化；第三，资本主义世界与其他国家、地区的互动形式发生重大变化，由原来的劳动输出、技术输出为主，转变为以资本输出为主的直接投资形式；第四，资本主义世界原来控制的殖民地半殖民地国家虽然获得了政治独立,但是在经济发展模式、文化发展模式等方面仍然受资本主义中心国家的控制。

与此几乎是同一个历史过程,陆续获得政治独立的殖民地半殖民地国家,特别是拉丁美洲国家,相继开展的工业化进程也发生了一次过渡,即从过去在民族主义支配下自主发展阶段,逐渐过渡到依靠资本主义中心国家大规模投资作为发展动力的依附性发展阶段。在垄断资本支持或影响下,这些国家的民族主义时代被终结,开始了官僚权威主义的时代。社会经济结构和政治运行方式的变化,进一步造成这些国家的工业发展陷入依附性发展模式之中。工业化是现代化的主要标志,拉丁美洲的工业化对外来资本和技术依附程度日益加深,在此情景下,盛行一时的以内源性发展理论为主要内容的西方现代化发展理论,已经无法对拉丁美洲的工业化发展状况作出有效的解释,陷入了一种理论困境。[①] 如何摆脱这种理论困境,成为当时拉丁美洲理论界迫切要解决的问题。

从20世纪60年代初开始,一批巴西左派学者对于不发达国家是否依然存在"在帝国主义条件下自主发展"的可能性提出怀疑,并采用"依附"概念解释拉丁美洲等不发达国家和民族的社会发展道路、经济发展模式、政治结构的变化,以及拉丁美洲国家与资本主义发达国家之间的共同体关系,创造了适用于解释不发达国家在帝国主义世界体系内发展模式的依附理论,以回应现代资本主义基本特征的崭新变化以及传统现代化理论面临的危机。在多斯桑托斯领导下,一批学者在智利大学建立了专门从事帝国主义和依附问题研究的社会经济研究中心,一方面,加强理论批判,致力于揭示结构主义发展理论和现代化理论的缺陷;另一方面,同当时马克思主义学者和非马克思主义学者进行广泛的接触和交流。在他们的努力下,依附理论在智利以及委内瑞拉、墨西哥、哥伦比亚、乌拉圭等国家迅速扩大其影响,到20世纪70年代中期,依附理论的方法论基础基本奠定。

多斯桑托斯认为,要对之前和同时代的西方各种发展理论进行分析批判,必须首先对这些理论立足的基本假设进行分析批判:

> 这种做法可能会引起许多批评。尽管如此,作为对认识论原

---

① 参见[巴西]特奥托尼奥·多斯桑托斯:《帝国主义与依附》,毛金里等译,北京,社会科学文献出版社1999年版,第4页。

则——从其他角度来指导完全相反立场的原则——的讨论,这种做法是合理的。①

为此,多斯桑托斯对之前各种发展理论的主要内容进行归纳,经过提炼总结,他认为,发展理论的假设可以归纳为以下4点:第一,发展意味着向符合人类和社会进步的总体目标前进,人们通常把这个社会模式称为现代社会、工业社会等;第二,不发达国家一旦消除了传统社会的障碍,就会朝着现代社会、工业社会迈进;第三,现代社会可以找到能够比较合理地调动国家资源的方法;第四,必须拥有一种能形成全国统一意志的意识形态。在对发展理论的假设进行归纳以后,多斯桑托斯对其进行了深刻的分析和批判。

首先,发达社会模式是一种意识形态抽象的结果,这种模式是一种典型的形式主义模式,由此决定它是反历史的。按照发展理论的假设,不发达国家若想建立人们熟悉的发达社会模式,如美国、欧洲、日本等,就应该"力求重复这些国家的历史经验,或者至少确立同现存社会相似的社会模式"②。多斯桑托斯认为,这种假设在科学上"毫无实用性",它的基础是反历史的原则,因为在当下的历史条件下,再重复那些发达国家的现代化发展道路,已经是绝对行不通的。在多斯桑托斯看来,一方面,发达国家曾经采取的发展模式具有特殊的历史背景,由于这些条件已不具备,这些发展模式已经不可能被重复;另一方面,不发达国家不应该把当前发达国家所采取的"发展模式"作为奋斗目标,因为这些模式本身也存在缺陷。因此,应该把不发达国家的发展经验作为在"某些特定历史条件下的一种特殊经验来加以分析"。既然不能照抄照搬发达国家的发展模式,那么就必须明确认识一种不发达国家发展过程确立可能框架的历史条件,具体地历史地去分析这些历史条件:

> 发展学(社会学或经济学)只有当它不再为发展假设某种要达到的形式目标和通向这一目标的道路,而是把发展作为一种历史进程而

---

① [巴西]特奥托尼奥·多斯桑托斯:《帝国主义与依附》,毛金里等译,北京,社会科学文献出版社1999年版,第275页。

② [巴西]特奥托尼奥·多斯桑托斯:《帝国主义与依附》,毛金里等译,北京,社会科学文献出版社1999年版,第276页。

努力去加以认识时，才能称其为科学。①

也就是说，只有发展理论不再把自己作为一种社会发展模式或目标，而是作为一种具体的历史的发展过程来看待的时候，才会成为科学。

其次，把人类社会假设为两种根本对立的阶段或社会制度是抽象地看待人类历史进程。以现代化理论为主的发展理论普遍认为，人类社会可以划分为两种截然不同的社会：一种是现代化产生以前的社会，可以称为传统社会，传统社会是落后、愚昧、闭塞、保守的代表；而另一种现代社会则是进步、文明、开放的象征，因此现代社会必然取代传统社会。在多斯桑托斯看来，这是发展理论的一个"根本性错误"：

> 显而易见，"落后"现象不能从这样一种分析观点即作为国家之间发展程度不同的问题加以理解。人所共知，这些被称作落后的、不发达的、野蛮的、前资本主义的和传统的国家，仅仅因为同先进的、发达的、文明的、资本主义的和现代的国家在理论上建立了一种纯粹抽象的对比关系后才具有了形成那些概念的各种特点。我们在两种类型的国家之间建立对比关系，那是因为这两类国家都是同一个世界经济的组成部分。在进行这种对比时，我们所反映的是在世界经济中占支配地位的生产方式这一文化的普遍性、唯理性和进化性。根据这种文化，世界是向进步、向理性演变的，总之，向作为理想的行为模式的自由资本主义演变。②

在多斯桑托斯看来，从拉丁美洲的历史和现状来看，它之所以处于欠发达状态，不是由于传统社会在经济、政治、文化和制度方面的阻力，而是因为其社会结构处于依附状态。

> 因此，不能集中分析两个阶段或两种制度（传统的与现代的，资本主义的与封建主义的）的抽象—形式关系，而应集中分析这些历史上形成的具体社会，即不发达社会，或更确切地说，就是我们后文

---

① ［巴西］特奥托尼奥·多斯桑托斯：《帝国主义与依附》，毛金里等译，北京，社会科学文献出版社1999年版，第277页。

② ［巴西］特奥托尼奥·多斯桑托斯：《帝国主义与依附》，毛金里等译，北京，社会科学文献出版社1999年版，第367页。

提出的依附性社会的特点。①

对于发展理论而言，其任务应该是研究不同国家、地区尤其是欠发达国家、地区的发展规律，通过比较分析对以下问题作出回应：一是哪些规律以及在何种程度上是研究对象所特有的？二是这些规律是否与发达国家的社会发展规律相一致、在何种程度上和何种层面上一致？而不应仅仅把发达国家已经走过的道路作为一种"发展模式"，并确定为所有不发达国家必然达到的目标。

再次，发达社会就一定能够充分有效地利用资源吗？发展理论的另一个假设是发达国家能够充分有效地利用资源。这一假设的基础源于第一种和第二种假设：其一，具有可以被确定为目标的发展目标；其二，充分有效地利用资源取决于某些符合现代社会、理性社会、工业社会或群众社会等特点的方法。多斯桑托斯认为，对于资源的合理使用应当与特定的历史情况联系起来，因为所谓合理与否是由人来确定的，而任何人都是具有历史属性的，属于历史上形成的某种社会的具体集团。"这就是说，一项经济或政治措施合理与否，只有在对产生该项措施的社会制度的性质有所认识之后才能加以判断。"② 所以，对于发达国家合理的事物，对于发展中国家不一定适应。这表明，"把那些本应根据具体情况采用或制定的方法正式汇编到一种'普遍的'理论之中是危险的，尤其表明做形式主义的抽象是危险的"③。

最后，对发展观念的质疑。发展理论认为所有民族、国家和地区都将遵守一种从发达国家发展过程中抽象得出的发展模式，也就是说，存在一种普遍适用的发展观念。在多斯桑托斯看来，这种追求普遍适用的发展观念是现代化发展理论将其发展观念意识形态化的结果。他认为：

> 不可能有一种普遍适用的发展观念。不同的社会利益集团，主要是不同的社会阶级有其不同的发展观念……同发展有利害关系的阶级

---

① ［巴西］特奥托尼奥·多斯桑托斯：《帝国主义与依附》，毛金里等译，北京，社会科学文献出版社1999年版，第278页。
② ［巴西］特奥托尼奥·多斯桑托斯：《帝国主义与依附》，毛金里等译，北京，社会科学文献出版社1999年版，第279页。
③ ［巴西］特奥托尼奥·多斯桑托斯：《帝国主义与依附》，毛金里等译，北京，社会科学文献出版社1999年版，第280页。

各不相同，它们寻找的是不同的发展道路。因此，在确定何谓发展和哪些是获得发展的手段时，必然会有不同的甚至相互对立的方式。[1]

所以，多斯桑托斯对发展理论作出以下批评：

（发展理论仅仅停留于）对表面现象作经验主义的描绘，会掩盖现实的本质方面。因此，在研究这些表面现象时，必须从理论上对整个社会加以分析。拒绝面对这一问题是意识形态方面的一种行为表现。[2]

根据对发展理论尤其是现代化理论的批判，多斯桑托斯把自己的发展观点归纳如下：第一，发展理论应立足于对不同的社会发展进程进行具体的历史的分析基础之上；第二，每一种发展模式都是在特定社会、历史条件下形成的特殊经验，不存在一种超越这些特殊经验的一般发展模式；第三，发展理论不能把现代化进程视为由一种社会向另一种社会的单线过渡。

第二节 依附结构与不平衡发展

多斯桑托斯认为，类似拉丁美洲的不发达状况，并不是因为这个地区的国家、民族处在前资本主义的发展阶段，而恰恰是因为它们被卷入了资本主义世界体系，是资本主义诞生以后的一个结果。换句话说，落后经济体的当前状况，只是世界资本主义体系之下的一种特殊形式，可称为"依附性资本主义"。由此出发，多斯桑托斯断定：

我们必须把依附看成是一种限定性状况。依附是这样一种状况，即一些国家的经济受制于它所依附的另一国经济的发展和扩张。两个或更多国家的经济之间以及这些国家的经济与世界贸易之间存在着互相依赖的关系，但是结果某些国家（统治国）能够扩展和加强自己，而另外一些国家（依附国）的扩展和自身的加强则仅是前者扩展——对后者的

---

[1] ［巴西］特奥托尼奥·多斯桑托斯：《帝国主义与依附》，毛金里等译，北京，社会科学文献出版社 1999 年版，第 280 页。

[2] ［巴西］特奥托尼奥·多斯桑托斯：《帝国主义与依附》，毛金里等译，北京，社会科学文献出版社 1999 年版，第 280 页。

近期发展可以产生积极的或消极的影响——的反映,这种相互依赖关系就呈现依附的形式。不管怎样,依附状态导致依附国处于落后和受统治国剥削这样一种局面。①

按照多斯桑托斯的观点,自从资本主义产生以来,欧洲的葡萄牙、西班牙、荷兰、法国和英国先后成为巨大的资本中心,并在这些中心周围组织起新的资本主义生产制度的基础。拉丁美洲等欠发达国家没有能够成为这些中心的一个组成部分,直到那些资本主义中心发生剧烈的变革和急剧的扩展运动,在向全世界辐射时,它们才被部分地纳入资本主义世界体系,但仅仅是以简单的被限定的辅助性角色出现在资本主义世界体系之内。鉴于依附是这样一种被限定的状况,那它就相应地规定了类似拉丁美洲这些欠发达国家可能的发展方式。这种发展方式只有两种可能:第一,接受依附于资本主义世界体系的事实,并在这个体系内选择发展道路,但是这种选择不是各国随意的或者完全自由的,而只能是在"辅助性角色"这种被限定状况之内的选择;第二,改变这种依附于资本主义世界体系的状况,以便获得另外一些行动的可能性。

多斯桑托斯按照历史发展进程,认为存在3种依附形态:第一,商业—出口依附形态。这是不发达国家最初的依附形态。在这种形态内,与主要资本主义国家结盟的商业和金融资本,通过贸易垄断方式决定着发达资本主义国家与不发达国家(原殖民地半殖民地国家)之间的经济关系。第二,金融—工业依附形态。这种依附形态最早形成于19世纪末,表现为各资本家集团在资本主义世界体系中居于统治地位,并不断向不发达国家进行扩张,以满足资本主义统治中心的消费之需,这种依附形态导致依附国形成了一种"外向型发展"的生产结构。第三,技术—工业依附形态。这种形态形成于第二次世界大战后,其特点是资本主义的跨国公司、跨国集团对拉丁美洲等欠发达国家的技术—工业统治。

这3种不同的依附形态,存在一个共同点,即不平等的联合关系。恰恰是这种不平等的联合关系,成为连接资本主义国家与欠发达国家之间的桥梁,把那些不同地域、不同国家、不同民族统一在一个共同的商品、资本甚至劳动力的世界市场内。通过对世界经济形成过程的分析,我们就会

---

① [巴西]特奥托尼奥·多斯桑托斯:《帝国主义与依附》,毛金里等译,北京,社会科学文献出版社1999年版,第303页。

明显看到存在于世界市场之中的不平等:

> 不平等,是因为在这个体系内,一部分国家的发展是以牺牲另外一些国家的发展为代价的……因为正是这些不相等的方面的联合以及最落后的依附性地区的财富向最先进的居统治地位的地区转移,造成和加重了那种不平等,并把不平等变成世界经济中心必不可少的因素。①

这种依附形态显然严重影响着依附国的生产体制,形成了一种恰恰以依附性为特征的特殊发展模式。这种以不平等的联合关系为主线的发展模式主要体现在生产体制、资本积累、国内市场等方面。从生产体制来看,第一,是由以出口结构为导向的生产体系决定的。以农业或矿业出口结构为导向,就必须保持这些生产部门的中心地位,这就形成了一种类似于资本主义中心即"宗主国"和欠发达国家即"殖民地"之间的不平等的联合关系,这些农业或矿业部门剥夺其他落后部门的剩余价值,成为欠发达国家内部生产体系的一个最显著的特征。第二,因为与资本主义跨国集团、跨国公司经济联合的需要,拉丁美洲的欠发达国家必须优先建立一种工业和技术型结构,这是决定其生产体制的另一个因素。第三,经济技术、经济金融主要集中在一些资本寡头手中,导致产生一种不平衡的生产体制,从而造成收入的高度不平衡、金融资本的高度集中等畸形发展状况。

从资本积累来说,第一,拉丁美洲这些欠发达国家的劳动力市场价格低廉,使用资本集约度高的技术,使这些廉价劳动力相对受到的剥削更加严重。第二,这种依附结构使资本积累也呈现出依附性积累的特点,欠发达国家在金融资本、大机器、原材料、先进技术等方面受制于资本主义"宗主国",不得不在不平等的国际关系中惨淡经营。

从国内市场来说,第一,依附性生产体制以农业为主导,重工业、轻工业等生产部门不得不与农业生产部门相妥协,导致社会生产结构不协调,从而影响国内其他产业和市场的健康发展。第二,对劳动力高度的绝对剥削和相对剥削,使劳动力的购买力大大降低,影响了国内市场的良性发展。第三,资本集约度高的技术逐渐推广,远远高于人口的增长速度,

---

① [巴西]特奥托尼奥·多斯桑托斯:《帝国主义与依附》,毛金里等译,北京,社会科学文献出版社1999年版,第310页。

这样就减少了就业机会，也限制了国内市场的良性发展。第四，国内市场有限的购买力，使国内的经济盈余不能充分发挥作用，大量经济盈余变成外汇转向资本主义"宗主国"，既限制了国内市场的发展，也限制了本国基础工业的发展。

多斯桑托斯认为，要想正确理解依附性生产体制以及由其造成的社会形态，就必须把依附性生产体制看作是资本主义世界经济体制的组成部分，只有在考察依附性生产体制基础上，从"中心—外围"这一依附结构去分析，才能理解依附性国家的发展道路：

> 依附性国家的资本家被迫在不平等的条件下在国内与国际资本进行竞争。他们被迫建立一种对劳动力进行超额剥削的生产关系以便在本国和外国的统治者之间分享所创造的经济盈余。①

多斯桑托斯揭示了拉丁美洲国家欠发达的原因，就在于它们过去和现在都处于资本主义主导的世界体系之中，这种世界体系只能为不发达国家再生产出贫困、落后和剥削，不发达国家在这一世界体系中永远处于依附性地位。他指出，要摆脱这种依附性地位，只有变革现有的资本主义全球化体系结构和不发达国家自身的经济结构；而进行人民革命，朝向社会主义发展是这一变革的前提。

依附理论在方法论上采取了总体研究方法、历史—结构方法和阶级分析方法。第一，依附理论强调，把发展中国家和发达国家联系在一起的是资本主义的全球化和世界经济的全球化。发展中国家依附于发达国家，既是世界经济全球化产生的结果，也是资本主义走向全球化的过程，其研究的目的是试图在分析拉丁美洲国家的依附性结构的基础之上，为发展中国家找到一条能够摆脱依附性地位的发展道路，因此，它并不仅仅局限于某个国家或某个地域来观察、分析和解决问题，而是站在资本主义全球化的高度和资本主义世界体系的整体格局中来看待拉丁美洲国家的发展现状及其发展道路。第二，依附理论认为，现代化理论对于发达社会模式的假设是反历史的，因为发展的内容会随着历史条件的不同而发生变化，发达国家腾飞的历史条件是具体的历史的，"恢复"以往的历史条件，重复发达

---

① ［巴西］特奥托尼奥·多斯桑托斯：《帝国主义与依附》，毛金里等译，北京，社会科学文献出版社1999年版，第320页。

国家已经走过的道路是不可能的,"发展学(社会学或经济学)只有当它不再为发展假设某种要达到的形式目标和通向这一目标的道路,而是把发展作为一种历史进程而努力加以认识时,才能成其为科学"①。第三,依附理论认为,发展中国家的不发达是由于发达国家的发达造成的,因此,要想摆脱不发达的被动状态,就必须把矛头指向资本主义世界体系,并进行彻底的人民革命,使其朝向社会主义方向发展,改变世界各民族国家不平等的格局。这一立场使它与马克思主义的有关理论产生了千丝万缕的联系。

第三节 依附理论与马克思主义理论的渊源关系

多斯桑托斯等学者提出依附理论,受到了马克思主义的深刻影响。这些学者自觉或者不自觉地把马克思主义理论中有关资本主义、原始积累、民族问题、金融资本、帝国主义等观点作为探讨依附国家面临的具体问题的"合适框架",力图运用马克思主义方法解答20世纪不发达国家新的课题。可以说,依附理论在20世纪举起了反对西方现代化理论的大旗,继承了马克思主义的阶级分析理论,成为20世纪马克思主义的"代表"。

依附理论可以追溯到马克思关于殖民主义、原始积累等方面的思想。在多斯桑托斯看来,尽管马克思没有对殖民问题展开系统的论述,但是马克思在很多地方触及了这个问题。

在马克思的理论视野中,殖民制度在资本原始积累过程中起着不同寻常的作用。它为资本主义制度的产生、资本主义"宗主国"为瓜分世界而进行的贸易战争奠定了基础。具体来说,殖民制度在资本原始积累过程中的作用有以下表现:第一,殖民制度(三角贸易)是在奴隶贸易和开发殖民地生产基础上进行资本积累的源泉。马克思认为,欧洲以外世界的奴隶制度是欧洲资本原始积累的重要补充,而在欧洲出卖儿童则完善了这一强制劳动过程。②第二,殖民制度为资本主义资本积累提供了条件。"宗主国"大工业和制造业的商品创造了广阔的销售市场,使商品中蕴含的剩余价值源源不断地得到实现,为"宗主国"的工业扩大生产提供了条件,生

---

① [巴西]特奥托尼奥·多斯桑托斯:《帝国主义与依附》,毛金里等译,北京,社会科学文献出版社1999年版,第277页。

② [巴西]特奥托尼奥·多斯桑托斯:《帝国主义与依附》,毛金里等译,北京,社会科学文献出版社1999年版,第338页。

产和销售的持续扩大进一步促进资本积累。第三，殖民制度是一种国际政治制度，是资本主义"宗主国"瓜分外围殖民地势力范围的一种结果。在深入理解马克思对资本赤裸裸的本质和资本原始积累的残暴性的揭示的基础上，多斯桑托斯指明了殖民制度与资本主义之间的紧密关系，对于资本主义全球化而言，剥削殖民地是其存在的必要条件之一，也就是说，"殖民制度是资本主义兴起的重要因素"①。

马克思还曾指出，资本主义要想获得发展，就必须摧毁以个人劳动为基础的所有制。他在《资本论》第一卷中谈到现代殖民理论时，论述了在美国的殖民状况的本质，认为美国殖民地的问题在于存在着可供个人垦殖的土地，这种情况限制了迫使他们变成雇佣劳动者的可能性。因此，殖民者的目的之一就是要建立对全部土地的私人所有制，殖民者与当地土著人之间的斗争表现了以个人劳动为基础的个体所有制和以剥削他人劳动为基础的资本主义所有制之间的斗争，"殖民地资本主义结构的一个基本要素是对土地的垄断。确保这种垄断是殖民主义列强的主要目的"②。

马克思又采用大量的篇幅对商业资本进行了分析，广泛地论述了商业资本的发展与资本主义生产方式的建立、殖民地的作用之间的关系问题。这些分析从根本上澄清了商业资本使前资本主义生产方式服从于资本的利益，服从于生产商品及剩余价值这一进程；同时阐明了商业资本一方面为克服封建生产方式和促进资本主义生产创造了条件（建立了面向世界和本国市场的生产），另一方面又限制了资本主义生产的发展（因为它使生产从属于商业和以随便什么方式刺激生产）。总而言之，商业资本还不足以建立资本主义生产方式。这说明了为什么在西方罗马和古代有了巨大发展的商业资本却不能建立资本主义生产制度；但是，从另一角度看，商业的发展尤其是世界贸易的发展是资本主义生产方式产生的必不可少的条件。

多斯桑托斯接受了马克思的以上观点，在此基础上指出，拉丁美洲国家的生产从一开始就是商品生产，但是属于一种落后的、从属于商业资本的生产，其结果就是只能选择建立前资本主义生产制度，而不可能产生资本主义生产方式。并且，商业资本对拉丁美洲殖民地的统治与这些国家建立资本主义生产关系并不存在任何直接关系：

---

① ［巴西］特奥托尼奥·多斯桑托斯:《帝国主义与依附》，毛金里等译，北京，社会科学文献出版社1999年版，第339页。

② ［巴西］特奥托尼奥·多斯桑托斯:《帝国主义与依附》，毛金里等译，北京，社会科学文献出版社1999年版，第340页。

得出在商业资本对拉美殖民地的统治和在那里建立资本主义生产关系之间存在着直接关系的结论是荒谬绝伦的。甚至拉美国家的不发达主要可归咎于商业资本——限制建立资本主义生产方式的因素——在殖民地的巨大发展并占有极大优势。①

马克思晚年针对俄国一批知识分子关于《资本论》的分析模式能否运用到俄国的发展道路中的争论,一再重申欧洲资本主义原始积累具有特殊性,强调《资本论》中关于西欧资本主义发展历史的揭示不应被视作普遍的历史规律,他对这样的做法提出批评。之后,马克思又对自己的方法进行了精辟的论述:

> 如果把这些演变中的每一个都分别加以研究,然后再把它们加以比较,我们就会很容易地找到理解这种现象的钥匙;但是,使用一般历史哲学理论这一把万能钥匙,那是永远达不到这种目的的,这种历史哲学理论的最大长处就在于它是超历史的。②

多斯桑托斯对于马克思晚年所倡导的这种研究方法十分赞赏,认为这一方法恰恰为依附理论的历史分析方法提供了佐证。他还从中进一步引证出其对落后地区问题的分析方法:

> 这里有两条非常重要的提法。第一,它们不一定要走欧洲走过的道路,不一定必须经过同样的阶段,它们甚至可能"躲过"资本主义制度的灾难,创造一些独特的历史形式;第二,提出了一条方法论方面的忠告,即必须研究每一个具体的历史进程,从而把它同其他的进程和自身发展的特殊历史条件联系起来。这样,马克思再次重申了他的方法的科学性和具体的历史性,反对把他的方法作形式主义和教条主义的解释。③

---

① [巴西]特奥托尼奥·多斯桑托斯:《帝国主义与依附》,毛金里等译,北京,社会科学文献出版社1999年版,第340页。
② 《马克思恩格斯文集》第3卷,北京,人民出版社2009年版,第466~467页。
③ [巴西]特奥托尼奥·多斯桑托斯:《帝国主义与依附》,毛金里等译,北京,社会科学文献出版社1999年版,第348页。

除了马克思，多斯桑托斯认为，他提出的依附理论也受到列宁《帝国主义是资本主义的最高阶段》（也称《帝国主义论》）的深刻影响。

在《帝国主义论》中，列宁指出，垄断是资本主义社会形态发展的新阶段，金融资本主义、军国主义、世界大战、殖民主义都是垄断资本主义的必然结果。在垄断资本主义阶段，占统治地位的一般性规律包括：在国内和国际范围内资本主义发展的不平衡性和联合性，资本主义制度的寄生性和腐朽性，资本输出的决定性作用，争夺市场和原料来源斗争的重要性以及垄断时期各托拉斯之间的特殊竞争形式。需要说明的是，列宁十分坚定地认为，帝国主义是一种腐朽制度，必将灭亡；但是，他在阐述帝国主义灭亡条件，即资本主义内在的不平衡性及联合性规律时，并未把这一过程视为单一的线性发展，而是将其作为一种矛盾过程，或者说，资本主义是在一边腐朽一边发展，二者可以并存。比如，他说：

> 如果以为这一腐朽趋势排除了资本主义的迅速发展，那就错了。不，在帝国主义时代，某些工业部门，某些资产阶级阶层，某些国家，不同程度地时而表现出这种趋势，时而又表现出那种趋势。整个说来，资本主义的发展比从前要快得多，但是这种发展不仅一般地更不平衡了，而且这种不平衡还特别表现在资本最雄厚的国家（英国）的腐朽上面。①

由此出发，多斯桑托斯引申出了这样的观点，即帝国主义主要矛盾的形成本身就包含着不平衡性和联合性，整个资本主义世界体系本身运动的结果是促使盈余向最有活力的各中心国家的转移。他指出：

> 当代帝国主义主要矛盾的形成本身就说明了这一制度发展的不平衡性和联合性。需要一个使地区间增长速度产生巨大差异并使之集中化的霸权中心这一点，一开始便显示了这种不平衡性和联合性。最重要的在于从整体上把帝国主义看成是促使盈余向最有活力的各中心转移的制度，这大大加强了世界体系的循环和运动。一方面，世界范围内的市场统一使行为规范达到某种一致。另一方面，利用地区间巨大差异的可能，又导致突出发展某些部门而损害另一些部门。市场的统

---

① 《列宁选集》第2卷，北京，人民出版社2012年版，第685页。

一和行为规范的一致既有利于资本流向最有活力的中心，又辩证地促使产生不平衡。①

因此，在这样的资本主义世界体系中，依附国因为一直处于中心剥削的对象地位，使其不发达状态日趋严重，导致一种不可能改变其经济依附性特征的扩大再生产（因此也有经济的增长）。

当然，多斯桑托斯也指明了解决资本主义中心与外围之间的矛盾，使依附国摆脱依附地位的道路和方式：

> 当代资本主义发展的不平衡性和联合性未能像上世纪那样产生新的资本主义中心，却在原来的中心之间造成了更大的矛盾，使它们与依附国之间的深刻矛盾更加严重，而这些矛盾的解决要求朝着通向社会主义而不是更发达的资本主义的一种新的社会经济制度跃进。②

多斯桑托斯认为，在所有了解他们所处的社会并进行深刻分析的马克思主义者中，毛泽东是独一无二的。毛泽东的著作反映了中国社会变革的深刻进程以及这一进程在世界革命运动中引起的艰辛思索。毛泽东思想为不发达地区解放和依附理论提出具有重大影响。

毛泽东思想中对依附理论具有启发性的内容包括：第一，在半殖民地半封建社会中，存在着一个买办资产阶级，它与帝国主义和地主阶级相互勾结，这是中国革命的主要敌人之一。第二，民族资产阶级不可避免地要分化成两派，一派是亲近帝国主义的右翼，一派是亲近革命的左翼。第三，在中国革命进程的强烈影响下，小资产阶级内部分成三大派。第四，存在着一个半无产阶级，其中包括部分半自耕农、贫农、小手工业者、店员、小贩，这一人数众多的阶级处于半失业状态，也是中国社会极为深刻的一个特点。第五，无产阶级虽然是一种新生力量，人数相对较少，但非常集中、革命性最强，这是保证工业无产阶级革命性的最主要力量。第六，游民无产者的作用和他们的双重性，既有革命性，也有破坏性，应该把他们引导成一种革命力量。第七，毛泽东不仅非常具体、辩证地分析了

---

① ［巴西］特奥托尼奥·多斯桑托斯：《帝国主义与依附》，毛金里等译，北京，社会科学文献出版社1999年版，第27~28页。

② ［巴西］特奥托尼奥·多斯桑托斯：《帝国主义与依附》，毛金里等译，北京，社会科学文献出版社1999年版，第28~29页。

中国的阶级结构、革命力量和反革命力量以及中间阶层，而且极其准确地判断了革命的性质、革命力量以及中国革命后所建立的政治、经济、文化等方面制度的性质。而以上分析，对于拉丁美洲国家同样适用。

第四节　依附理论的贡献与不足

应该承认，作为依附理论旗帜性的代表人物，多斯桑托斯的出发点是探究以拉丁美洲国家为代表的欠发达国家和地区为何落后、如何强大的问题。对于非欧国家存在"资本主义派生形态"的问题，马克思曾将其作为人类共同体理论中的一个课题作过阐释。多斯桑托斯的理论研究显然是继承和发展了马克思的理论观点，他运用马克思主义基本立场、基本方法进行的一系列研究，特别是对跨国公司在经济全球化背景下的扩张方式，以及欠发达国家在现代世界历史中的依附形式所作的分析，不仅证明了马克思人类共同体理论的真理性、现实性，而且在方法和观点上发展了马克思主义；他对依附性再生产和依附的积累机制以及社会政治结构的分析，也已为20世纪70年代拉丁美洲政治中的新权威主义现象和80年代拉丁美洲债务危机和严峻现实所证实；他对资本主义的历史和现实的批判是严肃的，对社会主义的向往和追求是真诚的。美国学者斯隆（John Sloan）这样看待依附理论的贡献：第一，依附理论迫使拉丁美洲研究冲破学院式的清规戒律，而这些清规戒律有碍于对拉丁美洲的准确理解。第二，依附理论研究向我们指出，在拉丁美洲区分国内事件与国际事件是多么困难。第三，依附理论研究迫使研究拉丁美洲的学者必须注意美国的援助、贸易、投资和多国公司的政治、社会和经济后果。第四，依附理论使人们不仅对经济生产问题而且对社会的经济分配问题很敏感。[①]

依附理论的研究最为重要的贡献是开启了一条发展模式上反对西方化、经济上反对边缘化、文化上抗争"西方中心论"的道路。我们可以从另一位代表人物那里得到验证。安德烈·冈德·弗兰克（Andre Gunder Frank）是依附理论的著名代表人物，其著名的著作是《拉丁美洲的资本主义和不发达》。在这本书中，弗兰克指明了拉丁美洲的不发达的根源是

---

① 参见［美］约翰·斯隆：《依附论的主要欠缺》，转引自［美］塞缪尔·亨廷顿：《现代化：理论与历史经验的再探讨》，上海，上海译文出版社1993年版，第138页。

由于一系列的矛盾造成的。第一种矛盾是由于少数人剥夺和占有多数人的经济盈余造成的矛盾。弗兰克认为对这种经济盈余的剥夺是通过一条剥削链进行的，这一链条的最高点是每个历史时期的世界资本主义中心。由于形成了世界资本主义的垄断结构，这个中心就能给最脆弱的国家强加剥削其经济盈余的条件。第二种矛盾是中心和卫星之间的两极分化。弗兰克认为"中心—卫星"关系既出现在各殖民地经济内部，也出现在各殖民地国家经济内部。从这个矛盾中得出了一种论点：国际中心或国内中心的任何剥削都会给地方的发展提供较大的可能性。第三种矛盾与那些剥削条件的历史连续性——尽管制度有所改变——有关。作为一个整体，资本主义制度一直维持着它的基本结构并造成同样的主要矛盾。因此，弗兰克更注重的是那种基本结构的连续性而不是历史变化，尽管他认为历史变化也非常重要。值得一提的是，弗兰克与其他依附理论家不同，他自始至终就认定拉丁美洲的经济和社会的资本主义性质，不仅从诞生之日起，而且在其"血统上"就具有这种性质。在这一点上，多斯桑托斯与他发生意见分歧。多斯桑托斯并不认同弗兰克对拉丁美洲的资本主义生产制度的认定，坚持认为拉丁美洲不是一种资本主义性质的经济，而是一种依附性质的社会制度和结构，"是一种由不完全的封建制度或奴隶制度向资本主义制度过渡并采取殖民地出口形式的制度"，因此，"不发达不是先于资本主义的一个落后阶段，它是资本主义的一种结果，是资本主义发展的一种特殊形式，即依附性资本主义"[①]。

从总体上说，依附理论具有以下特点。

第一，强调了解发展中国家的经济、社会、政治、文化的发展历史。依附理论者批判了西方发展理论无视发展中国家的历史和现实，盲目地把西方的历史发展进程抽象为一种发展模式套用到发展中国家的做法。实际上，这些发展理论的研究者普遍对发展中国家的历史和现实知之甚少以致无知，故而才造成把发达资本主义国家的过去与发展中国家的现实画等号的错误。

第二，反对在发达资本主义国家的过去与发展中国家的今天之间画等号。依附理论者认为，不发达既不意味着传统的，也不等于原始的，发展中国家的今天与发达资本主义国家的过去并不存在任何重大的相似之处，

[①] ［巴西］特奥托尼奥·多斯桑托斯：《帝国主义与依附》，毛金里等译，北京，社会科学文献出版社1999年版，第302页。

发达资本主义国家所走过的道路并不意味着发展中国家一定要走。他们认为,"不发达"和"未发展"是同一世界资本主义体系中存在的两个不同的阶段,具有不同的含义。"未发展"是指发展以前的阶段,"不发达"则是指在世界资本主义体系中由于西方发达资本主义控制和剥削而被扭曲的发展,它是发达资本主义国家与发展中国家历史和现实的经济、社会、政治、文化以及种种关系交错发展的产物。

第三,重视"发达"对"不发达"的剥削和控制。在西方现代化理论中,"发达"与"不发达"是一枚硬币的正反面,二者的并存是一种自然历史过程。依附理论者对此予以驳斥,认为"不发达"正是"发达"造成的恶果,在"发达""不发达"之间,存在着巨大的鸿沟和矛盾,只有切断"发达"国家对"不发达"国家的剥削、控制,才能使"不发达"国家走上真正的发展道路。依附理论既是对马克思人类共同体理论的继承,也是对马克思人类共同体理论在不发达国家的运用和具体化。

依附理论产生于20世纪五六十年代的拉丁美洲,其历史局限性与之有着直接关系。以多斯桑托斯为代表的依附理论者的历史局限性表现在:

第一,依附理论创立者对于他们自身的结论的相信程度带有一种宗教狂热,他们忘记了社会科学家的作用就是怀疑。这种态度导致"他们容不得其他学者。在他们生活的分化为两个极端的世界上,谁不接受依附论模式,谁就自觉或不自觉地反对劳苦大众,为帝国主义效劳。这种判断对于动员政治积极分子是有价值的,但是对于社会科学家却是有害的"[①]。

第二,依附理论对社会主义发展道路的选择是过分激进的空想。依附理论断定只有社会主义发展道路才是依附性国家的唯一选择,这种结论当然是正确的,也符合当时拉丁美洲不发达国家的历史现实。但是依附理论并没有给出具体的可操作方式,实际上拉丁美洲的那些不发达国家也没有实现这种选择。

第三,依附理论主张只有迅速切断同发达国家的联系,才能结束依附性,求得自身发展,这是不现实的。自从人类历史进入经济全球化时代以来,各国家和地区之间的相互依存性不断增长,任何一个国家和地区都不可能完全脱离世界发展大势而求得自身发展,从这样的意义上说,每个国家和地区都对其他国家和地区产生某种程度的"依附"关系,但这并非意

---

① 参见[美]约翰·斯隆:《依附论的主要欠缺》,转引自[美]塞缪尔·亨廷顿:《现代化:理论与历史经验的再探讨》,上海,上海译文出版社1993年版,第139页。

味着他们都属于欠发达国家（如加拿大、日本）。

第四，与现代化理论相比，依附理论非常重视资本主义世界体系对于发展中国家经济、社会的消极影响，这点是值得肯定的。但他们普遍存在忽视国内因素和自身社会历史与文化传统的缺陷，把自身的欠发达完全归咎于外在因素，是非常片面的，存在"外因决定论"的倾向。

第六章　中心边缘的经济共同体
——沃勒斯坦的现代世界体系理论

现代世界体系理论兴起于20世纪70年代，是继现代化理论学派之后产生世界性影响的又一学术流派。伊曼纽尔·沃勒斯坦是现代世界体系理论的创始人和影响最大的代表人物。

第一节　现代世界体系理论的基本前提及方法

现代世界体系理论有3个基本前提。

第一，关于世界体系的实质。现代世界体系理论认为，人类历史不是一部不同部落、不同种族、不同民族的"平行性"的或者"孤立性"的发展历史，而是人类各个群体之间相互联系、相互影响的历史，人类历史发展演变的结果就是形成一种"世界性体系"。在全球性的资本主义世界体系产生之前，"世界性体系"的主要表现是以某种形式存在的政治共同体，比如，历史上的罗马帝国、中华帝国（沃勒斯坦语）等"世界性帝国"。这些"世界性帝国"以军事征服、暴力手段进行军事与政治扩张，因而它们普遍存在一个单一的政治中心。自16世纪以来，资本主义在欧洲迅速发展，并且以欧洲主要是西北欧为中心辐射其他民族国家，经济上的相互联系逐步演化成一种"资本主义世界经济体"，这是一种与"世界性帝国"不同的现代人类共同体，其主导力量是资本主义的民族国家，而其实质是社会化大生产方式下的经济共同体。在这个意义上，现代世界体系出现的前提之一就是各民族国家之间存在的经济联系。

第二，关于世界体系的结构。现代世界体系理论认为，可以从现代的资本主义世界经济体中抽象出一种固化的结构，即"中心—半边缘—边缘"的结构，不同经济体在其中分别扮演着不同的经济角色。其中，"中心区"是整个资本主义世界体系的中心，其角色内容是：利用"边缘区"的廉价劳动力和原材料，生产加工世界体系中需要的各种商品，并在对"边缘区"的商品销售中获得利润，进而控制整个世界体系的货币和贸易市场。"边缘区"是整个资本主义世界体系的外围，扮演着为"中心区"提供廉价劳动力、原材料、初级劳动产品、商品销售市场的角色。处于"中心区"和"边缘区"中间的是"半边缘区"，对"中心区"而言，它是"边缘区"；对"边缘区"而言，它是"中心区"，因此兼具"中心区"和"边缘区"的双重特征，扮演双重角色。由于资本主义世界体系的开放性，导致了"中心区""半边缘区""边缘区"的不稳定性，"中心区""半边缘区""边缘区"的角色会经常发生转换，但是"中心—半边缘—边缘"的结构是确保资本主义现代世界体系稳定存在的前提，任何一个区域、一种角色缺位的结果，都会使现代世界经济体系无法正常运转。

第三，关于世界体系的内在动力。现代世界体系理论认为，"不等价交换"及"资本积累"是维持资本主义现代世界经济体运行的内在动力。和马克思所揭示的人类共同体现实形态的性质一样，现代世界体系也奉行"物质至上"，资本家进行资本积累的目的就是积累更多的资本，"资本家就像踏车上的白鼠，一直在快跑，为的是跑得更快"[①]。在资本积累的过程中，不等价交换是一种永恒起作用的原则。这种不等价交换不仅存在于资本主义的两大阶级即资产阶级与无产阶级之间，更存在于不同的结构之间，即"中心区""半边缘区"和"边缘区"之间。这种不平等交换推动着中心区的资本主义向经济、政治、文化及社会各个层面，向生产方式、生活方式、消费方式等各种领域推进，这就是沃勒斯坦所说的"万物商品化"。因此，沃勒斯坦认为，压迫、剥削和不平等始终是与资本主义建立世界市场的过程相伴而行的，无论是早期的殖民贸易垄断公司（如东印度公司）、20世纪资本主义跨国公司，还是通过一种或多种商品交换形成的资本主义世界市场，或者西方资本主义国家主导的双边、多边贸易协定，都是不平等交换的体现。只要资本主义世界体系存在一天，这种不平等交换就会一直持续下去。

在研究现代世界体系的过程中，沃勒斯坦采用了一种"一体化学科研

---

① ［美］伊曼努尔·华勒斯坦：《历史资本主义》，路爱国、丁浩金译，北京，社会科学文献出版社1999年版，第20页。

究方法"。以往的社会学研究对象是以民族国家为主的"社会体系",而现代世界体系理论超越了民族国家的研究单元,把整个资本主义世界体系作为研究对象。因此,沃勒斯坦认为,应该采取不同于传统的分科研究的研究方法,即"一体化学科研究方法"。这种研究方法的优越之处在于超越了传统的人类学、经济学、政治学、社会学、文化学等分科研究,通过把这些学科中相互关联的理论和方法融合为一个整体,以保证从整体上揭示资本主义世界体系的产生、发展、演变的历史轨迹。对此,他自述道:

> 当人们研究社会体系时,社会科学内部的经典式分科是毫无意义的。人类学、经济学、政治学、社会学以及历史学的分科是以某种自由派的国家观及其对社会秩序中功能和地缘两方面的关系来确定的。如果某人的研究只集中在各种组织,其意义是有限的,如果集中在社会体系,其研究将一无所获。我不采用多学科的方法(multidisciplinary approach)来研究社会体系,而采用一体化学科的研究方法(unidisciplinary approach)。①

第二节 现代世界体系理论的主要内容

沃勒斯坦现代世界体系的研究内容涉及社会的经济、政治、文化3个层面。从经济层面看,世界经济体系具有单一性。

第一,世界经济体系的起源。在沃勒斯坦看来,16世纪的欧洲产生了一个不同于16世纪以前封建经济的资本主义经济体系,这同时标志着世界经济体系的最初形成。在世界经济体系最初形成过程中,下面3个问题是必须注意的:一是世界体系在地理规模扩张的同时在经济规模上不断扩张,从地理规模上看,它从欧洲区域日益扩张成为全球性的资本主义;从经济规模上看,它由欧洲民族国家的地域性资本主义经济体系,日益扩张成为世界性的资本主义经济体系。二是对世界经济体系的不同产品和不同地区的劳动的控制方式的发展,它以国际分工的形式强制性地把不同国家、民族划分成为专门从事生产和工业的"世界城市"与专门从事加工和

---

① [美]伊曼纽尔·沃勒斯坦:《现代世界体系》第1卷,罗荣渠等译,北京,高等教育出版社1998年版,第11页。

农业的"世界农村"。三是欧洲第一批率先进入资本主义的国家，纷纷成为资本主义世界经济体系中的核心国家，其国家机器也变得异常强大，以维护这些核心国家在世界经济体系中的经济利益与政治地位。

第二，世界经济体系的全球性扩张。沃勒斯坦把世界经济体系的内在结构划分为3个组成部分，即"中心区""半边缘区""边缘区"。在沃勒斯坦看来，世界经济体系之所以能够不断运转下去，就在于3个组成部分之间"不等价交换"的运行方式。依靠这种不等价交换，世界经济体系从16世纪只占据全球的一部分（西欧），发展到19世纪末占据全球的绝大多数国家和地区，伴随而来的是资本主义全球性的残忍掠夺和殖民扩张，以及殖民主义世界体系的最终确立。应该注意的是，在世界经济体系向全球扩展过程中，新加入的国家和地区相对于之前存在的体系，表现为"融入"和"边缘化"的不停息的运动过程。"融入"是主动加入的过程，是指世界经济体系之外的国家和地区不断进入世界经济体系的过程；"边缘化"是一个被动的过程，是指加入世界经济体系新的国家和地区，首先是以"边缘区"的角色进入世界经济体系。"融入"和"边缘化"是一个过程的两个方面，随着"融入"和"边缘化"这一过程的持续开展，越来越多的国家和地区被纳入世界经济体系之中，成为新的"中心区""半边缘区""边缘区"。

第三，世界经济体系的周期和趋势。如果说"中心区""半边缘区""边缘区"是世界经济体系的空间维度，那么世界经济体系的周期和趋势则被沃勒斯坦称为世界经济体系的时间维度。沃勒斯坦采用法国年鉴学派创始人布罗代尔（Fernand Braudel）的"长时段"方法（通常被称作"康德拉季耶夫周期"），从"经济的"和"政治的"两重视角，分析世界经济体系的发展周期和发展趋向。在他看来，世界经济体系的运行周期在政治上和经济上并非直线上升的，而是存在一种周期运动：先是繁荣、再是平衡稳定、然后是上升、接着是衰退。但是，在运行周期中，有3种现象始终呈现上升趋势：其一，进入世界经济体系并参与劳动分工的区域，在整个世界中所占比例呈现上升趋势；其二，在世界经济体系各个经济体中，将工资作为主要收入依靠的劳动力所占的比例呈现上升趋势；其三，在世界经济体系的资本有机构成中，以机器形式出现的固定资本呈现上升趋势。这3个不断增长的趋势，表明资本主义世界经济体系仍然在持续巩固扩展。

从政治层面看，世界经济体系表现为多重国家体系。多重国家体系被沃勒斯坦视作世界经济体系的第二个重要特征,并被其当作世界经济的独特产物。尽管在此之前也存在各种政治实体,但沃勒斯坦认为,只有资本主义世界经济体系产生之后才导致国家的产生,国家本身是一种权力的体现,更确切地说,是经济权力的体现。

沃勒斯坦认为,在资本主义世界体系中存在着两种斗争:无产阶级与资产阶级之间以及资产阶级之间的斗争,国家为这种斗争从而也是为资产阶级(相对于无产阶级而言是资产阶级,相对于小资产阶级而言是大资产阶级,相对于边缘国家的资产阶级而言是中心国家的资产阶级)控制、分配、占有剩余价值创造了一个合法的机制。

作为多重国家体系的存在,世界经济体系表现出一种并行的双重变化过程:一种表现为中心区越来越"中心化"的过程,即处于"中心区"的国家和地区,通过垄断商品生产和销售市场,充分利用强大的国家机器使自身利润最大化,这些国家和地区遂成为"中心国家";另一种过程则与之相反,是处于边缘区域的国家和地区愈来愈"边缘化"过程,这些国家和地区只能被迫提供廉价的劳动力、使用相对落后的技术,遭受"中心区""半边缘区"国家地区的剥削与掠夺,更加沦为"边缘国家",这就是世界经济体系存在的政治两极化过程。对于进入世界经济体系中的各个国家和地区而言,追求成为"中心国家"的地位,就像资本家在经济活动中追求利润最大化一样。在经济上看,世界经济体系伴随资本主义追求利润最大化的过程不断发展,而在政治上,世界经济体系伴随各个国家和地区追求霸权地位的过程不断发展。自资本主义世界经济体系产生以来,17世纪中期的荷兰、19世纪中期的英国和20世纪中期的美国,递次成为其中的"中心国家",就是多重国家体系存在的证明。

从文化层面看,现代世界体系的"文明"存在多种走向。

沃勒斯坦区分了"文明"的不同涵义。他指出,文明的第一种涵义是和"野蛮"相对应。他引用布罗代尔的观点,认为"从野蛮到文明归根到底是一次伟大的过渡",在这种意义上,文明是单一的。另一种涵义是指在特定的历史时期内,形成的特定的世界观、风俗习惯、社会结构和价值观念,从这种意义上讲,文明是多元的。16世纪以来,欧洲资本主义借助工业革命、产业革命的力量,将世界经济体系向全球扩张,而工业革命、产业革命的重要前提是以牛顿力学、蒸汽机发明等为标志的科技革命,于是,推崇科学以及其背后的欧洲历史文化就成为欧洲资本主义文明的重要内容。尽管在16世纪以前,世界上存在着不同的文明形态,但是

16世纪以来，随着世界经济体系逐渐统治整个世界，源于欧洲的这种特殊性的地域文明的地位也发生变化，变成一种被普遍认同的世界文明。于是，沃勒斯坦指出，世界经济体系在文明层面上就表现为科学文明实质是欧洲文明对世界文明的统治。

对于处于"边缘区"的国家和地区来说，它们很难对赖以生存的世界经济体系及其创造的文明现象作出及时有效的反应，因而往往就会陷入两难的境地：一方面，如果拒绝接受，那么就意味着同时放弃与世界经济体系内其他国家和地区一个重要的合作基础、交流渠道；另一方面，如果接受，那么就意味着本国家和民族固有文化传统将最终被异质文明统治或取代。因此，从19世纪至20世纪，"边缘区"的文明大多走的是一条无所适从的"Z"字形道路。

沃勒斯坦认为，未来文明的走向存在3种可能性：一是单一的世界体系被打破，形成多种历史体系，这类似于16世纪以前的多种文明并存的时代，但这种可能性微乎其微；二是将欧洲资本主义文明统治下的世界体系转化为另一种不同类型的历史体系，类比地说，可以像法国大革命那样，通过建构一个相对平等和民主的世界体系，取代现行的这个充满剥夺、压迫和不平等的体系；三是建立一个不同于以上两者的崭新的体系。但是何种体系能够实现，沃勒斯坦也未能够给出一个明确的答案。

第三节　现代世界体系的存在方式

世界经济体系是一种独特的历史存在，沃勒斯坦认为其独特性在于：

> 在这个历史体系中，资本的使用（投资）采取了一种特殊方式。自我扩张成为资本使用的首要目标或首要意图。在这个体系中，只有当过去的积累被用来进行更多积累时，它才成为"资本"。[①]

在这一历史体系产生之前，曾存在许多历史体系，它们与现代世界体系的不同之处是，在过去那些历史体系中，虽然也不同程度地存在产品的

---

① ［美］伊曼努尔·华勒斯坦：《历史资本主义》，路爱国、丁浩金译，北京，社会科学文献出版社1999年版，第1页。

商品化，但是并非每种产品都被"商品化"，或者更准确地说，总有一种或者多种产品还没有被充分地"商品化"；资本主义的发展则是一个把产品普遍商品化的过程，其特殊性就在于，资本不仅参与和左右产品的交换，而且渗入到产品成为商品之前的生产、分配等各个过程，然而这些过程以前全都不是通过"商品市场"才得以进行的。这样做的必然结果是：

> 从本质上说，没有任何社会交易能够被排除在这个过程之外。这就是为什么我们可以说，资本主义历史发展的冲动是把万物商品化。[①]

因此，资本家进行资本积累的目的是积累更多的资本。

沃勒斯坦强调不能简单地靠经验观察历史资本主义的全球化过程。从简单的经验观察来看，历史资本主义的地理位置随着时间的推移而稳步扩大了。这个过程变化的速度是了解历史资本主义的线索：把新地区整合到历史资本主义的社会分工中不是一下子发生的。在资本主义的历史发展进程中，它会出现规律性的周期性大扩张。尽管这种周期性的扩张要受到各种历史条件诸如交通工具、通信技术、军事技术等的限制。因而可以说，生产力和科学技术水平越高，资本主义核心把边缘区和半边缘区整合进来的成本和费用越低。这个解释只给了我们理解历史资本主义过程的一个必要而非充分的条件。

> 在此，沃勒斯坦提出了一个与传统解释资本主义历史过程不同的看法：人们曾断言，为实现资本主义生产利润而不断寻求新市场可以用来解释这一现象。但这个解释与历史事实不符。历史资本主义以外的地区不愿意购买它的产品，部分原因在于它们本身经济体系不需要这类产品，部分原因在于它们通常缺乏相应的财力去购买这些产品。[②]

因为每当一个殖民地被征服后，资本主义企业主都会抱怨那里没有真正的市场，他们总是通过殖民地政府来"创造品味"。由此来看，把寻找商品销售市场作为一种对历史资本主义的解释完全不能成立。

---

① [美]伊曼努尔·华勒斯坦：《历史资本主义》，路爱国、丁浩金译，北京，社会科学文献出版社1999年版，第3页。
② [美]伊曼努尔·华勒斯坦：《历史资本主义》，路爱国、丁浩金译，北京，社会科学文献出版社1999年版，第19页。

一个更有说服力的解释是寻找廉价劳动力。历史上，几乎每一个被纳入世界经济的新地区所建立的实际报酬水平，都处于世界体系工资水平等级的最低一级……资本主义世界体系对新地区的整合，往往与世界经济的停滞阶段联系在一起。这就很清楚，世界体系的地理扩张，通过把注定只能达到半无产阶级化的劳动力纳入进来，对无产阶级化不断发展条件下的利润降低过程起到制约作用。[①]

第四节　现代世界体系的意识形态

　　沃勒斯坦进一步研究了现代世界体系的意识形态，并将其概括为两种主要形式：普遍主义和种族主义。从一般意义上说，普遍主义在理论上的含义是人类在道义上都是平等的，它不仅认为所有人天生就应该享有相同的权利，而且认为所有人的行为存在着我们能够查明并进行分析的普遍原则。种族主义的实质则正好与此相反，种族主义认为，并非所有人生来就具有相同人权，其权利要按照生物的或文化的某种等级进行排列，这种等级决定了他们的权利和特权以及他们在社会中的地位。种族主义或者说"制度化的种族主义"与资本主义历史体系产生以前的恐外、仇外毫不相干。在资本主义世界体系中，种族主义就是一种这样的意识形态：

　　　　为劳动力等级化以及极不平均的报酬分配进行辩护的意识形态。我们所说的种族主义是意识形态声明与不断实践的结合，其结果是长期维持了民族性与劳动力配置之间的密切关系。意识形态声明采取的方式是断言不同集团的遗传和/或持久"文化"特征是它们在经济结构中地位不同的主要原因。[②]

　　在沃勒斯坦看来，种族主义在资本主义世界体系中的作用主要体现在：第一，把世界人口的大部分划定为低等人，即劣等人种，使劳动力少数民族化、合法化，为不平等的分配和报酬进行辩护；第二，通过一定的

[①] ［美］伊曼努尔·华勒斯坦：《历史资本主义》，路爱国、丁浩金译，北京，社会科学文献出版社1999年版，第19页。

[②] ［美］伊曼努尔·华勒斯坦：《历史资本主义》，路爱国、丁浩金译，北京，社会科学文献出版社1999年版，第45页。

社会化过程，种族主义使每个个体固定角色和自我限制，使各个团体或者集团适应各自在社会中的经济角色，反复灌输的结果是种族主义成为制约个人和他人在家庭、团体、社会中适当和合法行为的"框架"；第三，种族主义是压迫性的，是"中心区"剥削、压迫"边缘区"的文化支柱，同时为上层集团控制和压迫下层集团提供了合法性。由于种族主义是以"肤色"或生理条件作为主要标准，来标明其在世界体系中的位置，"因为它天生难以掩盖"，因此，这种"野蛮"的种族主义在当前世界上正经历着"非法化"过程，但这并不意味着它被彻底放弃，"历史上每逢方便时刻，它总是被利用起来。但是，当不再感到方便时，它就被放弃或修改，而另外的区别特征会受到青睐"[1]。

如果说种族主义对资本主义世界体系所需劳动力的创造和再生产具有重要意义，而劳动力能否有效、持续地进行工作，取决于干部对他们的管理，那么用来创造、社会化和再生产干部的则是普遍主义意识形态。"对普遍主义的信仰是历史资本主义意识形态牌楼的奠基石。"[2] 普遍主义认为存在着合理的、客观的、永恒的，因而是普遍的真理，这一点我们称之为"科学"；普遍主义也认为存在着决定普遍伦理的某种自然规律，因而对于某些社会常规是所有人都应当接受和遵守的，这一点我们称之为"人权"；普遍主义相信在决定适当分配劳动力职位方面存在客观的能力胜任标准，这一点我们称之为"量才任用制"。"正是这个普遍主义的科学、人权和量才任用三重奏，成为资本主义文明拥护者的骄傲。"[3]

第一，普遍主义科学观。沃勒斯坦认为，作为资本主义世界体系中占据统治地位的科学观，即是培根—牛顿式的科学观。这种科学观实际上已成为"世俗宗教"，对科学的这种信仰实质上反映出对于资本主义积累无限扩大可能性的信心，"科学性文化从而成为世界资本积累者的博爱代号"。它首先被用来为资本积累者自己的行为和使他们获利的差别报酬辩护，尽管它创造出这样一种"进步形式"，"谎称它即使不立即对所有的人有好处，也会最终对所有的人有好处"。但其实质还是昭然若揭，"强调科

---

[1] ［美］伊曼努尔·华勒斯坦：《历史资本主义》，路爱国、丁浩金译，北京，社会科学文献出版社1999年版，第46页。
[2] ［美］伊曼努尔·华勒斯坦：《历史资本主义》，路爱国、丁浩金译，北京，社会科学文献出版社1999年版，第47页。
[3] ［美］伊曼努尔·华勒斯坦：《历史资本主义》，路爱国、丁浩金译，北京，社会科学文献出版社1999年版，第83页。

学行为的合性,是无休止资本积累的非理性的假面具"。所以,所谓普遍主义科学观是"狭隘的和排他主义的"。[①]

第二,普遍主义人权观。人权是资本主义世界体系的又一文明支柱。经过资本主义意识形态的洗礼,处于世界经济体系中的人们更加主张天赋人权,相对于前资本主义国家对于人权的态度,这一立场无论从普遍适用性还是社会现实性方面来看,都是更大的进步。然而,在世界的现实生活中人权是非常欠缺的,"今天所有的政治实体都声称自己是人权的保卫者。但是大赦国际组织能够毫无困难地把全球各地侵犯人权的事件列出很长的清单。是否人权宣言只不过是邪恶的伪善者向善良的人演出的把戏?"[②] 在中心发达国家中,侵犯人权的事情经常在一些地区或阶层发生,如对移民者的人权的剥夺。所谓带有普遍主义性质的人权,"只不过是资本主义历史发展的结果,因而认为人权确实不具有普遍的价值,而只是一种带有特权性质的奖赏"[③]。

第三,普遍主义的量才任用制。资本主义文明的拥护者常常鼓吹"普遍的职位分配——量才任用"是按照每个人的长处来分配职位的。但是在现代世界体系理论看来,情况绝非如此:其一,这种量才任用制是那些在资本主义世界体系中掌握了经济的和政治的权力的人们鼓吹的结果,人们看到的量才任用,不过是已经占有这一切的强者给弱者的一份施舍,所以这一体制的前提是种族主义,它强化了等级制而不是相反;其二,量才任用制经常被宣传成为官方的"善行",而不仅仅是事实上的存在,对于不同的人其文化准则是不同的,因而它是差别主义的;其三,量才任用制使有可能晋升的人数占世界人口的百分比提高了,它宣称机会是普遍的,但在这种体制下能够晋升的人仍是非常少的少数,它只有在不普遍的情况下才有意义,因而从本质上说,它是精英主义的,其宣称的普遍主义只是假象。

作为世界体系的两种意识形态,种族主义和普遍主义表面上看起来是对立的,但是若把它们放到世界体系的历史发展过程中,就可以看出它们并不是对立的,至少也像一对奇异的伙伴,甚至可以说完全是互补的。

---

① [美]伊曼努尔·华勒斯坦:《历史资本主义》,路爱国、丁浩金译,北京,社会科学文献出版社 1999 年版,第 50 页。
② [美]伊曼努尔·华勒斯坦:《历史资本主义》,路爱国、丁浩金译,北京,社会科学文献出版社 1999 年版,第 85 页。
③ [美]伊曼努尔·华勒斯坦:《历史资本主义》,路爱国、丁浩金译,北京,社会科学文献出版社 1999 年版,第 85 页。

资本主义文明最不寻常的事实是对这两个主题的信仰程度以及它们在社会实践中的贯彻程度一直在加强，两者始终是并驾齐驱地或一前一后地发展。一方有所发展的话，另一方同样有所发展。[①]

一方面，普遍主义为膜拜和加入世界上等阶层提供了文化机制，它使人们得出这样的结论：所有人都拥有在同等条件下参与竞争的机会，有的人在这一过程中被激发了首创精神，所以表现优异，从而在竞争中胜出，量才任用制充分体现了这一点，所以在世界经济体系发展过程中被赋予特权的那些结果，是正当的。另一方面，种族主义为处于底层的人们提供了另外一种合理的解释，尽管机会对他们来说是存在的，可是由于他们在社会发展过程中表现出缺乏首创精神，他们天生（如果不是因为生物遗传的话，至少也是由于文化原因）没有能力，因而他们只能处于社会的底层，做最累的工作，拿最少的报酬。如果说，普遍主义为作为胜方的少数人找到解释和正当理由，那么种族主义则为作为负方的多数人找到解释和正当理由。由此来看，正像沃勒斯坦对资本主义世界体系的分析一样，资本主义文明是否属于进步文明还是值得商榷的。

第五节　现代世界体系理论评介

从沃勒斯坦的现代世界体系理论的思想渊源来看，他无疑继承了马克思对资本主义时代进行整体性研究的传统，对此，沃勒斯坦直言不讳。正因如此，他在西方学术界常被称为"新左派"或"新马克思主义"学者。沃勒斯坦如此评价马克思：

（马克思）是当代知识学术史和政治史上的不朽伟人……马克思懂得，他是19世纪的人，因此，他的眼光不可避免地受到当时社会现实的限制……马克思懂得，一种理论的形成，只有联系到它直接或间接批判的另一种理论时才会被理解，也才会有用，并且，这种理论与建立于其他前提下、探讨不同问题的理论毫不相干……马克思

[①] ［美］伊曼努尔·华勒斯坦：《历史资本主义》，路爱国、丁浩金译，北京，社会科学文献出版社1999年版，第101页。

还懂得，在他的著作中，当他把资本主义作为一种完善的体系加以说明（这种体系从未在历史上真正存在过），同时，又来分析资本主义世界具体的日常现实时，这两者之间存在着矛盾。因此，让我们以惟一明智的方式来对待他的著作，即：把他当作战友，从他所处的历史背景下来理解他的论述。①

不仅如此，沃勒斯坦在许多具体问题上还直接接受马克思的观点或受马克思的影响。比如，沃勒斯坦明确地说道：

> 马克思关于资本主义的资本积累理论对于我们来说是一个非常有用的出发点，其原因有二：一是它在现代世界体系发展中是一个中心主题；另一个就是他的视角，他的理论实际上是关于这一主题的惟一的理论，不是关于国内（或国际）发展，而是关于资本主义一般的发展，正如我们所解释的，关于世界范围内的资本主义发展的理论。②

纵然如此，沃勒斯坦的现代世界体系理论同马克思的人类共同体理论相比，同异都非常明显。两种理论的相通之处在于：

第一，把资本主义时代以来的世界视为人类共同体。马克思的《政治经济学批判》体系构想对资本主义原生形态和非欧国家资本主义派生形态的研究，是以各个国家作为组成部分的、以各个民族和地区作为网上纽带的世界市场作为逻辑归宿和理论制高点。世界市场既是资本主义世界发展的产物，又是其存在和发展的前提条件和运行机制。沃勒斯坦认为，世界体系理论与其他发展理论的不同之处在于后者均以民族国家为分析单元，而世界体系理论是以历史体系（historical system）为分析单元，这决定了它可以超越作为文化和政治单元的社会或国家。

第二，以经济因素作为对资本主义现代世界体系研究的出发点。沃勒斯坦把资本主义"历史体系"看作是一种经济上的自足实体，它能够依靠世界市场中国际的经济交换来满足各自需要，因而，他所说的资本主义世界体系也就是世界经济体系（world economy），二者是一种现象的两个方

---

① ［美］伊曼努尔·华勒斯坦：《历史资本主义》，路爱国、丁浩金译，北京，社会科学文献出版社1999年版，导言。

② Terence, *Hopkinsand Immanuel Wallerstein*, World_System Analysis: Theory and Methodology, p.14.

面。马克思主要从经济制度考察资本主义世界，因而对"市民社会"的解剖就不能从时代的哲学中，而应从时代的经济学中去寻找。马克思运用经济学这把"手术刀"剖析了资本主义社会的经济结构和社会结构，考察了资本主义萌芽、产生、形成和发展过程，并得出资本主义必然灭亡、共产主义必然胜利的科学结论。

第三，揭示了资本主义世界体系内存在的剥削关系。沃勒斯坦认为，欧洲资本主义中心国家的经济发展绝对脱离不了对落后国家、半边缘区和边缘区的剥削和压迫，资本主义的发展过程实质就是中心国家通过各种方式对落后地区不断剥削和压迫的过程，资本主义剥削关系不只表现在资本主义国家的资本家对劳工的剥削上，更重要的是体现在中心国家对半边缘和边缘国家的剥削关系上。马克思充分注意到，殖民制度是资本原始积累的温床，资本主义的产生和发展是以殖民地国家和地区的人民遭受流血与污秽、穷困与屈辱为代价的。

两种理论的不同之处同样明显。

第一，对现代世界体系中各种经济成分性质的判定不同。在沃勒斯坦的理论中，现代世界经济体系的所有经济成分都应该被看作是资本主义性质的。这并非一种符合历史的结论，也与马克思的理论存在分歧。在马克思看来，世界历史发展到资本主义时代，资本主义成为一种"普照的光"，它的照耀使整个世界都不同程度地带有资本主义的色彩。然而，这并不是说，所有资本主义时代的生产方式都必须毫无例外地变为纯粹的资本化生产方式，资本主义本身也是一种多重经济结构并存的体系。西欧诸国资本主义原生形态的存在丝毫不排斥非欧国家资本主义派生形态的存在，同时也要看到非资本主义经济形态的存在，更要看到社会主义经济形态的存在。从某种意义上说，非资本主义经济形态的存在，是资本主义经济形态存在的前提，或者说，前者是后者的有机组成部分。如果没有前者的存在，资本主义经济形态就不可能存在下去。所以，可以这样说，非资本主义经济形态的存在是资本主义经济形态发展的需要，资本主义主导的现代世界体系是某种资本主义的世界形态或全球性形态，但并不是一种单一的资本主义生产方式。[1]

第二，对现代世界体系中各国、各民族所处地位及相互作用的认识不

---

[1] 参见赵自勇：《资本主义与现代世界——沃勒斯坦的世界体系理论透视》，《史学理论研究》1996年第4期。

同。沃勒斯坦的现代世界体系理论和马克思的人类共同体思想一样，都强调了一个观点：世界的整体与部分、部分与部分之间相互联系、相互作用。但马克思认为，在推动人类社会进步的过程中，各个国家、民族和地区都发挥了相应的作用。在走向未来理想社会的进程中，马克思不仅看到了西方资本主义国家中无产阶级的作用，同时对落后的非欧国家的民族民主革命对欧洲无产阶级革命的影响和推动作用给予了充分重视，即平等地、双向地看待这种相互作用。沃勒斯坦则不同，他更加强调作为整体的结构对于组成整体的各个部分的规定性，而轻视了局部作为组成部分对于整体不可忽视的影响性。沃勒斯坦的现代世界体系理论注重的是中心国家，因为中心国家是强势的，而半边缘区和边缘区是弱势的，落后的边缘区完全受制于中心国家，后者根本不可能有太大的作为和影响。现代世界体系理论强调的是核心主导地位对边缘的影响，忽视和抹煞了半边缘区和边缘区对中心国家的影响和作用，从而自觉或不自觉地走向"西方中心论"。

  第三，对现代世界体系的分析视域不同。不能否认，沃勒斯坦对资本主义生产的具体形式进行了深入研究，尤其是从生产关系中的交换入手来分析资本主义世界体系的产生和发展过程，但这并不意味着沃勒斯坦"把资本主义的范围从生产领域扩大到了交换领域"[①]。与之不同，马克思则在研究"资本一般"的过程中，全面分析了生产关系各个领域——生产、交换、分配、消费——的相互作用，而且对资本主义世界中的各种现象，始终坚持从生产力与生产关系（交往关系）之间的现存冲突去解释，把生产关系作为分析其他一切社会关系的纽结，又把生产力对生产关系的作用作为解开社会谜题的最终的"钥匙"。运用生产力与生产关系的辩证原理剖析各个国家的社会、经济、政治、文化结构，认识和理解各个民族的历史发展道路，这是马克思人类共同体理论的思想精髓，也是马克思世界历史理论的题中应有之义。

[①] 赵自勇：《资本主义与现代世界——沃勒斯坦的世界体系理论透视》，《史学理论研究》1996年第4期。

第七章　民族国家的政治共同体
——吉登斯的现代性与全球化理论

英国社会学家安东尼·吉登斯,以其深厚的理论功底和强烈的现实感享誉世界,使他成为"目前世界公认为最有影响的学者之一"。他在《资本主义和现代社会理论》《现代性的后果》《第三条道路——社会民主主义的复兴》《民族-国家与暴力》《超越左与右:激进政治的未来》《现代性与自我认同》《失控的世界》等著作中,对现代性与全球化的关系作了深入阐述,在学术界产生较大影响,甚至影响到英国和其他一些国家的对外政策。

第一节　现代性和现代性的动力机制

吉登斯认为,"现代性"是指在中世纪晚期建立于欧洲,并逐渐成为具有世界历史性影响的行为制度和模式。或者说"现代性"就是现代社会或工业文明的简略表述。具体来说,现代性应包括:第一,特定的世界观,也就是对世界的一系列态度和立场;第二,复杂的经济结构,特别是市场经济和工业生产;第三,一整套政治制度,例如民族国家和民主制度。吉登斯认为现代社会与传统是不可分割的,甚至他把现代社会叫作"后传统社会","现代性本质上是一种后传统秩序"①。

吉登斯认为民族国家是现代性的载体,认为民族国家是与现代性相伴随产生的。具体来说,吉登斯对民族国家的认识包括:第一,民族国家与传统国家不同,后者只有边陲而无国界,而民族国家是内含着高度密集的

---

① [英]安东尼·吉登斯:《现代性与自我认同》,赵旭东等译,北京,生活·读书·新知三联书店1998年版,第22页。

行政等级制的诞生，国界是其基本的条件；第二，民族国家存在于国际关系之中，从产生开始，民族国家就具有国际特性；第三，现代世界的形成有赖于民族国家、资本主义和工业主义的交叉影响，尽管资本主义和工业主义对于民族国家的形成具有决定性的意义；第四，军事工业化是与民族国家相伴随产生的过程，其后果是产生了一种世界军事秩序，这种秩序将世界划分为"第一世界""第二世界"和"第三世界"；第五，全球化交往的迅猛发展并不意味着民族国家主权的消亡，恰恰相反，民族国家是现代性不断扩张为全球化的条件。

吉登斯认为，把"现代时代"与"前现代时代"区别开来的是现代制度、文化和生活方式，其中最为重要的是，"现代时代"是一个飞速变化的时代。时空分离，即跨越广阔的时间和空间的社会关系的各种联合，以致全球体系的形成，是这种飞速变化最为重要的动力机制。在前现代时代，对于大多数人以及日常生活中的大多数活动来说，时间一直是与空间相联系的。机械时钟的发明、运用和推广，推动了世界范围内计时体系和时间的标准化，这对于时空分离具有决定性意义。跨地区时间的标准化、不同地域的时间标准化，不仅推动了人们日常生活方式的深刻变迁，无疑也是一种全球化的过程。具体来说，时空分离对于现代性的动力机制的重要性体现在3个方面：第一，时空分离是现代社会冲破地域性限制，不断扩展时—空范围的前提；第二，时空分离使现代社会各种要素得以重新组合，并且不断输入影响个体或群体行动的知识，从而为现代社会的"定序与再定序"、合理化运转提供一种可能；第三，时空分离增强了社会系统的活动能力，提升了"时空伸延"的水平，推动社会形态从部落社会向阶级分化社会再向阶级社会转变，赋予现代性鲜明的历史性特征。

抽离化机制是现代性的第二个动力机制。吉登斯认为传统社会学家的"分化"概念把握现代社会行动和社会关系的基本要素，而要采取"抽离化"，核心内涵就是要求把社会关系从地方性场景"挖出来"(lifting out)。在吉登斯看来，符号（象征）标志和专家系统是抽离化机制的两种类型。符号标志具有标准价值，是一种交换媒介，最为重要的例证就是货币。专家系统则通过非常专业的知识调度对时间、空间进行分类，"对于由现代性所引入的时空分离的巨大增长而言，抽离化是关键因素"[1]。

---

[1] ［英］安东尼·吉登斯：《现代性与自我认同》，赵旭东等译，北京，生活·读书·新知三联书店1998年版，第19页。

"制度反思性"是现代性的第三个动力机制，也就是把知识应用到现代社会的情境中，并以此作为现代社会制度的组织和转型的一种建构元素。吉登斯看到，现代社会生活日渐脱离固有规则的控制，这种制度反思性不同于内在的对人类行动的反思，其中社会科学扮演着一个基本角色，因为社会科学并不仅仅以自然科学所采取的方式来"积累知识"和反思，它并不以知识的确定性和知识的累加为价值取向。

第二节 现代性的维度和特性

在大多数社会学观点看来，现代性的制度性维度或者是资本主义的，或者是工业主义的。与此不同，吉登斯并没有寻求一种对现代性单一的、占主导地位的制度性阐释，而是把资本主义和工业主义看作是现代性制度两个彼此不同的维度。

资本主义作为现代性的制度性维度，它是一个商品生产体系，自产生之日起就是一种全球性的。吉登斯认为，对于资本主义的分析，不能仅仅按照其制度性线索进行，民族国家只能说明资本主义社会的系统内部，对于资本主义的扩张本性只能够在全球化的意义上加以解释。

工业主义是现代性的第二个制度性维度。工业主义的主要特征是生产过程的机械化，同时影响着现代社会的交通、通信和家庭生活。不过，吉登斯强调，不能仅仅停留于从工业革命初期来理解工业主义，而应该在历史的过程中理解工业主义，高科技现象同样属于工业主义现象。

监督机器是与前两个制度性维度相关的第三个维度。所谓监督机器，是指建立在信息控制基础之上的，主要是在政治领域中对被管辖人口行为的指导，这种监督可以是直接的，但更多是间接的。

现代性的第四个制度性维度是对暴力工具的控制。对现代民族国家来说，这是维护其统治的直接需要，不过"战争的工业化"改变了现代战争的性质，它意味着"全面战争"以及核战争时代的来临。

就以上4个制度性维度而言，推动现代性不断扩展并趋向全球化最为重要的两个因素是资本主义和工业主义。在此，吉登斯采取了马克思的观点，认为资本主义生产方式的本性是不断"扩大再生产"。资本主义自身具有的内在的强劲的动力，推动资本主义生产不断冲破原有的界限，这就促使资本主义经济秩序不可能像传统国家那样处于比较稳定的静态的平衡状态，而是处于不稳定的、永不安宁的状态之中。这种向全世界扩张的现代性制度最初是一种西方特有的现象，它之所以能够冲破西方地域，成为全球化的现象，与西方近代资本主义几乎同时出现的民族国家体系的形成是分不开的，因为这种民族国家更能够集中经济资源、行政权力，用于资本主义生产方式的"扩大再生产"，以及向世界各个民族地域的扩张。

吉登斯认为，现代社会是一种与之前的社会形态截然不同的存在，在各个方面都表现出区别于以往的明显特点。现代性不断扩张的结果就是，以前所未有的速度和力量，把所到之处的各种群体抛离传统社会的轨道，这就造成现代社会与传统社会的断裂。具体来说，第一，体现在现代性产生和变迁的速度上，现代社会以比传统社会更加快速的变迁方式产生和发展，尤其在技术方面的变化，更是日新月异，令人目不暇接。第二，体现在变迁范围上，"当全球的各个角落都开始与其他地区发生相互联系时，社会巨变的浪潮实际上已席卷了地球的整个层面"[1]。第三，现代社会的产生和发展使得出现了以往社会并没有产生的组织形式，如民族国家政治体系、劳动产品和雇佣劳动本身的完全商品化。即使以往传统社会已经存在过，也发生了本质性的变化，如城市的职能就从传统社会的政治、军事、文化中心演变为现代社会的经济中心。

吉登斯认为，现代性之"断裂"特性应该被特别强调，但是之前没有受到应有重视。之所以未被重视，一个最重要原因是"社会进化论"长久以来的影响。"社会进化论"表述了一个人类的"宏大叙事"，即把人类历史看作有一个"故事主线"并且在某种具有历史普遍性的动力原则支配之下的线性过程。而在吉登斯看来，人类历史并不具有"社会进化论"所创造的"故事主线"，要想准确认识人类历史，就必须取代"社会进化论"的"宏大叙事"，彻底解构"社会进化论"的"故事主线"，以一种对现代性的阐释，重新书写人类历史。

第三节　现代性的扩散与全球化

吉登斯认为，现代西方诞生的一系列气势恢弘的社会变迁，这种变迁的迅捷程度、波及范围以及势不可当的冲击力，是人类历史的任何其他阶

---

[1] ［英］安东尼·吉登斯：《现代性的后果》，田禾译，南京，译林出版社2000年版，第5页。

段都无法比拟的，这种新兴的社会秩序象征着全球化的到来。只不过在吉登斯眼里，全球化并不是人们所认为的局限于经济领域的全球化，而是更注重时空分离带来的生活方式的巨大变化，"如果只是将全球化的观念应用于字面意义上的'世界范围内'的联系，并且视其为仅仅是、或者主要是经济方面的过程，那么，对全球化这一观念就会产生误解"①。

吉登斯的观点是，全球化离不开现代性的推动。上文所说的时空分离、抽离化机制和制度反思性，都属于对现代性的动力机制的阐释，这是现代社会的鲜明特征。从某种意义上说，现代性所推动的全球化，既是一个世界各国密切联系的真正一体化发展过程，也是一个各民族国家在国际范围内进行劳动分工的过程。因此，吉登斯所说的全球化意味着世界上任何一个民族国家中的任何一个人都不能够逃避现代性所导致的全球化的影响，全球化与区域化、在场与缺场、远距离事件与地方性场景之间的辩证关系始终存在于全球化的过程之中。

吉登斯视现代性推动的全球化为一种跨越时空的过程，并主要从4个方面对此进行说明。

第一，世界经济体系。在吉登斯看来，发达资本主义国家是世界经济的权力中心，虽然这些资本主义国家经常把跨国企业、跨国公司的某些基地建立在非资本主义国家，但是这些跨国企业、跨国公司的经济权力属于资本主义国家，所以，事实上是发达资本主义国家主导了世界经济的发展，推动了商品市场、资本市场的全球化扩张。值得注意的是，吉登斯看到了资本主义世界经济体系中的不平等，尤其是阶级分工导致的不平等。他说："实际上，阶级分工和不平等的其他基本界线，如性别或民族，可以依据通向自我实现和授权的不同路径来进行部分的界定……我们不应该忘记现代性就是产生差异、例外和边缘。"②

第二，民族国家体系。与资本主义世界经济体系不同，民族国家体系不是完全受经济利益的支配，更主要的是从维护民族国家领土主权完整、培育自身民族文化中建构。随着各民族文化向世界的传播，人类正在而且仍然在创造着"一个世界"。

第三，世界军事秩序。把军事秩序作为全球化的维度是吉登斯研究的

---

① ［英］安东尼·吉登斯:《第三条道路——社会民主主义的复兴》，郑戈译，北京，北京大学出版社2000年版，第33~34页。

② ［英］安东尼·吉登斯:《现代性与自我认同》，赵旭东等译，北京，生活·读书·新知三联书店1998年版，第6页。

独特之处。所谓世界军事秩序，具体体现为战争的工业化，军事组织的武器和技术从世界某些地方向另一些地方转移，国家之间建立的军事同盟，等等。吉登斯看到，许多国家经济实力非常弱小，但是军事力量却非常强大，军事力量的全球化使地区性冲突极有可能演变成全球性战争，两次世界大战就是明证。

第四，国际劳动分工体系。吉登斯认为，全球化时代的工业体系需要以劳动分工为基础，而劳动分工不仅体现在某个企业中不同工作任务和流程上，而且体现在世界各个地区的国际劳动分工上。尤其是第二次世界大战以来，随着全球性相互依赖的极大扩展，国际劳动分工成为全球化中的普遍现象，其中既有发达资本主义国家某些地区的"非工业化"现象，也有不发达国家中"新兴工业化"的出现。工业化和新兴科学技术在世界范围内的扩散，使任何一个资本主义国家不可能再像过去成为独一无二的世界经济霸主。

吉登斯认为，现代性的扩张直接导致了全球化，但是这绝不意味着西方化。"现代性，从其全球化倾向而论，是一种特别的西化之物吗？非也。它不可能是西化的，因为我们在这里所谈论的，是世界相互依赖的形式和全球性意识"[1]，这种全球性意识意味着对世界性相互依赖的彰显。尽管现代性最早产生于西方，但随着现代性的发展，人们越来越认识到，以欧洲文明为代表的所谓西方文明只是一种区域性文明，是世界诸种文明中的一支，既非高于其他文明，也非文明的"历史终结"，而是如同其他任何文明一样，都有其产生、生长、成熟、衰落的过程。19世纪后半期以来，与现代性在世界范围内不断扩张相伴的，是"历史进化论"这一宏大叙事方式的终结，是"历史目的论"这一传统理论的隐没。

吉登斯所说的这种全球化，是与现代性紧密相连的全球化。其特征主要体现为以下4点。

第一，世界化与地方化的统一。吉登斯看到，地域性变革和时空分离加强了每一个人的社会联系和横向延伸，将彼此相距遥远的地域联结起来，使得社会关系世界化，任何一个地域发生的事件可能与遥远的地域有着直接的关系，同样，其影响也是如此。如现代性的扩展导致发源于西方的现代性不再局限于西方地域，而是走向了世界。全球各个民族国家对现代化

---

[1] ［英］安东尼·吉登斯：《现代性与自我认同》，赵旭东等译，北京，生活·读书·新知三联书店1998年版，第152~153页。

发展道路的探求，使现代性不再仅仅是西方独有的现象，从现代化和现代性上很难把西方与非西方区分开来，但是各个民族国家的现代化道路并非完全相同的。吉登斯把这一特征称之为"地方性与全球性的交互影响"。

第二，"后传统"现象的存在。在吉登斯眼中，传统并不是指信仰及其实践的特定制度，而是意味着一种风俗习惯。人们往往认为"过去"取向是传统社会的特性，而现代社会是面向未来的，其实这种认识是片面的。从表象来看，全球化带来的似乎是"传统的终结"（吉登斯语），但这并不意味着"传统"真正的消失，而是说"传统"在现代社会生活方式中的角色发生了变化，它不再像传统社会那样处于生活的核心，不再是生活方式的单一情境。传统在现代社会中更多的是扮演着文化象征意义的角色，现代社会不再是以崇拜性信仰为特征，而是以怀疑作为现代社会"批判理性的普遍性的特征"和"一般的存在性维度"，因此，从这种意义上说，在现代社会中存在着一种"后传统"现象，"现代性是一种后传统的秩序，但在这种秩序之下，作为秩序保证的传统和习惯并没有被理性知识的必然性所代替"[1]。

第三，整体化与分离化的统一。如果说时空分离与社会关系的横向延伸是现代性扩展为全球化的必需前提条件，那么印刷或者电子媒体明显扮演着核心角色。大众传媒尤其是电子传媒的发展，推动了世界的整体化进程，同时也"创造出各种新型的分殊和裂变方式"[2]。"现代制度的统一特征，正象分散的特征对于现代性尤其是高度现代性的时期是核心一样，它也是现代性的核心。"[3]

第四，统一性与多样性的统一。在现代性的发展过程中，产生了许多标准化的建构性因素，如资本主义的生产和分配构成了现代性制度的核心要素，作为全球规划的世界地图、以机械时钟生产和使用为标志的全球计时系统。与此同时，对于自我认同和个体生命的尊重使得生活方式的多样性选择愈益重要。

---

[1] ［英］安东尼·吉登斯：《现代性与自我认同》，赵旭东等译，北京，生活·读书·新知三联书店1998年版，第3页。

[2] ［英］安东尼·吉登斯：《现代性与自我认同》，赵旭东等译，北京，生活·读书·新知三联书店1998年版，第5页。

[3] ［英］安东尼·吉登斯：《现代性与自我认同》，赵旭东等译，北京，生活·读书·新知三联书店1998年版，第29页。

第四节　全球化风险与全球治理

随着现代性的全球化进程的不断推进,对社会秩序和人们的日常生活方式产生了巨大影响,其中最大的负面影响就是产生了原有社会从未有过的风险。吉登斯认为现代社会的这种风险是全局性的、总体性的,没有任何个体能够逃离风险之外,因此,从某种意义上说,现代社会也是一个"风险社会"。现代社会的风险可以分为两大类:一类是"外部风险",如疾病、伤残、失业以及其他很难预料的自然灾害,这些是现代社会与前现代社会大致相同的风险;另一类是现代社会独特的风险,它是由人类的发展和科学技术的进步造成的。由于第二类风险是现代社会独有的,根本没有经验可以借鉴,甚至没有任何方式可以预料和计算,这就导致生活在现代社会的人陷入到前所未有的风险环境之中,或者说生活在"风险社会"之中。

"风险社会"中后果严重的风险可以分为四大类。第一类是指经济增长机制的崩溃,主要是说资本主义世界经济在加速增长的同时,经济的不平等也在加剧,既表现为绝对贫困程度的不断加深——至少20%的世界人口生活在绝对贫困之中,不能满足自身的基本生活需要,也表现为相对贫困程度的不断加深——贫者愈贫、富者愈富,两极分化的鸿沟难以弥补。第二类是指极权的增长对民主权利的压制和否定,极权主义"指的是一种统治类型……在权力集中化过程中能使某些人口饱受打击,给他们带来极为可怕的后果"[①]。吉登斯认为这恰恰是现代民族国家的特征:"极权主义不是传统国家的特点,而是民族—国家且只是相对晚近的民族—国家的特点。"[②] 第三类是指现代社会发展对全球生态环境的破坏,随着现代社会的发展,出现了许多前所未有的生态灾难,如物质资源的枯竭、环境的污染与破坏、温室效应与全球气候变暖、臭氧层的破坏、森林的急剧减少与土地的沙漠化加剧等。第四类是指核武器与大规模战争对人类生存的威胁,随着大规模破坏性武器尤其是核武器的普遍存在和不断扩散,人们

[①] [英] 安东尼·吉登斯:《民族-国家与暴力》,胡宗泽等译,北京,生活·读书·新知三联书店1998年版,第353页。

[②] [英] 安东尼·吉登斯:《民族-国家与暴力》,胡宗泽等译,北京,生活·读书·新知三联书店1998年版,第352页。

日益感受到现代核武器和核战争的威胁。"核冲突的可能性所造成的危险，是以前世世代代的人从未面临过的"①，因为这些核武器的存在足以使人类毁灭很多次。

这种伴随现代社会产生的后果严重的风险，其特征是非常明显的：第一，它远离"个体能动者"，是生活在现代社会的人根本无法预料的，其后果是无法评估的，"这种风险是现代性的黑暗面。这种风险，或者说可比较的风险因素，会随现代性的持续而持续存在"②。第二，对人类的伤害面更大。随着现代性的全球化进程不断加快，抽象系统——又叫作脱域机制③（包括：（1）象征标志——相互交流和传递信息的媒介，与交流和传递的主体无关，如资本主义市场从国内市场向世界市场的扩张；（2）专家系统——由专业队伍及其新技术成就所组成的体系，这一体系编织着现代社会的人生活的社会环境，把社会关系从具体情境中直接分离出来。脱域机制的象征标志和专家系统与时空分离相互促进）——日益大规模地侵入日常生活，使每个人失去了传统社会那种个体化的信任关系和从传统情境的道德框架中获得道德回报的基础，"现代性的风险氛围使每个人变得纷乱不堪，无一人能够幸免于它的冲击"④。第三，风险传播具有更快、更强的扩散性。技术传播为现代性的全球化提供了前提条件，交往的世界性和全球性同时使风险的传播具有更快、更强的特征，尤其是在网络时代，只要轻轻点击鼠标，就有可能使风险从地域、区域变成全球性、世界性的风险，如股市风险就是如此。

为了适应这种险象环生的现代社会，吉登斯列举了4种不同的态度。第一种是实用主义的接受现实，即以一种实用主义态度，维系着对日常生活的问题和目标的关注。第二种是持久的乐观主义。持久的乐观主义是"一种持之以恒的对天意理性的信仰"⑤，体现着一种启蒙主义的理性观念。第三种是犬儒式的悲观主义。"犬儒主义是一种通过幽默或厌倦尘世的方

---

① ［英］安东尼·吉登斯：《现代性的后果》，田禾译，南京，译林出版社2000年版，第97页。
② ［英］安东尼·吉登斯：《现代性与自我认同》，赵旭东等译，北京，生活·读书·新知三联书店1998年版，第140页。
③ ［英］安东尼·吉登斯：《现代性与自我认同》，赵旭东等译，北京，生活·读书·新知三联书店1998年版，第143页。
④ ［英］安东尼·吉登斯：《现代性与自我认同》，赵旭东等译，北京，生活·读书·新知三联书店1998年版，第143页。
⑤ ［英］安东尼·吉登斯：《现代性的后果》，田禾译，南京，译林出版社2000年版，第120页。

式来抑制焦虑在情绪上影响的模式"①,因此犬儒主义并非意味着一种冷漠的态度,也不是一种简单的悲观主义。第四种是所谓"激进的卷入"的态度。用吉登斯的话说,这指的是"那种针对已察觉到的危险之根源的实践性搏击",与乐观主义态度不同的是,持久的乐观主义信赖于理性分析,而"激进的卷入"依赖于实践性的社会运动。

吉登斯比较倾向于第四种态度。如果把险象环生、后果严重的现代社会比作"失控的世界",现代性就是造成这种"失控的世界"的一个"怪物"或者说是"猛兽"。"怪物"可以驯服,"猛兽"应该驾驭。为此,吉登斯试图以"乌托邦的现实主义"来化解全球化进程中的这些风险。所谓"乌托邦的现实主义",并非文字游戏,在吉登斯看来,现实的和空想的理论之间,并不需要刻意的分割。说它是"乌托邦"是因为:其一,它目前只是表现出可能性而没有真正实现,不是现实的场景;其二,它预示着未来的变迁方向和趋势,具有超强的理想性,甚至在某种程度上还有一定的空想性质。说它是"现实主义",是因为它把社会变迁的实践性与社会制度内在可能性相互结合起来,探求理想得以实现的制度方式,在这个意义上,当今世界各种各样的社会运动,比如和平运动、劳工运动、民主运动、生态运动甚至女权主义运动,都可成为吉登斯这种"现实主义"的一种例证。

第五节 全球化时代与"生活政治"

随着全球化时代的到来,以往关于个体、群体、社会道路以及世界秩序的政治价值观念出现了一系列的困境,这需要我们根据社会转型的要求提供新的政治价值观念的阐释。

吉登斯认为,随着现代性的不断扩展,发轫于启蒙运动的"解放政治"并未过时,甚至仍然处于当代政治的核心。所谓"解放政治",是关于社会不同群体之间关系的政治,或者是代表群体的个体与其他群体的关系的政治价值观念。"解放政治"主要关注如何减少或消灭不平等、剥削和压迫。在吉登斯看来,不平等是指不同的群体拥有稀缺资源上的差异性,在现代性生产机制中主要表现为物质报酬的差异性;剥削是指现代社

---

① [英]安东尼·吉登斯:《现代性的后果》,田禾译,南京,译林出版社2000年版,第120~121页。

会中的某个群体非正当地占有其他群体所不能获得的资源和必需品；压迫是指某个群体用来限制另一个群体的生活机遇的权力分配的问题。由此，"解放政治"便产生了平等、正义和参与三种必须履行的责任，或者说是"解放政治"的三种基本理念。"解放政治"关心的是如何把人类从传统的束缚中解放出来，克服现代社会中某些群体或个体支配另一些群体或个体的统治，其价值取向是"脱离"而不是"朝向"，自主性原则成为"解放政治"首要的行为原则。

不过，在现代性的全球化的历史场景中，产生了许多"解放政治"所不能蕴含和解决的问题，如自我实现、文化认同等，这就要求采取一种新的政治思路和方略来应对和解答。这就是吉登斯所说的"生活政治"。

在全球化时代，随着人们交往的世界化，个体的身份认同和文化认同日益凸显，成为对不同生活方式选择和决定的关键，因而成为一种生活的"政治"问题。换句话说，"生活政治"也就是生活方式的政治，或者说是生活决策的政治。吉登斯认为，全球化背景下生活政治主要包含4个中心议题。第一，是伴随人对自然控制的极限而来的自然的终结。这种终结不是指自然环境的消失，而是原本支配决定人的生活的自然界被置于人的控制之下，我们周围的物质世界几乎每个部分都受到了人类的干预和影响，在某种意义上可以说是对自然界的破坏。与以往人类所担心的自然界对我们不可抗拒的自然灾害的影响不同，今天人们更加忧虑的是由于我们对自然界的干预和破坏对人类生活方式的影响，如生态环境保护与新的生活方式的选择："自然已经走向末日这一事实并不只是职业上的专家才意识到，一般的公众也都知晓了。对生态的日益关注主要表现在人们已经认识到对环境退化的改善，有赖于采取新的生活方式的模式。现在，来自于生活方式中的最大熟练的生态破坏，已经在世界上现代化的社会中出现。生态问题启发了新的以及日益增加的全球化系统的互相依赖，并且也要求每一个人都回过头来考虑到个人活动与地球问题之间深层联结问题。"[①] 第二，生物性的生殖。从一般意义上来说，生殖是一种机械现象和基因过程，似乎与"生活政治"无关。但是从道德角度来看，"听天由命式生殖的结束"（吉登斯语）、体外受精生命的诞生、胎儿的权利等生物性生殖问题引发了生存矛盾的问题，即人类应该如何看待自己的限度的问题。生活方式的选

---

① [英]安东尼·吉登斯：《现代性与自我认同》，赵旭东等译，北京，生活·读书·新知三联书店1998年版，第260页。

择有赖于人们如何驾驭生存矛盾和限度。第三，现代性的扩展。现代性的不断扩展使人类进入全球化时代，全球化秩序把整个人类联结为一体，一是体现为高风险存在的社会使得生活在地球上的人无一幸免，二是要求不同的民族国家之间有新型的合作方式。如科学探索的局限问题、大规模杀伤性武器尤其是核武器对我们生活方式的影响和冲击。"作为一种积极的占有与消极的占有，核武器的问题进入了生活政治领域。它特别清楚地表明，个人化与全球化是相互关联的，因为正如潜在的生态灾难一样，地球上的任何人都无以藏身"①。第四，自我认同问题。如果说"生活政治"就是一种生活决策的政治，那么首先需要关注的就是人本身的决策。在全球化与地方化辩证关系中，"个体必须要以一种合理而又连贯的方式把对未来的设想与过去经验联结起来，以便能够促使把被传递的经验的差异性中所产生的信息与当地性的生活整合起来"②。

从"解放政治"与"生活政治"的关系来说，"解放政治"并非像人们所描述的那样"仅仅是为'生活政治'的兴起所作的准备工作"。二者之间的关系远为复杂得多，甚至经常被混融起来。在全球化时代，"解放政治"与"生活政治"的关系正如吉登斯在《现代性与自我认同》一书中最后所说的：

> 采取自由选择的生活方式的能力，是后传统秩序所带来的一种根本性的益处，但它不仅与解放的障碍存在紧张关系，而且还与广泛的道德困境存在紧张关系。没有一个人应低估在面对问题时困难巨大，或者甚至也不应低估我们在用达成广泛共识的方式来对它们加以正式化时困难的巨大。我们如何能够对社会生活予以再道德化而又不至于落入偏见呢？如果不存在超越历史的伦理原则的话，那么人性如何能够用无暴力方式应付"真正信仰者"的冲击呢？对这类问题的回答，肯定要求一种对解放政治的重大重构以及对生活政治事业的不懈追求。③

---

① [英]安东尼·吉登斯：《现代性与自我认同》，赵旭东等译，北京，生活·读书·新知三联书店1998年版，第261~262页。
② [英]安东尼·吉登斯：《现代性与自我认同》，赵旭东等译，北京，生活·读书·新知三联书店1998年版，第253页。
③ [英]安东尼·吉登斯：《现代性与自我认同》，赵旭东等译，北京，生活·读书·新知三联书店1998年版，第270页。

按照吉登斯的观点,现代社会并非后结构主义解释"后现代性"那样,认为道德问题在当代社会的情景下已变得完全没有意义,归根到底,"生活政治"是一种社会层面上的伦理道德问题,或者反过来说,道德问题是"生活政治"议事日程的核心,"生活政治的问题为制度性压抑的回潮提供了这种核心的议事日程。他们呼吁对社会生活的一种再道德化,并且他们要求人们对现代性制度所系统化地消解的问题具备新的敏感性"①。

第六节 吉登斯思想析评

评价吉登斯思想,必须立足于马克思主义的立场观点方法。事实上,吉登斯也试图在同马克思思想的比较中展现自身的理论特点,这一点可以从吉登斯对马克思唯物史观的评价中看出端倪。

吉登斯认为,马克思是19世纪最杰出的思想家之一,之所以至今为止没有人能够取代马克思的经典地位,就是因为马克思关于资本主义的分析和批判的有效性无可怀疑,"马克思很多关于资本主义生产性质的分析,其有效性无需怀疑。确实可以说它大部分是正确的,这对19世纪的社会如此,对今天的世界依然如此"②。在吉登斯看来,马克思关于资本主义批判的最重要贡献就在于,马克思全面揭示了资本扩张的无限性,这种扩张不仅是地理位置或者是空间的扩张,还是技术不断创新的过程,是时间缩短的过程。③他认为,"马克思的著作对于理解影响现代世界之塑造的那种无所不在的力量至关重要。这种力量当然就是资本主义"④。我们还应该注意到,虽然吉登斯在一定程度上肯定了马克思对于"资本内在扩张性推动现代性社会出现"的观点的合理性,但是吉登斯并没有把资本当作塑造

---

① [英]安东尼·吉登斯:《现代性与自我认同》,赵旭东等译,北京,生活·读书·新知三联书店1998年版,第261页。
② [英]安东尼·吉登斯:《民族-国家与暴力》,胡宗泽等译,北京,生活·读书·新知三联书店1998年版,第386页。
③ 马克思在《1857—1858年经济学手稿》中就已经明确指出了这一点:"资本按照自己的这种趋势,既要克服把自然神化的现象,克服流传下来的、在一定界限内闭关自守地满足于现有需要和重旧生活方式的状况,又要克服民族界限和民族偏见。资本破坏这一切并使之不断革命化,摧毁一切阻碍发展生产力、扩大需要、使生产多样化、利用和交换自然力量和精神力量的限制。"参见《马克思恩格斯文集》第8卷,北京,人民出版社2009年版,第91页。
④ [英]安东尼·吉登斯:《民族-国家与暴力》,胡宗泽等译,北京,生活·读书·新知三联书店1998年版,第1页。

现代性的唯一力量,而是从 4 个维度说明了现代性的扩展。

更为重要的是,吉登斯对于马克思学说中关于资本主义扩张必然导致自身灭亡的观点持有异议。而对于马克思的社会形态理论,吉登斯则采取了首先把马克思的社会形态理论等同于"历史进化论",然后大肆批判进化理论的手法。在吉登斯看来:

>（进化理论）认为历史的主导趋势属于累进式发展过程。在这种观点看来,社会变迁不存在根本的非连贯性。看来似乎是这样或那样的"革命"的各发展阶段,事实上却都极少会牵涉到汹涌而又根本性的变迁过程。①

而吉登斯主张对历史尤其是现代历史作"非连贯性解释"。所谓对现代历史的"非连贯性解释",就是说,历史不应该被看作某种传统的延续或者某种社会组织连贯性的生长过程,现代社会不是以往社会持续进化的结果,恰恰相反,现代生活方式、社会组织方式是在与过去的断裂中产生的。他批评说,马克思在分析和阐释资本主义的发展历史时,进化观占据了主导地位:

>进化理论,不管不同类型的社会之间业已识别的差异,一概假定人类历史具有某种主导的连续性。大多数进化理论都将这些连续性描绘为,由简单社会向更为复杂的社会的普遍化的社会分化过程的一部分。由于马克思坚信社会变迁包括生产力的渐进式发展,因此,他的观点与其他的进化理论具有某些共同点。他认为,通过各时期连续不断的革命转型,社会才能得以发展。②

虽然吉登斯也将马克思的历史唯物主义理论视作对人类历史的"断裂性"阐释,但他认为马克思的阐释并没有系统而只是有限地达到了"非连贯性解释":

---

① ［英］安东尼·吉登斯:《民族－国家与暴力》,胡宗泽等译,北京,生活·读书·新知三联书店 1998 年版,第 35 页。
② ［英］安东尼·吉登斯:《民族－国家与暴力》,胡宗泽等译,北京,生活·读书·新知三联书店 1998 年版,第 35 页。

> 当我主张"对现代史作非连贯性解释"时,我却并不是要赞同他(指马克思——引者注)的观点。对于这一术语,我指的是只限于相对晚近时期中所发生的一系列变迁。这种观点事实上确见诸于马克思的著作中,然而,它却从未得以系统的阐明,与进化观相比,它也只居于次要地位。[①]

对于马克思关于国家导源于市民社会、共产主义的到来意味着国家的灭亡的观点,吉登斯断言其存在着"致命的缺陷"——忽视了国家等政治力量在资本主义扩张过程中的作用,而吉登斯不仅把现代民族—国家体系看作现代性产生的条件,还把它视为资本主义全球化的维度。吉登斯认为,马克思所说的"市民社会"拓宽了黑格尔市民社会的概念:

> 使它(市民社会——引者注)不仅包括经济领域,还涵括国家机器能直接触及到的领域之外的一切领域。然而,这同时也导致了这样一种结果,即有关国家或市民社会关系定将终结的解释与社会主义社会中国家能被废弃的假说,均存在着致命的缺陷……不管黑格尔有关国家为"普遍性的实现"这一观点的其他方面是否令人质疑,马克思的前述观点却确实牺牲了黑格尔有关资产阶级社会的洞见。[②]

不同于马克思对于社会经济方面要素的重视,吉登斯更赞同黑格尔对于国家所具有的独立的政治力量的强调,更加重视现代民族国家和其他政治方面要素在资本主义全球化发展进程中发挥的作用。但是,马克思在分析和批判资本主义社会时对于经济因素的强调并不意味着它对非经济因素如政治因素、国家作用的忽视(恩格斯晚年对历史唯物主义的反思即是证明),吉登斯把二者完全置于对立的态度是违背马克思的思想逻辑的。

吉登斯的全球化思想在西方影响巨大,是因为与其他学者的全球化思想相比,其特点突出:第一,理论起点高、系统全面、现实感较强。吉登斯以社会学结构理论为基础,建构了体系完整、解释力强的理论框架,力图消除西方现有的众多思想和方法二元对立的理论现状,针对西方资本主

[①] [英]安东尼·吉登斯:《民族–国家与暴力》,胡宗泽等译,北京,生活·读书·新知三联书店1998年版,第23页。

[②] [英]安东尼·吉登斯:《民族–国家与暴力》,胡宗泽等译,北京,生活·读书·新知三联书店1998年版,第23页。

义社会的一系列困境,提出了一套完整的应对思路和改革方略,这正是他在西方被誉为"布莱尔和英国工党的精神领袖"的原因。这也正如我国学者所评价的那样:

> 在某种程度上,吉登斯最大的贡献不是对西方理论的全面梳理和发展,而是其社会政治理论为世纪末西方提供了一个看起来颇为合理的理由和选择……可以说,在目前西方主要社会理论家,尤其是社会批判理论家中,吉登斯是与主流政治结合得最好的一个。①

第二,历史感较强,把现代性的全球化建构在对资本主义的发展过程分析的基础之上。尽管吉登斯不同意把资本主义作为现代性的单一向度,但是他对现代性的维度和动力机制的分析仍以资本主义的历史发展过程为主线,正如西方学者约翰·基恩(John Keane)在评价吉登斯的《民族-国家与暴力》一书时所说的那样:"以全球社会变迁的历程为叙述框架,力图通过建构社会转型的一般模式,阐明塑造现代社会的力量。作者本人则宣称,本书的目的主要在于以系统的方式勾勒出世界史的粗线条。"

第三,充分重视社会科学知识的作用。吉登斯的学术视野开阔,非常关注社会科学的进展,对于那些长期处于社会学研究视野范围之外的时间地理学、社会互动及场景理论、后现代主义等,都给予了特别关注,并将它们整合到自己的社会结构理论框架之中,成为自己建构理论、解释现实的理论养料。在反思现代性的后果时,把由社会反思性增强而来的"风险社会"的形成和后果严重的全球风险扩散,看成全球化背景下人的基本生存处境和存在氛围,进而强调知识尤其是社会科学知识,无论是就抽象系统的形成而言,还是对社会反思性的增强与制度化,对于不断增强的世界不确定性来说,都构成了基本的推动力量。

第四,"乌托邦现实主义"和"第三条道路"实质是资本主义的。吉登斯否定了社会主义是资本主义的未来的观点,而用其"乌托邦现实主义"取而代之,主张超越资本主义和社会主义道路。所谓乌托邦现实主义,在一定意义上不过是社会主义与资本主义的"混合体",其"第三条道路"——社会民主主义道路实质上是资本主义的。

---

① [英]安东尼·吉登斯:《超越左与右:激进政治的未来》,李惠斌、杨雪冬译,北京,社会科学文献出版社2000年版,第9~10页。

第五,"西方中心论"立场。如果说吉登斯的全球化思想存在局限的话,那么最大的也是最显著的是其"西方中心论"立场。尽管吉登斯宣称自己的"大多数论点或多或少地在全世界都适用",但他过分强调西方发达国家的社会变迁,缺少对全球所有国家和地区的关注。他在《民族 – 国家与暴力》一书中就承认:"本书除了涉及全球国家体系之外,关注的都是欧洲的民族国家。"[①] 因此他无法排除"西方中心论"的嫌疑。

---

① [英]安东尼·吉登斯:《民族 – 国家与暴力》,胡宗泽等译,北京,生活·读书·新知三联书店1998年版,第232页。

第八章 "文明冲突论"与文明共同体
——亨廷顿的"文明冲突论"评述

塞缪尔·亨廷顿生于1927年,自幼聪颖过人,16岁即被耶鲁大学录取,仅用了两年半时间便以优异成绩提前毕业。后又获得芝加哥大学政治学硕士和哈佛大学博士学位。曾先后在哥伦比亚大学和哈佛大学任教。1962年,亨廷顿被哈佛大学聘任为终身教授。亨廷顿还担任过美国政治学会主席,是著名的《外交政策》杂志的创办人之一,长期担任哈佛大学国际和地区研究所所长、约翰·奥林战略研究所所长。亨廷顿一生著述颇丰,而且一向以提出鲜明新颖而又具争议的观点闻名于学术界。对于中国读者而言,《文明的冲突与世界秩序的重建》《变化社会中的政治秩序》和《第三波:20世纪后期民主化浪潮》是其比较有代表性的论著。

第一节 文明与"普世文明"

文明问题一直是亨廷顿研究世界政治发展时所关注的焦点之一。在亨廷顿看来,人类的历史首先是文明形态更迭的历史——从两河流域的古代苏美尔文明、尼罗河流域的埃及文明,到古希腊罗马的古典文明、玛雅人创造的中美洲文明,再到欧洲基督教文明和之后兴起的伊斯兰文明,包括其他文明古国创造和延续的文明(如中国文明和印度文明)——人们在历史长河中认识到,只有文明才能成为历史上的人们取得最广泛认同的元素。

亨廷顿认为,之前有很多学者对文明的起源、形成、兴起、相互作用、成就、衰落和消亡进行了分析比较,在诸多问题上既存在着一致的看法,也存在着不同的意见,可以归纳如下:

第一，单一文明与多元文明的分歧。"文明"概念的提出为人们提供了一个判断社会的标尺，"文明的是好的，非文明的是坏的"。在 19 世纪，文明的概念已经成为西方人与其他民族和国家相区分的尺度。从那时起，非西方民族和国家是否具有西方"文明"、其社会发展是否经过充分的"文明化"，已经成为西方国家和民族判定非西方人群、民族、国家能否被接受的标准。与这种单一文明观不同，更多的非西方人、非西方社会越来越关心多元文明，认为世界上"存在着许多文明，它们每一个都以自己的方式文明化了"①。这意味着要放弃西方文明作为单一文明的假定，也意味着放弃以单一文明观作为唯一的判断文明的标准。

第二，文明与文化的联系。亨廷顿认为文明是与文化相互联系的概念。文明既包括某些相对客观的辨别因素，例如习俗、宗教、语言等方面存在的区别，也包括某些相对主观的辨别因素，例如民族国家人们的自我认同；就外延来看，文明可以分为政治文明、物质文明、技术文明等类型。文化包括一个民族的价值、理想，一个社会对思想、艺术、道德的追求，等等。文明和文化都是某个民族、国家生活方式的展现，是我们刻画某种社会存在的方式。文明是文化的放大或者扩充，从最广泛的意义上说，文明是一种文化实体。不同民族（种族）的文明可能是相互重合的，也可能相互影响，所以有的民族（种族）的文明彼此相似，而有些之间差异巨大；同一民族（种族）可能因地理条件、历史传统等差异而具有不同的文明。其结果是，不同民族（种族）的人可能因为相同或者相似的文明而趋向统一；同一民族（种族）的人却可能因为文明的差异走向难以愈合的分裂。这样一来，文明便成为判定人类群体或种族之间差别的关键因素。

第三，文明的动态性。在亨廷顿眼中，虽然很难在不同文明之间划出截然不同的边界，也无法为某种文明确定非常精确的起点和终点，但是必须把文明看作是一种存续非常长久的历史现象。他强调，20 世纪，世界上所有的主要文明都已经存在了 1000 年之久。文明的动态性表明它们有兴起有衰落，有合并有分裂，甚至于也有可能掩埋在时间的沙丘之中（如玛雅文明）。

第四，文明与政治实体的关系。亨廷顿认为，文明是一种文化实体而

---

① ［美］塞缪尔·亨廷顿：《文明的冲突与世界秩序的重建》，周琪等译，北京，新华出版社 1998 年版，第 24 页。

不是政治实体，一种文明与一种政治实体的重合只是极少数的现象，一种文明大多可以对应一个以上或多个政治实体。按照这种方式，世界上的主要文明形态可以划分为8种，即西方文明、伊斯兰文明、印度文明、日本文明、中华文明（儒教文明）、东正教文明，以及拉丁美洲文明和可能存在的非洲文明。

亨廷顿认为，不同文明之间存在一种漫长的历史进程，至今为止已经经历了两个阶段，正在经历第三个阶段。这三个阶段按照历史的先后顺序划分，可以分为公元1500年前至15世纪不同文明的遭遇阶段、16世纪以来西方文明的兴起阶段和正在经历的多文明相互合作的阶段。

第一个阶段，遭遇——公元1500年前的文明。从公元1500年前—15世纪近3000年的历史过程中，由于交往手段的落后，不同文明被时间和空间分隔开来，各种文明之间的相互影响十分微小，甚至可以忽略到完全没有联系的地步（佛教文明与中国本土儒家文化、道家文化的遭遇、冲突、融合的过程），"在各文明最初出现后的3000年中，除了个别例外，它们之间的交往或者不存在，或者很有限，或是间断的和紧张的。历史学家用来描述这些交往的词——'遭遇'，准确表达了它们的性质"①。在这个阶段，文明内部的相互作用远远多于和大于不同文明的相互影响。

第二个阶段，冲击——西方的兴起。亨廷顿认为，16世纪以来，西方社会的政治结构发生了很大变化，政治权力在贵族、僧侣、世俗权威之间相对分散；各个民族的民族意识的觉醒和民族国家的产生；科技革命推动了航海工具和交往手段的现代化……这一切使西方以不可遏制的优势扩张到整个世界，原来的"文明之间断断续续的或有限的多方向的碰撞，让位于西方对所有其他文明持续的、不可抗拒的和单方向的冲击"②。他把这一阶段各文明之间的关系特征概括如下：其一，西方文明比以往人类历史上的任何时候都更加联为一体；其二，西方文明内部在更加平等的基础上相互作用，而西方文明与其他非西方文明之间则是以控制—从属模式发生作用；其三，各民族国家之间的冲突是实际利益与意识形态的冲突的相互交织，而所谓意识形态冲突，既存在于自由主义、共产主义同法西斯主义之间，也存在于共产主义和自由民主之间。

---

① ［美］塞缪尔·亨廷顿：《文明的冲突与世界秩序的重建》，周琪等译，北京，新华出版社1998年版，第33页。

② ［美］塞缪尔·亨廷顿：《文明的冲突与世界秩序的重建》，周琪等译，北京，新华出版社1998年版，第36页。

第三个阶段，相互作用——一个多文明的体系。20世纪晚期，文明之间的关系发生了本质性的变化。如果说第二个阶段的主流是西方文明对其他文明发生单向的影响和支配，是西方文明占据主导地位，那么进入第三个阶段后，历史的主流则是西方文明和其他文明发生持续的、强烈的双向互动，西方文明不再占有绝对的主导地位。相应地，这一阶段的显著特征在于：其一，西方文明的主宰地位被终结了。虽然西方文明仍然对非西方文明产生着重要影响，但是，非西方文明已经不再甘于仅仅作为西方文明的被动的"客体"，而是日益成为创造历史的"主体"，在非西方社会塑造非西方历史、推动非西方现代化的过程中越来越发挥出重要作用。世界文明格局从西方文明单一主宰的时代进入多民族（种族）文明并存、交互作用的时代，几个世纪以来，西方人沉醉其中的"西方的扩张"被终结了。其二，其他文明对西方文明的反抗开始了。虽然20世纪前后，世界上创生的主要意识形态，包括马克思主义、社会主义、共产主义、社会民主主义、自由主义、无政府主义、社团主义、保守主义、国家主义等，都是西方文明的产物，但是20世纪以来在世界上越来越发生重要作用的那些伟大的宗教形态，却无一不是非西方文明的产物，从历史上看，西方文明并未创生世界上主要的宗教形态，而以这些宗教形态为核心的非西方文明，已经日益成长为与西方文明相对抗的力量。

　　亨廷顿认为，在西方文明阵营中，存在着一种"普世文明"的假设。这种假设的隐喻在于，全世界的各民族（种族）都在日益接受共同的价值观念、社会体制。但是，从当今世界的文明形态之间的关系来看，"普世文明"的现实并不像某些西方人那样乐观，亨廷顿更多的是从否定意义上来理解"普世文明"。第一，"普世文明"不是指人类共同遵守的道德观念和价值观念，如谋杀、偷盗是罪恶。这些观念是人类遵守的最为基本的和重要的观念，但它们并不能代表西方文明推广而来的"普世文明"，这些观念在非西方文明中亦普遍存在，所以，不能把"普世文明"等同于人类整体文明。第二，"普世文明"不是指与"野蛮人""野蛮社会"相对应的文明社会所共有的东西，也就是说，"普世文明"不是一般意义上的普通的文明。第三，"普世文明"不是少数群体主导的文明。亨廷顿把一些人将少数精英鼓吹的某些假定、主张和价值观念称为"达沃斯文化"（指每年在瑞士达沃斯举行的世界经济论坛，参加该论坛的有100余人，来自世界上百个国家和地区，成员包括政府官员、商人、银行家、知识分子等），他认为，虽然这些人自认为其主张是西方文明和其他文明中许多人的共识，但因为这种主张缺乏普遍性，远远达不到世界人口的1%，因此也很难说得上是"普世文明"的代表。第四，"普世文明"不能简单等同于各种文明共用的媒介。有的人认为，"普世文明"就是西方文明创造并在全世界推广的某种消费模式或者其他大众文化，但是在亨廷顿看来，如果仅仅从非西方社会接受西方社会的消费模式和大众文化，就断定非西方社会改变了自身的基本文化和价值观念，这既是把西方文明看得"无足轻重"，也是对非西方文明的过于低估。因为这些消费模式和大众文化并不能代表一个文明的核心价值，据此断定西方文明已经上升为一种"普世文明"，那只不过是一种过于乐观的想象而已。

亨廷顿认为，语言和宗教是所有文明形态的重要因素。如果"普世文明"的存在是一种大势所趋，那么就会相应出现一种普遍语言和普遍宗教的趋势。是否存在这种趋势呢？亨廷顿以全世界中使用英语与宗教信仰的人口数量为例，对此进行了否定性论证。

英语作为西方文明的主要语言，是否存在成为世界普遍语言的趋势呢？亨廷顿根据得到的可靠数据，判定世界上以英语为主要语言的人口数量并没有快速上升，相反，其人口比例呈显著下降的趋势。而其他语言则呈现上升的趋势，尤其是讲汉语的人口，大约相当于讲英语人口的两倍（见下表）。[①]

讲主要语言的人（占世界人口的百分比*，%）

语言	年份			
	1958年	1970年	1980年	1992年
阿拉伯语	2.7	2.9	3.3	3.5
孟加拉语	2.7	2.9	3.2	3.2
英语	9.8	9.1	8.7	7.6
印地语	5.2	5.3	5.3	6.4
汉语	15.6	16.6	15.8	15.2
俄语	5.5	5.6	6.0	4.9
西班牙语	5.0	5.2	5.5	6.1

* 讲100万以上的人口所使用的各种语言的总人数。

---

① [美]塞缪尔·亨廷顿：《文明的冲突与世界秩序的重建》，周琪等译，北京，新华出版社1998年版，第48页。

英语是世界性的语言，这是毋庸置疑的，但这不等于说英语已经是一种普遍语言，已经成为各民族认同的根源。因为以英语为主要语言的人口仅占世界人口数量的8%，对于世界上92%的人口来说英语是一种"外语"。不同语言的人们进行交流必须寻找一种交流工具，正如拉丁语、法语曾经成为不同时期的通用语言一样，英语只不过是人们进行交流的工具之一，"从这一意义上说，英语是世界上进行知识交流的方式……用这种方式使用英语是在进行文化间的知识交流；它的前提是存在着相互分离的文化。通用语言是处理语言差异和文化差异的方式，而不是消灭它们的方式。它是交流的工具，而不是认同和社会群体的根源"①。不仅如此，英语也已经"非民族化"和"非本土化"了。所谓英语的"非民族化"，是说人们在使用英语这种语言时，仅仅将其作为一种工具，而并没有把英国或美国这一英语的"本源国"作为意识形态的背景来看待。所谓英语的"非本土化"，是说全世界讲英语的人们也在日益讲不同的英语，它吸收了使它区别于英国英语和美国英语的地方色彩，各种形式的英语变种正在被并入它们各自的本土文化，如印度英语的印度化和地方化，可以说，"英语已经被非本土化了"②。

不仅是语言如此，文明的另一种主要载体——宗教也是如此。亨廷顿认为，就可能性而言，出现某种普遍宗教的可能性，与出现某种普遍语言的可能性相差无几。虽然在20世纪末期，宗教出现了某种意义上的全球性的复兴，但是这一时期宗教复兴的主要表现是宗教意识的普遍加强，以及一些宗教中原教旨主义派别的兴起，其结果是扩大了而不是缩小了宗教间的差异。从下表可以看出，20世纪全世界信奉各种宗教的信徒的相对数量并没有发生急剧的变化。③

世界人口信奉主要宗教传统的比例（%）

宗教	1900年	1970年	1980年	1985年（估计）	2000年（估计）
西方基督教	26.9	30.6	30.0	29.7	29.9

---

① ［美］塞缪尔·亨廷顿：《文明的冲突与世界秩序的重建》，周琪等译，北京，新华出版社1998年版，第49页。
② ［美］塞缪尔·亨廷顿：《文明的冲突与世界秩序的重建》，周琪等译，北京，新华出版社1998年版，第50~51页。
③ ［美］塞缪尔·亨廷顿：《文明的冲突与世界秩序的重建》，周琪等译，北京，新华出版社1998年版，第55页。

续表

宗教	1900年	1970年	1980年	1985年（估计）	2000年（估计）
东正教	7.5	3.1	2.8	2.7	2.4
穆斯林	12.4	15.3	16.5	17.1	19.2
非信徒	0.2	15.0	16.4	16.9	17.1
印度教	12.5	12.8	13.3	13.5	13.7
佛教	7.8	6.4	6.3	6.2	5.7
中国民间宗教	23.5	5.9	4.5	3.9	2.5
部落宗教	6.6	2.4	2.1	1.9	1.6
无神论者	0.0	4.6	4.5	4.4	4.2

由此可见，所谓"普世文明"，只是西方文明的一厢情愿。早在19世纪，西方殖民统治者就以"白人的责任"为幌子，为其对非西方社会的种种殖民统治的合理性作辩护；进入20世纪，西方文明为了对付非西方社会的意识形态，不得不改变原有的价值观念，改头换面为"普世文明"的概念。然而，在曾受到西方文明不同程度侵略和压制的其他文明那里，"普世文明"的提法根本得不到支持，相反，"非西方把西方视为普遍的东西视为西方的。西方人宣布为有益的全球一体化先兆的东西，如世界范围媒体的扩散，却被非西方人宣布为邪恶的西方帝国主义"[1]。

那么，为什么会出现"普世文明"的说法？亨廷顿认为它依据于4个假设。第一个假设，是"历史的终结"命题。20世纪90年代苏联的解体结束了长达近半个世纪的冷战时代，按照日裔美籍学者弗朗西斯·福山（Francis Fukuyama）的观点，这意味着"历史的终结"和自由民主制在全世界的普遍胜利。而在亨廷顿看来，这种观点的荒谬之处就在于断定历史只存在唯一的选择，它植根于冷战的观念，推定西方文明下的自由民主制是共产主义的唯一替代物。实际上，除了世俗的意识形态的选择，宗教也是很重要的选择，有时甚至是更主要的选择。因此，"历史的终结"的观点表现的是西方文明固有的"十足傲慢"，基于这个错误前提，"历史的

---

[1] [美]塞缪尔·亨廷顿：《文明的冲突与世界秩序的重建》，周琪等译，北京，新华出版社1998年版，第56页。

终结"命题一厢情愿地以为,苏联模式垮台就意味着西方文明永久赢得了世界,而非西方文明也会仓促地把西方自由主义当作唯一的选择来接受。第二个假设,是人类正在创造共同文化。在西方世界,不少人认为,世界各民族通过经济贸易、文化旅游、新兴媒体等领域的密切合作,正在创造一种人类共同的世界文化。但是,亨廷顿对此持否定态度。他承认,现代交通、媒体、通信技术的变革,增进了不同民族之间的相互依赖,更加便捷的相互来往扩大了不同文明之间的相互作用;但是,这并没有也不会自然而然地产生世界文化上的认同感,相反,随着全球化的深度和广度的日益强化,各种文明和文化的自我意识加强了,对自身文化的认同感日益加强了,同时对西方文明的不满和敌视也日趋严重。第三个假设,是起源于欧洲的近3个世纪以来的持续进行的、广泛的现代化进程推动了"普世文明"的出现。这一观点认为,现代化的起点是18世纪的欧洲,从那时起,以欧洲国家为代表的西方各国在工业化水平、城市化水平、识字率、整体受教育水平、居民总体富裕程度、社会动员能力等方面都有显著提高,这些国家中人们的生活方式、生活态度、生活水平都远远超出传统社会。因此,他们认为,所谓现代化、现代性就是西方文明的同义语,而西方文明也必将成为非西方文明走向现代化的"范式",成为一种普世文明。在亨廷顿看来,这不过是西方文明中心主义者的自娱自乐。第四个假设是非西方民族普遍将西方当下文明作为现代化发展道路的选择。亨廷顿对此同样表示反对,理由是在现实中非西方民族对现代化发展模式和发展道路的实际选择并非如此。

在亨廷顿看来,非西方文明对西方的扩张所引起的现代化发展道路的选择,可以大致划分为3种类型:一是完全拒绝现代化和西方化,二是完全接受现代化和西方化,三是接受现代化而拒绝西方化,这3种方式又可以分别称为拒绝主义、基马尔主义和改良主义。从第一个选择来看,20世纪交通、通信、网络技术的全球性浪潮,使世界各民族国家和地区相互依赖、相互影响愈来愈强烈,这极大地提高了与世隔绝、排斥外来文化的代价,因此,完全拒绝现代化几乎是不可能的。第二个选择意味着非西方文明接受了这样一种假设,即现代化不仅是可以实现的,而且是每个国家和民族必须实现的,西方文明就是现代化的唯一范式,接受西方文明是非西方文明走向现代化的必由之路,而一切与西方文明或者说现代化不相容的传统文化都应该被摒弃。一旦作如此选择,非西方社会必然放弃固有文明,而变成"无所适从"的国家。从第三个选择来看,作为一种折中或者妥协,非西方文明与西方文明进行适度融合，将现代化的成果嫁接到本土体制之中而不改变原有文明点特质，如近代中国的"中学为体，西学为用"，日本的"日本的精神，西方的技术"，这种选择在非西方社会中是最为流行的，也是最为现实的。概言之，从非西方文明的现代化发展道路与发展模式的选择来看，西方化几乎是不可能的，非西方社会选择现代化，但并不一定意味着西方化。按照亨廷顿的观点，"现代化加强了那些文化，并减弱了西方的相对权力。世界正在从根本上变得更加现代化和更少西方化"[①]。

第二节 文化认同的全球性

冷战结束以后，西方文明呈现出两幅完全不同的图景，一幅是西方文明处于压倒一切的、几乎是绝对优势地位；另一幅是西方文明在世界经济、政治和军事领域逐步衰落的图景。亨廷顿认为这两幅图景描绘的都是客观的事实。之所以如此，一方面是因为西方文明不仅在整个20世纪处于绝对优势，而且在21世纪仍然将在某些方面保持这种优势。另一方面是因为各种文明之间的发展态势也发生了一些根本性变化，西方文明将在很多领域丧失优势地位，非西方文明则将获得更多权力，其中"最重要的权力增长正在并将继续发生在亚洲文明之中，中国正逐渐成为最有可能在全球影响方面向西方挑战的国家"[②]。

首先是西方文明在全球的衰落。

亨廷顿认为，自冷战以来，西方文明自认为获得了胜利，其实不然。西方文明在冷战中获得的是一种衰落的过程，具体来说，体现在以下3个方面。

第一，这种衰落是一个非常缓慢的过程。自德国学者奥斯瓦尔德·施本格勒（Oswald Spengler）的《西方的没落》一书出版至今，"西方的衰落"已经日渐成为世界历史理论的主题和共识。但是，正如西方文明从兴起到在世界范围内形成控制力历时达400余年之久，西方文明影响力的衰减也应该是一个长期的过程，也许需要和其兴起同样长甚至于更长的时间。

---

① ［美］塞缪尔·亨廷顿：《文明的冲突与世界秩序的重建》，周琪等译，北京，新华出版社1998年版，第70~71页。

② ［美］塞缪尔·亨廷顿：《文明的冲突与世界秩序的重建》，周琪等译，北京，新华出版社1998年版，第77页。

第二，这种衰落并非一种直线形的过程。西方文明衰落的总体趋势不可阻挡，但是其过程必然是曲折的，包含着不同文明之间力量对抗的此消彼长，各种偶然因素的叠加必然导致西方文明点衰落不会是直线形的或规则的曲线。亨廷顿预言，这种衰落可能是倒"S"曲线形，衰落初期是中速下降，之后可能伴随影响力的恢复，再经过迅速加速下降，最后急剧降到谷底。

第三，与这种衰落相伴的是非西方文明点崛起与复兴进程。相对于大部分文明而言，西方文明对重要权力资源诸如领土和人口、经济产值、军事能力等领域的占有在20世纪达到顶峰，已经呈现出开始下降的趋势，各种权力正在日益分散到非西方文明的国家和地区之中。如果说随着冷战的结束，已经出现一种"终结"趋势的话，那么这不是福山所说的"历史的终结"，而是西方文明主宰天下的时代正在终结。如果说，以市场经济和强大的军事实力作为基础形成的文明的影响力是一种"硬权力"，那么，非物质文化和意识形态产生的文明点吸引力则是一种"软权力"，虽然"软权力"也源自于"硬权力"。随着非西方社会现代化的进程以及成功，非西方国家和民族已经不再把西方社会曾经拥有和推崇的经济繁荣、技术先进、军事领先作为唯一的追求，而是开始从自身所属文明形态蕴含的价值观念、文化传统中寻求现代化的秘诀，将现代化的成功归因于"自身文化的伸张"，从而提升民族的自信心与自豪感。随着西方文明权力的衰落，非西方文化的复兴已经是大势所趋。

其次是文化本土化和宗教复兴的全球性。

随着非西方社会现代化的成功，向自身的价值观念、社会体制、文化传统包括宗教传统寻求成功的秘诀，已成为整个非西方社会的主题。这就是20世纪中后期兴起的全球性的文化本土化和宗教复兴现象。

非西方社会在探索现代化的最初时期，由于对现代化的蒙昧无知，总是试图向正在或已经实现现代化的西方文明寻求成功的秘诀，如果发现自身文明在价值观念、社会体制、文化传统等方面缺乏西方文明成功的要素，它们就会想方设法向西方文明学习、弥补、移植、吸收；为了使自身像所谓现代化的西方国家那样富有与强大，它们就不得不效仿西方国家实行的现代化模式。不过，随着非西方社会现代化的逐步成功与强大，它们开始转向自身的价值观念、社会体制、文化传统甚至宗教传统，试图通过证明自己与西方文明的不同，来寻求自身的成功秘诀，我们看到的情况就是，"对西方的反叛最初是通过宣称西方价值的普遍性来证明其合理性的，现在则是通过宣称非西方价值的优越性来加以证明"①。

宗教复兴是文化本土化的最有力证明。被西方学者称为"上帝的报复"的全球性的宗教复兴，遍及大多数文明和国家。为什么会出现一个全球性的宗教复兴现象呢？亨廷顿认为原因有3个方面。第一，全球性宗教复兴最为明显、最为突出也是最强有力的原因，是现代化进程导致的新的文化认同的需要。随着非西方社会现代化进程的加快，大批劳动力从农村移居到城市，开始学习新的技术，从事新的工作，原有的文化认同消失了，对于自我的重新界定，宗教传统给予了一种合理的解释："在社会飞速变革的时期，已确立的认同消失了，必须重新界定自我，确立新的认同。对于那些面临需要决定我是谁，我属于哪里的人们，宗教给予了令人信服的答案，宗教群体提供了小的社会群体来替代那些由于城市化而失去的东西。"② 第二，在现代化进程中人们不同程度地遭受了前所未有的"心理、感情和社会创伤"，非西方社会的宗教复兴满足了医治人们精神创伤的需要。第三，冷战的结束也是刺激宗教复兴的因素。冷战期间，非西方社会普遍采用的是源自于西方文明的意识形态，冷战结束使原有的那些意识形态退出了文化上的统治地位，意识形态的真空使人们普遍把信仰和热情转向了"真正的上帝"。

遍及世界的尤其是非西方社会的宗教复兴是反世俗的、反普世的，也是反西方的。不过，这种宗教复兴并不反对现代化，也并不摒弃城市化、工业化，而是接受西方文明的科学技术、社会发展所带来的生活方式的改变。从这个意义上来说，非西方社会的宗教复兴，"并非拒绝现代性，而是拒绝西方，以及与西方相关的世俗的、相对主义的、颓废的文化。它是非西方社会对所谓的'西方毒化'的抵制。它是对西方文化独立的宣言，是一个骄傲的声明：'我们将是现代的，但我们不会是你们。'"③

最后是文明认同的全球性。

如上文所说，随着冷战的结束，以资本主义意识形态及其利益关系为纽带的国际政治同盟，开始让位于以文化和文明为纽带而确定的政治同

---

① [美]塞缪尔·亨廷顿：《文明的冲突与世界秩序的重建》，周琪等译，北京，新华出版社1998年版，第89~90页。

② [美]塞缪尔·亨廷顿：《文明的冲突与世界秩序的重建》，周琪等译，北京，新华出版社1998年版，第95~96页。

③ [美]塞缪尔·亨廷顿：《文明的冲突与世界秩序的重建》，周琪等译，北京，新华出版社1998年版，第100~101页。

盟，文明共同体取代了超级大国的政治共同体，拥有相似或相近文明形态的国家（民族）进一步聚合到一起，而文明形态不同的国家（民族）则最终分道扬镳。换句话说，文明或文化的相似或相同成为凝聚不同民族和国家的人们的力量，而文明或文化的差异则加剧了不同民族和国家的人们的冲突和分裂。

为什么相似或相近的文明或文化能够带动不同国家（民族）之间的相互合作，增强各国家（民族）之间的凝聚力，而文明或文化的差异或截然不同，却会加剧不同国家（民族）之间的分裂和冲突呢？亨廷顿经过分析，发现如下原因。

第一，每个人都存在多种认同的元素，如亲缘的、职业的、文化的、体制的、地域的、教育的、党派的、意识形态的等方面的认同，这些认同彼此可能会相互冲突，也可能会彼此强化，在当今世界，文明或文化认同正在取代意识形态的认同，人们越来越在文化的界限上来界定自己，文明冲突越来越成为人们之间冲突的最重要体现。

第二，从个体层面上说，随着非西方社会现代化进程的逐步加快，世界性普遍交往使每个个体自我身份的确定和文化认同的重要性日益凸显；从社会层面上说，非西方社会现代化的成功和经济、军事方面"硬权力"的提高，进一步引发了对本土文化的认同和信心。

第三，文明的冲突自始就存在，所谓物以类聚、人以群分，不同文明共同体中的人接受某一种文化时就已经先入为主地代入与其他文明共同体的差别，将共同体内部的"我们"同共同体之外的"他们"相区别，在价值观念、行为原则、信誉度等方面，对待"我们"之中的人与对待"他们"是远远不同的，"我们"越是与"我们"之外的"他们"交往，对"我们"存在于其中的文明共同体的各种认同就显得越发重要。

第四，导致不同文明主要是西方文明与非西方文明之间，同时也包括西方文明内部、非西方文明内部的冲突，其根源在很大程度上是对领土、财富、资源、权力的控制，不同文明和文化之间是不可能采用妥协、协商的方式加以解决的。

第五，憎恨是人之常情，为了确定自我的边界，寻找共同存在与前进的动力，人们需要"他者"（the other）。"他者"也许是商业上的竞争者，也许是政治上的对手，也许是已经取得成功的人。对有可能威胁、伤害自己的"他者"，人们自然怀有不信任甚至敌意，这导致了人类冲突的普遍性。对"他们"而言，冷战的结束并未结束冲突，只不过新的文明之间的冲突模式取代了超级大国的冲突模式。对"我们"而言，冷战的结束只不过是文明的或文化的认同取代了意识形态的认同。

第三节　文明范式与文明冲突

亨廷顿认为，冷战结束以后，看待世界的其他范式大致可以分为4种：第一，一个世界范式，以福山的"历史的终结"为典型，认为冷战的结束也是所有冲突的结束，世界呈现出一个欢快而和谐的模式，这只是一种幻想而已。第二，两个世界范式，这只不过是冷战模式的变种，把世界划分为穷国和富国、南方和北方、东方和西方、发达国家和不发达国家等，这些都过于简单。第三，国家主义范式，无疑，国家一直是在世界各种事务中起主导作用的实体，但是这种范式无法区分冷战时代与后冷战时代的不同。第四，混乱范式，这种范式确实看到了冷战结束以后世界各国的无政府状态，国家分裂、种族清洗、核武器扩散、恐怖主义盛行等问题层出不穷，但是世界并非完全没有秩序的。

相对于其他范式来说，文明范式的优势在于，它提供了一个对于世界更加易于把握和易于理解的框架，它是一种从文明的角度看待与理解世界的方法。第一，文化或文明正在成为世界整合力量中最为真实、最为强大的一支。第二，从某种意义上看，世界的区分存在于迄今为止占统治地位的西方文明和非西方文明之间，其中西方文明是统一的，非西方文明则是多样的。第三，虽然国家（民族）当前仍然是世界事务之中最为重要的影响因素，但是超出国家（民族）地域限制的文明或文化因素的影响力已经日渐上升，必须予以高度重视。第四，给整个世界带来最大危险的不是无政府主义，也不是同一文明系统内部落、民族、国家之间的分歧甚至冲突，而是不同文明系统之间无法调和的矛盾，这种矛盾在一开始也许只是表现为偶然事件，但是冰山一角之下隐藏的是巨大的威胁。

亨廷顿运用文明范式的方法论分析冷战结束后的世界形势，得出的结论是：不同文明之间的冲突是不可避免的。

在宏观层面的意义上，西方文明与非西方文明之间的冲突，是当前和今后很长时间世界上最重要的或者说最危险的冲突。西方文明是指以美国和欧洲为代表的文明——"西方的傲慢"，非西方文明主要是指以穆斯林阿拉伯文明——"伊斯兰的不宽容"、亚洲社会儒家文明——亨廷顿"中国的武断"为代表的文明。从微观层面上看，文明冲突是在伊斯兰文明与俄罗斯东正教、西方基督教邻国之间。不过，亨廷顿所说的"文明的冲突"，更根本的和更多的是指宏观层面上西方文明与非西方文明之间存在的冲突。

为什么西方文明与非西方文明之间的关系难以协调，以至于不可避免地走向冲突的地步呢？亨廷顿认为，迄今为止所有的文明之中，惟独西方文明对非西方文明产生过非常大的甚至是决定性的影响，这使得西方文明与非西方文明之间的力量成为文明世界最为重要的维度。非西方文明的力量相对增强，意味着非西方社会对自身的价值观念、社会体制、文化传统的自信心和责任感也随之增强，而西方文明的感召力、影响力逐渐衰落之时，原有的西方文明压倒一切的格局就发生了变化，甚至有可能发生根本性的改变，西方文明与非西方文明之间的冲突就成为不可避免的问题。在西方文明与非西方文明的冲突中，文化和价值观念的根本差异是导致冲突最为根本的因素。以美国为代表的西方文明自负是一种"普世文明"，认为非西方社会应该遵循西方文明的现代化模式，认同西方社会的价值观念、社会体制，非西方文明应该把西方文明的价值观念、民主体制、自由市场等植入现代化发展模式之中。但这种做法遭到了非西方社会的普遍抵制，"大部分非西方国家的人民对于它们的占主导地位的态度或是普遍怀疑，或是强烈反对。西方人眼中的普世主义，对非西方来说就是帝国主义"[①]。

因此，矛盾的一方是西方文明试图采取各种各样的方式仍然控制整个世界，尤其是在冷战结束以后，西方文明正在并将试图以"世界共同体"取代原来的更具意识形态性的"自由世界"术语，以保持西方文明在世界的主导地位，更加有利于维护西方社会的利益。矛盾的另一方是非西方文明取得政治独立以后，希望进一步摆脱西方文明对其经济、军事和文化的控制，非西方国家会毫不犹豫地指出西方原则的双重标准，指责西方的"普世主义"是伪善的和"例外"原则的体现。比如，防止核武器扩散的说教，只是针对伊朗和伊拉克而非针对以色列的；人权对一些国家而言是问题，对另一些则不然。归根到底，西方文明与非西方文明的关系难以协调，"文明的冲突"是不可避免的，"文明的冲突"成为对世界和平最大的威胁。

---

① [美]塞缪尔·亨廷顿：《文明的冲突与世界秩序的重建》，周琪等译，北京，新华出版社1998年版，第200页。

虽然从一般意义上说，西方文明与非西方文明之间是一种紧张的难以协调的关系，若对非西方文明进一步划分，则可以看出不同的非西方国家与西方国家对抗的性质和程度存在着相当大的差别。根据对抗的性质和程度，亨廷顿将其划分为3类，最根本的冲突发生于西方文明与伊斯兰文明、儒家文明之间；其次是较弱的文明如非洲、拉丁美洲与西方文明的冲突；最后是介于二者之间的，与西方文明和非西方文明既有合作也有冲突的国家，如俄罗斯、日本、印度等。

亨廷顿采用了英国历史学家阿诺德·汤因比（Arnold Joseph Toynbee）的术语，用"挑战者"文明来表明中华文明与伊斯兰文明和西方文明的关系。在他看来，拉丁美洲文明和非洲文明由于其经济和军事力量相对弱小，并且与西方文明的关系密切，使其一时很难成为西方文明的对抗者。中华文明和伊斯兰文明则不同，由于前者的经济、政治、军事实力的快速发展而导致的"文化伸张"和后者的伊斯兰教复兴运动，是对西方文明的最大威胁。

在20世纪后期，以中国、日本、四小龙为代表的亚洲经济的腾飞改变了世界经济格局，增强了亚洲各国对自身文化的自信心和优越感，亨廷顿将亚洲各国对自身文化的自信心和优越感称为"亚洲的自我肯定"。它包括4个方面：第一，相信东亚地区会保持经济的快速增长，这种经济增长推动了东亚文明对自身的价值观念、社会体制、文化传统的充分肯定，也刺激了对西方文明的价值观念、市场经济、民主体制的反思。第二，相信这种经济增长的根源在于东亚文明的价值观念，"把亚洲成功的原因归于从根本上来讲是儒家文化的亚洲文化的优点——秩序、纪律、家庭责任感、勤奋工作、集体主义、节俭等，而把西方衰落的原因归于自我纵容、激情、个人主义、犯罪、教育差别、不尊重权威，以及'思想僵化'等"[①]。第三，东亚各国意识到亚洲社会和不同文明之间的差异，但东亚文明强化了一种共性的价值观念，如节俭、家庭、工作、纪律、集体等；在走向现代化的道路时，普遍选择"亚洲化"的现代化道路。第四，不再把西方文明的发展模式和价值观念作为东亚文明唯一效仿的，而是充分肯定东亚文明的发展模式和价值观念的普遍性，甚至提出了东亚文明也具有西

---

① ［美］塞缪尔·亨廷顿：《文明的冲突与世界秩序的重建》，周琪等译，北京，新华出版社1998年版，第108~109页。

方文明的"普世主义"特征。①

与东亚文明伸张自我文化不同,大批穆斯林却同时转向了伊斯兰教。伊斯兰教复兴运动是遍及伊斯兰世界广泛的知识、文化、社会和政治运动,也可以说是伊斯兰文明自我调整的运动。对穆斯林来说,伊斯兰教不仅是一种宗教,它更是一种意识形态和生活方式。与全球其他宗教复兴一样,"伊斯兰教的复兴既是现代化的产物,也是把握现代化的努力。其潜在原因是那些造成非西方社会的本土化趋势的一般因素:城市化,社会动员,识字率和教育水平的提高,通讯和媒体应用的加强,与西方和其他文化的相互作用的扩大"②。

亨廷顿认为,在文明冲突已成定局的当今世界中,西方文明的"普世主义"不可避免地会遭遇3个方面的挑战:第一,它是错误的。因为"普世主义"基于一种文化统一性的假设,从文明形态的历史发展和现状来看,文化多样性才是真实的。第二,它是不道德的。当今时代,西方文明的扩张已经结束,许多西方人都已认识到,帝国主义是"普世主义"的必然逻辑,西方文明的价值观念并非适合于非西方文明,强制地推行西方文明的价值观念是不道德的行为。第三,它是极其危险的。西方的"普世主义"主张,不仅会导致西方文明与非西方文明之间的冲突,而且这种冲突极有可能会导致大规模的战争,从而给西方文明带来灭顶之灾。

为避免这种情况发生,亨廷顿进一步分析指出,西方文明与其他文明最大的不同之处,在于其拥有独特的价值观和社会体制,包括"最为显著的基督教、多元主义、个人主义和法制,它们使得西方能够创造现代性,在全球范围内扩张,并成为其他社会羡慕的目标。这些特性作为一个整体是西方所独有的"③。正是这些特性造就了无与伦比的西方文明。所以,西方文明最核心的价值不在于所谓的"普世主义",而在于它的这些独特性,维护、复兴这种独特性才是西方文明最大的责任。

---

① 马来西亚原总理马哈蒂尔在1996年曾宣称,"亚洲价值是普遍的价值,欧洲价值是欧洲价值","强大的社会是普世的,弱小的社会是狭隘的。东亚日益增长的自信导致了亚洲普世主义的出现,而普世主义一直是西方的特征……与亚洲普世主义伴随而来的是亚洲人的'西方学',它几乎是用西方的东方学曾用来描绘东方时候所持的同样的否定态度来描绘西方的"。参见[美]塞缪尔·亨廷顿:《文明的冲突与世界秩序的重建》,周琪等译,北京,新华出版社1998年版,第110页。
② [美]塞缪尔·亨廷顿:《文明的冲突与世界秩序的重建》,周琪等译,北京,新华出版社1998年版,第118页。
③ [美]塞缪尔·亨廷顿:《文明的冲突与世界秩序的重建》,周琪等译,北京,新华出版社1998年版,第360页。

各种文明的并存是世界文明的格局。从文明的生存和发展来看，需要寻求各种文明的共同性，亨廷顿将其称为"浅显的最低标准道德"。他认为文化是相对的，道德是绝对的；文化是深厚的，道德是浅显的。这种共同性产生于人类共同的状况，"在多文明的世界里，建设性的道路是弃绝普世主义，接受多样性和寻求共同性"[①]。在反对西方国家在世界推行"普世主义"的同时，亨廷顿也反对在美国国内推行多元文化主义。他认为二者的共同点是否认西方文明的独特性，如果说前者对世界构成了威胁，那么后者则对美国和西方构成了威胁，"全球单一文化论者想把世界变成像美国一样，美国国内的多元文化论者则想把美国变成像世界一样。一个多元文化的美国是不可能的，因为非西方的美国便不成其为美国，多元文化的世界则是不可避免的，因为建立全球帝国是不可能的。维护美国和西方就需要重建西方认同，维护世界安全则需要接受全球的多元文化性"[②]。

第四节 冷战情结与文明冲突论

亨廷顿的"文明冲突论"自从发表后，犹如巨石击水，在整个世界引起了巨大反响。赞同者有之，反对者有之，忧虑者有之。

亨廷顿承认西方文明曾影响过世界，但是现在这种西方文明正处于衰落状态，因此亨廷顿不同意福山的"历史终结论"说法。后者认为，冷战的结束意味着之后的历史只不过是西方文明的自由民主理念的普及而已。亨廷顿从经济、政治、军事权力与文明权力之间的关系出发，借用约瑟夫·奈（Joseph S. Nye Jr.）的"硬权力"与"软权力"的论证，说明文明这种"软权力"只有建立在经济、政治、军事这种"硬权力"的基础上才能成为权力。一种"普世文明"需要"普世权力"的支撑，当今世界之所以不存在一种"普世文明"，是因为没有一种"普世权力"的支柱。冷战结束后，并未如很多预言家想象的那样，出现西方文明一家独大、独霸天下的局面，而是形成了西方文明与其他非西方文明长期并存、互相竞争的格局。伴随西方文明衰落的，是非西方文明的崛起与强大，非西方社会

---

① [美]塞缪尔·亨廷顿:《文明的冲突与世界秩序的重建》，周琪等译，北京，新华出版社1998年版，第369页。
② [美]塞缪尔·亨廷顿:《文明的冲突与世界秩序的重建》，周琪等译，北京，新华出版社1998年版，第368页。

现代化的进程极其成功，非西方文明中本土文化的伸张成为世界文明格局中的一大亮点，"现代化不等于西方化"成为亨廷顿论说全书的主旨。

曾经作为美国战略学家、政治安全顾问，亨廷顿无法也无意隐藏其作为西方文明代言人的身份。但是，面对西方文明日薄西山的困境和非西方文明蒸蒸日上的趋势，亨廷顿的"文明冲突论"更多的是源于敏感、出于忧患。说其敏感，是因为亨廷顿敏锐地把握到了世界文明尤其是西方文明与非西方文明之间的关系，看到了西方文明是世界现代化浪潮的渊薮，可是非西方社会更多地选择了非西方化的现代化发展道路，为了证实现代化的成功，往往把自身本土文化作为现代化发展进程中的精神支柱和动力机制，把"要现代化，不要西方化"作为其现代化的战略选择，发展道路的差异带来了实践体制和价值观念的差异，使西方文明与非西方文明的冲突成为不可避免的。说其忧患，是因为亨廷顿毕竟是西方文明的代言人，对西方文明的日益衰竭和非西方文明的日趋强盛忧心忡忡，不得不在战略上进行退守，在承认西方文明不是"普世价值"的同时，又不甘心地提出西方文明具有其他文明不具备的促进现代化发展的独特性，并且呼吁，"西方领导人的主要责任不是试图按照西方的形象重塑其他文明，这是西方正在衰落的力量所不能及的，而是保存、维护和复兴西方文明独一无二的特性。由于美国是最强大的西方国家，这个责任就不可推卸地落在了美利坚合众国的肩上"[①]。

亨廷顿强调了文明因素在冷战结束后国际政治事务中的决定性作用，认为"后冷战时代世界政治的一个主轴是西方的力量和文化与非西方的力量和文化的相互作用"[②]。用文明范式替代国家范式是一种视角的转变，自有其积极意义。但是，这一范式也有两个先天不足：第一，文明范式实质上仍未逃脱冷战情结，只不过是把过去的两个超级大国之间的冲突，替换成所谓西方文明和非西方文明之间的冲突，依然是把世界简单地划分为"我们"与"他们"。尽管亨廷顿的视野中世界文明可以划分为8种文明，但其最为关心的仍是中国文明、伊斯兰文明与西方文明的关系，所谓"文明的冲突"，主要是指"在西方和非西方之间，在以穆斯林和亚洲社会为一方，以西方为另一方之间，存在着最为严重的冲突"。第二，文明因素

---

① ［美］塞缪尔·亨廷顿：《文明的冲突与世界秩序的重建》，周琪等译，北京，新华出版社1998年版，第360页。

② ［美］塞缪尔·亨廷顿：《文明的冲突与世界秩序的重建》，周琪等译，北京，新华出版社1998年版，第8页。

能否替代民族国家作为国际事务中的主体,是值得怀疑的。冷战结束后,国际事务中不同民族国家和地区的利益对抗如何展现,是一个必须探讨的问题。亨廷顿看到的是多极世界和多元文明的格局,把文明因素作为处理国际事务中的首要因素或者说是世界事务的主轴,确实看到了价值观、宗教信仰对民族国家认同的重要作用,但若是由此出发,认为文明因素是首要因素,其结论是偏颇的。因为冷战结束后的世界仍旧是一个多极经济利益和权力关系动态平衡的世界,民族国家以及随之带来的社会体制、经济利益、意识形态仍旧是处理国际事务中不可忽视的因素,"总体上看,在今后相当长的一段时间里,国际政治仍然会以国家之间关系及其同国际组织的关系为中轴,种族的、民族的、文明的差异只会使主权国家产生更多的裂变而不是使其消亡。从这个意义上讲,文明间的冲突不会超过、盖住或压倒由社会制度、意识形态变成实际的经济、政治利益决定的国家间和地区间冲突"[①]。

[①] 王逸舟:《国际政治的又一种透视——亨廷顿〈文明的冲突〉一文述评》,《美国研究》1994年第1期。

第九章　习近平总书记关于人类命运共同体理念的重要论述

人类共同体从现实形态走向未来形态，是世界历史发展的必然趋势。然而正如人类社会其他事物的发展规律一样，人类共同体未来形态——马克思称为"自由人的联合体""真正的共同体"——的实现过程必将是一个波浪式前进和螺旋式上升的过程，需要每一代人在不同的社会环境中不懈努力和探索。从人类进入世界历史时代之后，这样的探索就不仅是某个民族、国家的内部事务，而是需要全人类共同思考和面对的共同课题。滥觞于15世纪末至16世纪初的世界历史时代，迄今为止在人类历史发展进程中仅仅占据了500余年，从时间跨度上来说微不足道。但这5个世纪，是人类历史上变化最大、程度最深、幅度最广的时代之一。尤其是发展到21世纪的今天，世界局势正在发生重大深刻的变化：

> 人类正处在大发展大变革大调整时期。世界多极化、经济全球化深入发展，社会信息化、文化多样化持续推进，新一轮科技革命和产业革命正在孕育成长，各国相互联系、相互依存，全球命运与共、休戚相关，和平力量的上升远远超过战争因素的增长，和平、发展、合作、共赢的时代潮流更加强劲。[①]

面对这一时代主题，习近平总书记提出了构建人类命运共同体的中国方案。

人类命运共同体，顾名思义，就是每个民族、每个国家的前途命

[①] 《习近平谈治国理政》第2卷，北京，外文出版社2017年版，第538页。

运都紧紧联系在一起,应该风雨同舟,荣辱与共,努力把我们生于斯、长于斯的这个星球建成一个和睦的大家庭,把世界各国人民对美好生活的向往变成现实。①

在这种历史背景下,习近平总书记提出人类命运共同体理念,体现了新时代马克思主义的全球视野与世界胸怀,也是对马克思人类共同体理论的坚持、传承、创新与发展。

第一节 人类命运共同体理念的提出背景

人类命运真正被联系在一起是从进入世界历史时代开始的。与以往的人类历史时代不同,世界历史时代是一种以世界各民族、国家、地区相互依赖、相互联系、相互制约、相互作用为纽带的整体格局时代,或者说它带给人类的是一个崭新"世界"。迄今为止,世界历史时代人类文明格局大致经历了3个不同阶段,或者说存在着3种不同的形态:西方资本主义文明主导的单极格局阶段,社会主义文明与资本主义文明两极对立格局阶段,多元文明并存的多极格局阶段。

西方资本主义文明主导的单极格局阶段,大约从16世纪开始,20世纪初期结束。这一阶段,西方国家向全世界推销资本主义社会体制、经济机制、政治体制、消费方式、生活方式、价值观念,因此,也是西方资本主义"殖民扩张和世界市场形成的阶段"②。这一时期,"西方国家靠巧取豪夺、强权占领、殖民扩张……世界各地区各民族都被卷入资本主义世界体系之中"③。这个阶段的特征表现为3个方面。

第一,以"大英帝国"为代表的殖民帝国占据着中心地位,制定了一系列代表西方资本主义国家利益的"游戏规则"。自16世纪以来,欧洲以"文艺复兴运动""宗教改革运动""罗马法复兴运动"三大思想运动为基础,率先摆脱中世纪封建制的社会桎梏,以英国为代表的西北欧诸国家,在牛顿力学的科学革命、瓦特蒸汽机的技术革命、大工业和世界市场为代表的工业革命、三角贸易为框架的商业革命、启蒙运动的思想革命等

---

① 《习近平谈治国理政》第3卷,北京,外文出版社2020年版,第433页。
② 《习近平谈治国理政》第2卷,北京,外文出版社2017年版,第211页。
③ 《习近平谈治国理政》第2卷,北京,外文出版社2017年版,第211页。

一系列革命的推动下,集聚了巨大的物质力量和精神力量。它们依靠这些物质和精神上的优势,开始了一轮又一轮的殖民扩张和瓜分世界的战争。在这种扩张和战争历程中,它们不仅完成了对世界的瓜分,创立了空前的"大英帝国""法兰西帝国""荷兰帝国""葡萄牙帝国""西班牙帝国"等众多殖民帝国,而且在经济、贸易、政治、文化等领域中制定了符合资本逻辑和市场经济的"游戏规则",这个时期的文明格局是以欧洲殖民帝国为中心,以资本主义完成对全世界的统治为实质内容,成为典型的"西方中心论"的代表形态。

第二,西方资本主义国家以坚船利炮的军事征服为"前锋"、以贸易与资本的商业扩张为"实质",以基督教为代表的西方文化渗透为"载体",迫使非西方国家和民族、地区以血与火的代价融入了资本主义全球化,成为资本主义占据主导地位的世界整体成员。这些非西方国家、民族和地区只能走一条"依附发展"的道路,被迫为殖民帝国提供廉价劳动力、商品生产原料和商品销售市场,不得已退居到半边缘和边缘的位置,尽管它们在现代化发展道路和发展模式上进行了有益的探索,对世界历史发展作出了积极的贡献,但是在以西方资本主义国家为主导的人类共同体形态中,它们被剥夺了制定游戏规则的参与权、解释世界历史的话语权,从而西方国家的发展模式成为单极文明格局的主导模式。

第三,殖民主义理论和现代化理论是使西方资本主义文明主导的单极格局"合法化"和"合理化"的意识形态。殖民主义可以分为种族殖民主义和文化殖民主义。种族殖民主义是早期军事征服和殖民扩张的理论形态,文化殖民主义则是西方文化向非西方国家、民族和地区进行文化渗透并试图取而代之的理论形态,"各种各样的殖民主义不应只被视为伪装的资本主义扩张方式,它们其实常常是这种扩张的支柱"[①]。为达到文化殖民主义的目的,殖民者在将殖民地文化"野蛮化"的同时,采取各种各样的传播方式和途径"固化"这种认知和理解,文明与野蛮被当成西方资本主义国家文化与殖民地国家文化的两个标签,西方文化等同于"文明的",而非西方文化则等同于"野蛮的"。西方资本主义国家"取得了文化上的支配地位,于是西方文化成了全球的典范。西方文化等同于文明,而非西方文化天生就下贱。这种西方的霸权在 19 世纪时不仅欧洲人而且非欧洲

[①] [英]安东尼·吉登斯:《民族-国家与暴力》,胡宗泽等译,北京,生活·读书·新知三联书店 1998 年版,第 338 页。

人都认为是理所当然。在人们看来,西方的优势地位几乎是天经地义,是由上帝安排的"①。

社会主义文明与资本主义文明两极对立格局阶段,以苏联社会主义的创建为开端,以苏联解体、东欧剧变为终结,大致时间阶段为20世纪20年代至90年代。社会主义与资本主义两个平行世界市场的空间并存是两极对立的世界文明格局的根本特征,具体表现在3个方面。

第一,与社会主义国家阵营和资本主义国家阵营相适应,也存在两种空间并存的资本主义世界市场与社会主义世界市场。世界市场是世界历史时代以来资本主义经济全球化实现的媒介和途径。随着第一次世界大战和第二次世界大战的结束,殖民地半殖民地国家纷纷独立,一大批社会主义国家诞生,与欧美资本主义国家形成了鲜明的对比。习近平总书记在谈到经济全球化的发展阶段时,指明"两个平行世界市场"是其发展的第二个阶段:"第二次世界大战结束后,一批社会主义国家诞生,殖民地半殖民地国家纷纷独立,世界形成社会主义和资本主义两大阵营,在经济上则形成了两个平行的市场。"②

为了遏制社会主义国家和阵营的发展,资本主义国家及其阵营对社会主义国家普遍实行经济、政治和文化"封锁"政策。社会主义国家为了发展自身,增强自身的经济实力和综合国力,也需要世界货币体系为其经济发展提供市场网络,因为"社会主义工业国也是世界货币体系的组成部分,它们的经济也是以生产与消费分裂为基础,也需要一个市场(虽然不一定以盈利为目的)把产消双方结合起来,也需要国外的原料来喂饱它的工业机器,因此也需要一个统一的世界经济体系,以获取它所需要的资源和原料,并把自己的产品销售到国外去"③。当美国在20世纪40年代建立了国际货币基金组织、关税及贸易总协定(即世界贸易组织的前身)和世界银行,并依靠它们建构起资本主义世界统一体时,苏联社会主义国家根

---

① [美]斯塔夫里阿诺斯:《全球通史——1500年以后的世界》(下册),吴象婴、梁赤民译,上海,上海社会科学院出版社1992年版,第239~240页。
② 《习近平谈治国理政》第2卷,北京,外文出版社2017年版,第211页。
③ [美]阿尔温·托夫勒:《第三次浪潮》,朱志焱等译,北京,生活·读书·新知三联书店1984年版,第155~156页。

据列宁关于建立单一的一体化的社会主义世界经济体系的思想[①]和斯大林关于两种世界市场的思想[②]，也建立了"经济互助委员会"（COMECON），强迫早期的社会主义国家参加，作为经济互助委员会的成员国，必须与苏联进行贸易往来，而且还要把它们的经济发展计划送交莫斯科审批。因此，在第二次世界大战结束以后，"在同一个时间里，美国承担了资本主义工业化国家的领导，建立了为自己服务的世界统一经济体系，苏联也在它所统治的世界中，建立了一个与美国对等的体系"[③]。

第二，两极对立的世界文明格局具有双重效应。一方面，以苏联社会主义国家阵营及其世界市场为基础，是对第一阶段西方资本主义文明主导的世界文明格局的对立和抵抗，是社会主义国家阵营选择符合自身文化传统、国情民情、经济基础的发展道路的探索与尝试，这种探索和尝试不仅削弱了西方资本主义国家的地位，在一定程度上消解了"西方中心论"的影响，而且在一定时期内有助于那些一度沦为殖民地的国家和民族增强自身的实力和国际话语权，从而为构建更加公平、更为平等的人类世界格局，为营造更加合理的经济、政治和文化发展环境提供了前提基础。另一方面，社会主义国家阵营被迫不得已创建的世界市场，有其自身无法克服

[①] 列宁在1920年谈到共产国际的任务时，认为共产国际的主要任务是以联邦制的方式把当前的社会主义国家组织起来，以便建立单一的社会主义世界经济体系。他说："进一步地发展、研究以及通过实际来检验在苏维埃制度和苏维埃运动基础上所产生的这些新的联邦国家。既然承认联邦制是走向完全统一的过渡形式，那就必须力求建立愈来愈密切的联邦制同盟，第一，因为没有各苏维埃共和国最密切的联盟，便不能捍卫被军事方面无比强大的世界帝国主义列强所包围的各苏维埃共和国的生存；第二，因为各苏维埃共和国之间必须有一个密切的经济联盟，否则便不能恢复被帝国主义所破坏了的生产力，便不能保证劳动者的福利；第三，因为估计到建立统一的、由各国无产阶级按总计划调整的完整的世界经济的趋势，这种趋势在资本主义制度下已经十分明显地表现出来，在社会主义制度下必然会继续发展而臻于完善。"参见《列宁选集》第4卷，北京，人民出版社2012年版，第218页。

[②] 斯大林在1952年谈到第二次世界大战对于世界的经济影响时，认为资本主义统一的无所不包的世界市场的瓦解和平行的两个互相对立的世界市场的形成是最重要的结局，"第二次世界大战及其经济影响在经济方面的最重要的结果，应当认为是统一的无所不包的世界市场的瓦解"。随着德国、日本等资本主义国家的竞争者被整个世界击溃，"同时，中国和欧洲各人民民主国家却脱离了资本主义体系，和苏联一起形成了统一和强大的社会主义阵营，而与资本主义阵营相对立。两个对立阵营的存在所造成的经济结果，就是统一的无所不包的世界市场瓦解了，因而现在就有了两个平行的也是互相对立的世界市场"。"应该指出，美国、英国及法国自己促成了这个新的平行的世界市场的形成和巩固，当然这不是出于它们的本意。它们对于没有加入'马歇尔计划'体系的苏联、中国和欧洲各人民民主国家实行经济封锁，想以此窒杀它们。事实上并没有窒杀得了，反而巩固了这个新的市场。""当然，在这方面主要的问题不在于经济封锁，而是在于战后时期中这些国家在经济上结合起来了，并且建立了经济上的合作和互助……这种合作的基础，是互相帮助和求得共同经济高涨的真诚愿望。"参见《斯大林选集》下卷，北京，人民出版社1979年版，第561~562页。

[③] ［美］阿尔温·托夫勒：《第三次浪潮》，朱志焱等译，北京，生活·读书·新知三联书店1984年版，第158页。

的缺陷：其一是西方资本主义国家在很多领域和方面，如经济机制、政治体制、科学技术、生产管理等有其长期积淀的先进的经验和理论，长期与资本主义国家阵营的（不得已的）对立，会造成社会主义国家阵营在经济、政治、文化领域发展的普遍封闭和僵化，导致其无法从经济全球化的相互交流和合作中获益；其二是在脱离世界经济与制度僵化的同时，社会主义国家和民族所寻求的发展模式本身具有单一性和封闭性的特征，虽然普遍实现了政治上的独立，但因为不能与西方资本主义国家的经济发展、科学技术、民主管理、思想文化诸层面进行交流，造成了经济、社会、文化诸层面的全方位落后，最终结果是封闭者更封闭、弱者更弱。

第三，社会主义国家阵营从经济机制、政治体制、意识形态、价值观念等层面向"西方中心论"和"苏式中心论"提出了挑战。一方面，坚决反击西方现代化理论。20 世纪 60 年代兴起的现代化理论是以美国为代表的西方国家对世界现代化进程的理论概括和总结，它把欧美国家现代化的发展道路上升到一种一般的"发展模式"，并且主张这种"成功的"西方发展模式普遍适用于全世界各个国家和地区，世界现代化进程就是非西方国家向西方国家现代化学习的过程。简言之，现代化就是西方化。现代化理论的创立正值社会主义国家阵营与资本主义国家阵营剑拔弩张的冷战时期，带有典型的冷战色彩，现代化的理论家们已经将其作为对抗社会主义共同体的一种意识形态。美国著名现代化理论的代表，曾担任过欧洲共同体执行秘书助理、美国总统国家安全事务助理的 W. W. 罗斯托（Walt Whitman Rostow），其著作《经济增长的阶段》的副标题即为"非共产党宣言"。另一方面，开始探索适合本国的现代化道路。在第一次世界大战结束以后，各个新成立的社会主义国家主要是仿照苏联模式来建立社会经济、政治和文化体制，它们在试图摆脱"西方中心论"影响的同时，又陷入了"苏式中心论"的笼罩之中，许多发展中国家在独立前陷入了"'一边倒'和封闭半封闭阶段"，独立后又不得不走一条"向苏联'一边倒'和相对封闭的环境中艰辛探索社会主义建设之路"[①]。在第二次世界大战结束以后，发展中国家在政治上取得独立的同时，纷纷开始探索具有民族特色、符合历史文化传统、不同于西方和苏联的现代化发展道路，向"西方中心论"同时也向"苏式中心论"发出了经济、政治、社会、文化等层面的挑战。尤其是 20 世纪 70 年代末以来，中国开辟的具有中国特色的社

[①] 《习近平谈治国理政》第 2 卷，北京，外文出版社 2017 年版，第 211 页。

会主义现代化发展道路，是对超越两级对立格局的重要探索，成为这一阶段世界文明格局的一大亮点。

苏联解体、东欧剧变发生后，以美苏两个超级大国争霸世界为特征的两极格局也走向终结，人类共同体于20世纪末开始进入多元文明并存的多极格局阶段。随着新旧格局的转换，世界历史的发展呈现出新的特点。

第一，世界政治经济格局发生前所未有的重大转变。和平与发展仍然是全世界人民的共同愿望和当今时代的共同主题，然而世界各国、各民族之间的竞争更为激烈，特别是世界主要经济体之间的竞争博弈更加明显。短短30多年间，以互联网、信息技术革新为主要内容的第三次科技革命余温未退，以人工智能、虚拟现实、量子通信、物联网、新能源等为代表的新一轮科技革命接踵而至，对人类社会发展动能、发展理念、发展模式产生重大影响。中国、俄罗斯、印度、巴西、南非等新兴经济体快速崛起，改变了过去欧美发达资本主义强国"一家独大"的国际力量对比，世界经济重心出现东升西降，与之相伴随的是世界政治力量对比此消彼长，新兴发展中国家要求并推动国际事务处理规则重塑，欧美把控国际秩序的"西主东从"格局向各国要求平等话语权的"东西平视"格局转变。一言以蔽之，当今世界正在经历深度的动能转换和结构重组，面临百年未有之大变局，人类又一次站在历史选择的十字路口。

第二，经济全球化的趋势愈加明显。经历过几百年的世界历史进程，尽管不同国家、地区和民族对全球化存在着不同的甚至是截然相反的理解，但至少有一点应该说达成了共识：全球化是一种大势所趋，任何国家、民族只能融入其中，而不可能脱离之外，奉行单边主义、保护主义、冷战思维、民粹主义等逆全球化思潮只能导致封闭自守，甚至会走向萎缩、停滞的发展道路。早在20世纪80年代后期，欧洲委员会有关项目负责人里卡多·佩特雷拉（Cardo Petrola）等人就倡议建立了由众多国家学者组成的里斯本小组，集中进行全球化研究，他们在1995年出版了《竞争的极限——经济全球化与人类的未来》一书，第一章即以"'全球化世界'的出现"对全球化进行了界定。里斯本小组的学者认为，尽管没有一种长期有效的、固定的全球化模式，也很难找到一个普遍认同的定义；但还是可以用全球化的概念来指称正在地球这个星球上发生的各国、各地区之间彼此影响的现象，其中有两个判断指标，一个是相互作用的作用范围是否扩大，另一个则是相互作用的强度是否深化。全球化的概念，本身就意味着组成世界共同体的各个国家、社会彼此之间的交往和交换关系，横向联系和彼此之间相互依赖性进一步增强。[①] 这同时也意味着世界文明格局脱离了历史上的单边格局和对立格局形态，开始走向涵盖全球各地各个角落、以相互依赖为纽带的"全球化世界"。

第三，人类面对的全球性治理问题日渐增多。真正的世界历史是从资本主义时代开始的。随着资本主义在全球的泛滥，因之而生的贫困问题、生态问题、和平问题等所谓"现代性"问题，就成为全人类不得不面对和亟须解决的难题，自"罗马俱乐部"的综述报告《增长的极限》面世以后，全球性问题日渐进入人类的视野。马克斯·霍克海默（Max Horkheimer）和西奥多·阿多诺（Theodor Adorno）等人通过对马克思关于人与自然辩证关系的分析，对工具理性进行了批判，表达了对"田园牧歌式的生活"的向往，安德烈·高兹（Andre Gorz）、詹姆斯·奥康纳（James O'Connor）等人则通过生态学马克思主义重新唤起人们基于生态共同体而生的人类命运共同体意识。21世纪以来，能源危机、粮食安全、环境污染、霸权主义、恐怖主义、难民危机、公共卫生事件等成为人类必须共同应对的全球性挑战。这些问题并非某个地区或国家的局部问题，而是全人类普遍面对的问题；绝非一个国家可以独立解决的问题，而是对全人类治理智慧和治理能力的考验，需要全人类共同努力寻找答案。

第四，人类命运共同体的自觉意识显著增强。寻求全球性治理问题答案的共同目标推动了人类共同体"全球性意识"的形成，全球各个国家、民族和地区通过各种方式和各种途径，共同规划发展愿景，共同应对全球性挑战，共同打造合作平台，共同谋求联动发展。这种人类普遍俱在的"全球性意识"，孕育了"携手努力，共同担当，同舟共济，共渡难关"的人类命运共同体意识[②]。这种意识超越种族、文化、国家与意识形态的界限，为反思人类共同体的现实状况与未来走向提供了全新的视角。随着世界多极化、经济全球化、文化多样化、社会信息化的深入发展，全球和区域性人类共同体的现实形态逐渐增多，如原有的欧洲联盟共同体、东盟共同体、亚太经济合作组织、二十国集团；更为引人注目的是21世纪新兴的由中国号召或发起的中国—非洲命运共同体、中国—东盟命运共同体、中国—阿拉伯国家命运共同体、中国—拉丁美洲命运共同体、上海合作组织、金砖国家共同体等。这些共同体一方面使不同民族、国家、地域

[①] 参见张世鹏、殷叙彝编译：《全球化时代的资本主义》，北京，中央编译出版社1998年版，第4~5页。

[②] 《习近平谈治国理政》第2卷，北京，外文出版社2017年版，第482页。

之间在生产、贸易、金融、科学等领域的交往和联系空前加大，加快了资本、技术、信息在全球范围内的流动速度；另一方面也推动着发展中国家开始积极探讨符合自身特色、符合国情民情、接续文化传统的现代化发展道路与发展模式，文化（文明）元素愈来愈受到重视，日渐成为区别不同民族和国家现代化发展道路的重要参数。

第二节　人类命运共同体理念的主要内涵

世界局势加速嬗变，人类命运休戚与共。在此情况下，以习近平同志为主要代表的中国共产党人结合中国发展实践和世界局势演变趋势，用历史的深邃眼光，探究世界新秩序的构建，用博大的情怀，关注人类的前途命运，凝萃出人类命运共同体理念，符合人类社会整体发展趋势，体现了人类对和平发展的美好愿望，是对马克思人类共同体理论的坚持和创新，是我们审视当今时代人类命运的指导思想。

人类命运共同体理念的形成并非一蹴而就，而是经过了一个不断凝练和丰富的过程，也是一个不断经受实践检验的过程。

早在2011年，中国政府就在《中国的和平发展》白皮书中提出："经济全球化成为影响国际关系的重要趋势。不同制度、不同类型、不同发展阶段的国家相互依存、利益交融，形成'你中有我、我中有你'的命运共同体。"这是中国政府首次提出"命运共同体"的概念。2012年11月，中国共产党第十八次全国代表大会召开，大会明确要倡导人类命运共同体意识。2013年3月，习近平主席在莫斯科国际关系学院发表演讲时强调，世界越来越成为你中有我、我中有你的命运共同体。这些提法意味着中国共产党不仅在实践中奉行维护世界和平、促进共同发展的政策策略，而且正在向世界明确传达人类命运共同体的崭新理念，一个新的处理当代国际关系、民族关系的指导思想逐渐酝酿，呼之欲出。

2015年9月，习近平主席出席联合国成立70周年系列峰会，在会上发表题为《携手构建合作共赢新伙伴　同心打造人类命运共同体》的重要讲话，从"伙伴关系""安全格局""发展前景""文明交流""生态体系"5个方面论述了构建人类命运共同体的主要内涵。2017年1月，习近平主席在联合国日内瓦总部作题为《共同构建人类命运共同体》的主旨演讲，提出努力建设"四个世界"的期待，首次系统指明了构建人类命运共同体的远大愿景。同年2月，联合国社会发展委员会第55届会议一致通过"非洲发展新伙伴关系的社会层面"决议，并将"构建人类命运共同体"理念写入其中，这是人类命运共同体首次被写入国际性文件。2017年10月，中国共产党召开第十九次全国代表大会，大会报告将"明确中国特色大国外交要推动构建新型国际关系，推动构建人类命运共同体"作为习近平新时代中国特色社会主义思想的重要内容，并进一步总结了中国共产党、中国政府和中国人民推动人类命运共同体建设的实践经验，从政治、安全、经济、文化、生态5个方面进一步丰富了人类命运共同体理念的内涵。

中共十九大后，中国共产党带领中国人民全方位践行人类命运共同体理念，坚定维护国际公平正义，积极参与全球治理体系改革和建设，努力推动构建新型国际关系，取得一系列丰富成果，国家影响力、感召力、塑造力显著提升，为世界向更好方向发展贡献了中国智慧、中国力量，进一步在实践上丰富了人类命运共同体理念，充分彰显了这一思想强大的理论张力。2022年10月，中国共产党召开第二十次全国代表大会，习近平总书记在大会报告中再次倡导世界各国共同弘扬"和平、发展、公平、正义、民主、自由的全人类共同价值"，"携手开创人类更加美好的未来"。[①]历史没有终结，实践仍在继续，理论创新的脚步必然不会停止，人类命运共同体理念也必将与时代同步，不断以更新的理论化成果引领人类文明的进步方向。

人类命运共同体理念的核心内涵包括以下几个方面。第一，要相互尊重、平等协商，坚决摒弃冷战思维和强权政治，走对话而不对抗、结伴而不结盟的国与国交往新路[②]，建设政治共同体。第二，要坚持以对话解决争端、以协商化解分歧，统筹应对传统和非传统安全威胁，反对一切形式的恐怖主义[③]，建设安全共同体。第三，要同舟共济，促进贸易和投资自由化便利化，推动经济全球化朝着更加开放、包容、普惠、平衡、共赢的方向发展[④]，建设经济共同体。第四，要尊重世界文明多样性，以文明交

[①] 习近平:《高举中国特色社会主义伟大旗帜 为全面建设社会主义现代化国家而团结奋斗——在中国共产党第二十次全国代表大会上的报告》，北京，人民出版社2022年版，第63页。

[②] 习近平:《决胜全面建成小康社会 夺取新时代中国特色社会主义伟大胜利——在中国共产党第十九次全国代表大会上的报告》，北京，人民出版社2017年版，第59页。

[③] 习近平:《决胜全面建成小康社会 夺取新时代中国特色社会主义伟大胜利——在中国共产党第十九次全国代表大会上的报告》，北京，人民出版社2017年版，第59页。

[④] 习近平:《决胜全面建成小康社会 夺取新时代中国特色社会主义伟大胜利——在中国共产党第十九次全国代表大会上的报告》，北京，人民出版社2017年版，第59页。

流超越文明隔阂、文明互鉴超越文明冲突、文明共存超越文明优越①，建设文化共同体。第五，要坚持环境友好，合作应对气候变化，保护好人类赖以生存的地球家园②，建设生态共同体。

习近平总书记提出的人类命运共同体理念坚持了马克思主义基本原理，是对马克思人类共同体理论的继承发展。

首先，人类命运共同体理念坚持以人类的最终解放为目标指引。在马克思主义的语境中，人类历史是一个线性上升的发展过程，其最终目标是建立"自由人的联合体"。"自由人的联合体"只有成为全人类的共同事业、共同行动才能变为现实。人类命运共同体理念秉持"以人民为中心"的核心价值，将追求世界各国各民族的共同福祉作为出发点和落脚点，倡导各国各民族共同应对风险挑战、共同坚持和平发展，努力建设安全共赢的世界新秩序和幸福美好的新家园，是对全人类共同渴望和追求的呼应。

其次，人类命运共同体理念坚持为"真正共同体"的实现创造条件。马克思主义认为，人类共同体从现实形态向未来形态过渡，需要高度发达的生产力作为前提条件，需要人类普遍交往形成"世界性的个人"。马克思主义创始人提出的人类共同体理论，实质是把资本主义时代以来的人类历史发展过程视为世界各民族、各地区相互依赖、相互联系、相互制约、相互作用日渐深化和发展的过程，是对世界历史时代发展进程的理性反思。如果说，前世界历史时代生产的落后性与交往的狭隘性导致一个民族及在其中活动的个人无法超越其地域性或民族性，那么，世界历史时代生产力的巨大发展和世界性的普遍交往则为民族及其中活动的个人立足于世界历史整体，超越狭隘的民族性或地域性提供了客观的实践基础。在世界历史时代，随着生产力的普遍发展和世界性的普遍交往，各个国家、民族和各种不同文明体系之间在生产方式、生活方式、消费方式诸多领域存在"趋同"现象，"与国际接轨"以及随之而来的愈来愈多的国际性标准和世界性规范已经成为一个民族国家生存和发展的前提，世界银行、国际货币基金组织、世界贸易组织使不同民族、国家、地域之间在生产、贸易、金融、科学、技术等领域的交往和联系空前加大，资本、信息开始在全球范围内流动，等等。在此情况下，只有顺势而为，以更加开放包容的

---

① 习近平：《决胜全面建成小康社会 夺取新时代中国特色社会主义伟大胜利——在中国共产党第十九次全国代表大会上的报告》，北京，人民出版社 2017 年版，第 59 页。

② 习近平：《决胜全面建成小康社会 夺取新时代中国特色社会主义伟大胜利——在中国共产党第十九次全国代表大会上的报告》，北京，人民出版社 2017 年版，第 59 页。

心态与实践，推动全人类共同提高生产能力，推动各民族更加密切相互交往，为人类获得解放创造必要条件。

最后，人类命运共同体理念坚持历史唯物主义辩证法。马克思指出，资本主义主导的世界历史进程，一方面确实推动生产力取得突飞猛进的发展；另一方面也加剧了阶级压迫和民族压迫，使资本主义社会基本矛盾不断激化，造成了社会的分裂和对抗，基于此而形成的人类共同体是"虚假共同体"，其被历史扬弃是必然趋势。但是我们必须看到，这个扬弃过程又是曲折和复杂的。从俄国社会主义革命胜利开始，人类开始探索以社会主义方式重构人类共同体，并在 20 世纪形成社会主义与资本主义两大阵营的冷战对抗。经历长期对抗的各个国家、各个民族，一方面更加深刻地认识到社会主义具有强大的生命力，必将引领人类共同体的发展方向；另一方面也意识到资本主义还可以通过自我调整容纳内部生产力的发展要求，仍未释放其所有积极因素，未到"寿终正寝"之时。作为对立统一的矛盾双方，社会主义和资本主义将有一个长期并存的阶段，不可回避的事实是资本主义历经几百年发展所建立的"丛林法则"依然在世界历史中甚嚣尘上，资本主义的"虚假共同体"也依然大行其道，实现人类"真正的共同体"道阻且长，是一个否定之否定的历史过程。我们既不可能放弃追求实现"真正的共同体"的崇高理想，也不可能幻想世界历史在某个时间通过毕其功于一役的方式发生突变。以尊重事实的理性态度看待这一历史进程，以求同存异的务实方式破解当前困局，创造人类文明新形态，无疑更加符合逻辑与历史相一致的辩证法。

人类命运共同体理念反映了全人类的共同价值，是对各国各民族现实诉求的尊重和回应。

马克思主义认为，价值总是同主体即一定的人相联系的，而人的本质在于人的社会存在，因此人类的价值并不是抽象的而是具体的，是随着社会历史发展而变化发展的。在没有结成"真正的共同体"之前，人类是以局部共同体的形式，即国家、民族等共同体形式联系在一起的，由于各个国家和民族的发展要求、发展路径、发展程度并不相同，处在这些局部共同体中的人类也有不同的价值观念。

在历史上，每一个力图推翻旧制度统治的革命阶级都曾试图将自己打扮成普遍利益的代表，并以"解放者"的姿态向代表"社会的一切缺陷"的那个原来的统治阶级宣战，这种战斗不仅表现在物质力量的批判上，也表现在理论力量的批判上。资本主义在反对封建主义的过程中发现了人、初步解放了人，并形成了资本人道主义。其基本价值观念包括：

  1.颂扬人的伟大，反对中世纪宗教神学对人性的贬抑；主张恢复人性尊严，维护人性价值。2.享受世俗人生，反对禁欲主义；认为满足人的欲望包括肉体欲望是符合道德的，追求物质财富不仅不是罪恶，而且是一种善行。3.倡导尊重个人利益，反对教会压迫；推崇个人主义，主张人拥有天赋权力、生而平等，追求个人利益是人的本性，社会和国家来自人的契约，要把尊重和保护社会成员个人权利作为根本价值。4.反对宗教禁锢；鼓励人们摆脱教会各种行为禁锢，积极参与市场经济活动。5.提倡科学理性；主张人只能相信科学实验、感性经验以及理性推理可以验证的东西。①

  这样的思想观念一方面在普通民众中广泛传播，激起人们的自由感、自尊感、平等感；另一方面也渗透进政治领域，成为资产阶级迷惑大众、解除劳动者斗争意志、为资本家剥削辩护的意识形态。资产阶级庸俗经济学家巴斯夏曾公然宣称，"资本可以使欲望高尚化""可以使努力轻便化""可以使我们的享乐纯洁化""可以使自然界为我们服务""可以使道德变成习惯""可以发展社会性""可以促进平等""可以利用最巧妙的方法来实现公平"，总之，"资本里面存在着一切伟大的自然规律的无可怀疑的音调和标志——和谐"。②

  然而，资本主义社会根本不存在资本人道主义宣称的包括劳动生产者在内的"平等"和"自由"。在资本主义的原始积累阶段，航海家、殖民者和商人，通过与非洲、美洲等地土著居民的欺诈交易，通过强迫奴隶劳动等方式，将以金银为代表的货币运回欧洲各国并在一些人手中大量积聚；在欧洲各国，宗教改革、常年的战争，将贵族、天主教庭的财富重新分配，征服、劫掠、奴役、屠杀……这些为人所不齿的暴力行为，在资本积累的过程中发挥了更为巨大的作用。当资本主义制度确立统治地位后，资本关系只是用形式上的平等掩盖了交换的不平等，每个人自始至终都处于异化状态；在基于资本主义世界市场而联系起来的各个国家、民族那里，资本主义强国对经济落后国家的剥削、掠夺才是本来面目，所谓全

---

① 黄云明：《论劳动人道主义对资本人道主义的超越》，《观察与思考》2015年第5期。
② ［法］弗雷德里克·巴斯夏：《和谐经济论》，王家宝等译，冯光元等校，北京，中国社会科学出版社1995年版，第216页。

人类的平等更是彻头彻尾的谎言。

> 在资产阶级社会里，资本具有独立性和个性，而活动着的个人却没有独立性和个性。
> 而资产阶级却把消灭这种关系说成是消灭个性和自由！[①]

马克思一针见血地指出巴斯夏论述的虚假性与伪善性：巴斯夏是在虚构历史，因为在其论述中，时而动用理性，时而依赖假想，但可以肯定的是所有这些事件都没有在任何时间和地点真实地发生过。[②]资产阶级把自由、平等、博爱称为"普世价值"，事实上是要求所有国家、民族、个人按照他们的生活生产方式思想和行动，罔顾其他国家、民族、个人的现实处境和实际利益，不可能被全人类接受和认同。

习近平总书记提倡的全人类共同价值，并非要建立一套"普世价值"般的抽象理念，向世界输出中国的意识形态，而是以宽广胸怀理解不同文明对价值内涵的认识，尊重不同国家人民对价值实现路径的探索，在承认各国、各民族价值理念分歧的情况下，寻求最大公约数、勾画价值同心圆，把全人类共同价值具体地、现实地体现到实现本国人民利益的实践中。在这个意义上，习近平总书记指出："和平与发展是我们的共同事业，公平正义是我们的共同理想，民主自由是我们的共同追求。"

人类命运共同体理念吸收了中华优秀传统文化的精髓，是中国智慧的现代成果。

人类命运共同体理念包含着实现"大同"的中国梦想。儒家经典《礼记》中描述了"大同社会"的美好愿景："大道之行也，天下为公……是故，谋闭而不兴，盗窃乱贼而不作，故外户而不闭，是谓大同。"受儒家思想浸润2000多年的中华民族，自觉地把自我置于世界全局之中考虑，始终秉持"穷则独善其身，达则兼济天下"的世界胸怀。中华民族追求的"大同"社会，以"天下为公"为价值基础，强调每个社会成员享有平等的权利，这与人类命运共同体理念具有内在价值的一致性。中华民族追求的"大同"社会，以关心弱者为道德准则，强调"矜寡孤独废疾者，皆有所养"，推而广之，我们尊重和保护弱小民族的生存权、发展权、话语权，

[①] 《马克思恩格斯文集》第2卷，北京，人民出版社2009年版，第46~47页。
[②] 《马克思恩格斯全集》第30卷，北京，人民出版社1995年版，第11页。

这也是人类命运共同体思想超越资本主义"普世价值"的关键所在。中华民族追求的"大同"社会，以"讲信修睦"为基本方法，中华民族重视"诚信"，推崇"和睦"，将自我严格要求作为建立人际互信的前提和桥梁，己所不欲，勿施于人，因此，推动构建人类命运共同体的逻辑起点就是中华民族对世界的承诺和中国人民的历史担当。

人类命运共同体理念突出了"爱人"的核心价值。"仁者爱人"，是中国传统文化的核心价值。中国传统文化的思维方式是"家国同构"，"爱人"从"亲亲"开始向"四海"推及。实践"爱人"的必须主动站在他人的立场思考问题，而主政者更要将普天之下、率土之滨作为爱的对象，因此，主政者的理想状态，就是在"仁"的理念下，通过对"爱"的实践，使社会达成和谐稳定的发展形态，而推动世界形成"仁者爱人"的共同体。人类命运共同体坚持人民至上的根本理念，将面临共同挑战和共同任务的全人类作为关怀对象，将人的生存和发展作为重要出发点，将推动人的全面进步和自由作为最终落脚点，勤力解决全球社会所面临的种种危机、困难，实现所有地区和所有人的共同发展，将人民对未来的美好期许变为现实，不仅践行了马克思主义关于人民是历史创造者的基本原理，更彰显出中华优秀传统文化的道德感染力与实践指向性。

人类命运共同体理念体现了"和而不同"的处世智慧。中国传统文化能够辩证看待文化的多样性与统一性，认为不同文明相因相生，不仅没有高低优劣之分，而且可以互相砥砺激荡，因此主张以包容共生的态度对待现实中各种文明形态。这样的处世方式，使得中华民族对于不同国家、民族的文明差异有一种天然的尊重，能够始终以开放的心态接纳各种文明之间的摩擦，重视各种文明之间的交流，促进各种文明之间的融合。人类命运共同体继承发展了这一基本理念，面对当前世界不同文明之间的交流、对话、冲突、对抗，倡导各国、各民族尊重彼此、和睦共存、融洽相处，最大限度地包容各种文明共生共荣，以不同文明的和声共同演绎人类文明进步的乐章，为世界多元文明提供了相互交往的范式和生存发展的空间。

人类命运共同体理念坚持了"见利思义"的正确义利观。资本把最大限度地获得剩余价值作为唯一目的，熙熙攘攘皆为利来利往，资本主义自由竞争的残酷性类似于动物界为争夺生存机会的战争，"资本家在他们的竞争中表现出彼此都是假兄弟"①，当遇到经济危机之类的困境，他们随

---

① 《马克思恩格斯文集》第7卷，北京，人民出版社2009年版，第220页。

时准备牺牲他人的利益保全自己,"一个资本家打倒许多资本家"[①]。按照资本主义义利观建立的人类共同体必然奉行弱肉强食的"丛林法则",其结果是各国、各民族缺乏互信,纷争不断。中华民族历来主张正确处理义和利的关系。孔子强调"君子义以为上";墨子提出"义,利也";孟子主张"生,亦我所欲也,义,亦我所欲也;二者不可得兼,舍生而取义者也"。中华优秀传统文化承认人类对物质利益合理追求,但是在处理义、利关系上,注重义利平衡,更加提倡"见利思义",甚至"舍生取义",在处理人与人、国与国之间关系时,肯于让利于人,主张互惠共赢,这种正确的义利观念为人类命运共同体理念提供了现实支撑。

第三节 人类命运共同体理念的实践路径

马克思曾言:"哲学家们只是用不同的方式解释世界,问题在于改变世界。"[②]对现实问题的观照,对时代难题的解答,是马克思主义理论产生和发展的推动力,但其最终落脚点在于指导实践活动。以习近平同志为核心的党中央领导中国人民推动构建人类命运共同体的伟大实践,既指明了去往何处的方向,也指明了如何前行的方法,形成了切实可行的人类命运共同体实践路径。在进入人类共同体未来形态之前,人类又是以阶级、民族、国家等形式存在,所以现实的行动者是以国家、民族等形式参与国际事务的局部共同体。对它们而言,构建人类命运共同体的路径包括5个维度。

第一,坚持对话协商,推动建设一个持久和平的世界[③]。人类所经历的历史苦难告诉我们一个普遍的结论,那就是,和平才是各国、各民族能够实现共同安全的基础所在,也是全人类一起实现美好愿望的先决条件。维护和促进和平,应该坚持对话协商的方式。一是要珍视和平,将其作为对话协商的目的。和平对于每个人、每个民族、每个国家都是珍贵和必需的,如同空气、水和阳光,人们在其中受益但是却往往认识不到,一旦失去才意识到其重要性。20世纪两次世界大战以及时有发生的局部战争都一再提醒我们,动荡战乱如同打开潘多拉的盒子,打开者、参与者、旁观

---

① 《马克思恩格斯文集》第5卷,北京,人民出版社2009年版,第874页。
② 《马克思恩格斯文集》第1卷,北京,人民出版社2009年版,第502页。
③ 习近平:《高举中国特色社会主义伟大旗帜 为全面建设社会主义现代化国家而团结奋斗——在中国共产党第二十次全国代表大会上的报告》,北京,人民出版社2022年版,第62页。

者都会受其反噬。面对国际形势中日益突出的不确定、不稳定、不安全因素，全人类更应珍惜来之不易的和平发展环境。二是要尊重彼此核心利益，将其作为对话协商的内容。1843年，马克思在《黑格尔法哲学批判》一书中已经提出"市民社会决定国家与法"和"私有财产决定国家"的思想。国家作为一种共同体存在的形式，需要维护其得以建立的经济基础，需要代表其统治阶级的核心利益，这是由其性质所决定的。当一个国家的政府不能做到这一点，却丧权辱国，就必然会被统治阶级抛弃。因此，各国政府在国际交往中一定会将本国利益放在首位，保护其核心利益不受损失；一旦核心利益受到损害，就有爆发冲突和战争的危险。通过对话协商，了解各国重大关切，管控矛盾分歧，是维护持久和平的题中应有之义。三是要壮大和平力量，将其作为对话协商的可靠保障。人类命运共同体的现实形态是从真正进入世界历史时代开始的，是资本以暴力手段推动的。资本的本性是不择手段攫取剩余价值，表现在处理国际事务上就是以武力威胁、强买强卖，甚至发起代理人战争。时至今日，资本主义弱肉强食的丛林法则和恃强凌弱的霸权主义依然根深蒂固，这是威胁世界和平的重要因素。制衡资本力量，必须不断壮大爱好和平、维护和平人士和组织的经济、政治、军事力量，从而对威胁世界和平的欲望形成强大震慑。四是要发挥国际协调机制作用，将其作为对话协商的主要平台。习近平总书记指出，"我们的先辈建立了联合国，为世界赢得70余年相对和平"[①]。以联合国为代表的国际组织，以联合国宪章宗旨和原则为基础的国际关系基本准则，仍是当前维护世界和平的重要手段。通过联合国组织进行对话协商，最大限度地发挥联合国作用，维护联合国共同决议，将是很长时期内维护世界和平的重要方式。

第二，**坚持共建共享，推动建设一个普遍安全的世界**[②]。随着世界各国、各民族交往的日益密切，全球性公共安全事件不断出现，安全问题已经超出国家界限，成为全人类的共同关切。建设普遍安全的世界，基本原则是共建共享。"大道至简，实干为要。"[③]共建共享最需要的不是口号，而是实际行动。一是要主动加强国际合作，推动共建共享从理念变为现实。各种困难和挑战已经告诉我们，人类是休戚与共的命运共同体，经过

---

① 《习近平谈治国理政》第2卷，北京，外文出版社2017年版，第541页。
② 习近平：《高举中国特色社会主义伟大旗帜　为全面建设社会主义现代化国家而团结奋斗——在中国共产党第二十次全国代表大会上的报告》，北京，人民出版社2022年版，第62~63页。
③ 《习近平谈治国理政》第2卷，北京，外文出版社2017年版，第541页。

不懈努力,越来越多的国家和人民开始接纳、认同人类命运共同体理念。但是,要破除狭隘的地域观念和意识形态偏见,仍然有很长的路要走。这就要求世界各个国家特别是在全球或本地区发挥重要影响的国家,摒弃袖手旁观甚至以邻为壑的片面安全观,树立主动携手、共克时艰的全面安全观。习近平总书记用通俗的语言说明了这一点:"邻居出了问题,不能光想着扎好自家篱笆,而应该去帮一把。"[1] 中国政府和中国人民已经以负责任的态度为世界作出了表率。二是要关注重点问题,推动共建共享从浅层走向深入。毒品问题、难民问题、恐怖主义等,是当前影响世界安全的重点问题。"危机需要应对,根源值得深思"[2]。从根本上讲,这些问题的出现都是世界发展不平衡的结果,根子在于资本主义主宰的人类共同体现实形态是虚假的共同体,只代表少数人的利益,不能反映、满足、实现各民族的共同需要。解决这些问题,治本之策在于各国、各民族能够加强资金、科技、信息、人才等方面的合作,共建发展设施,共享发展福祉。三是要改善全球治理,推动共建共享从暂时走向长久。全球治理理念兴起于20世纪90年代,是人们对国际社会各行为主体因应全球问题而形成的各种复杂机制特别是规则系统的统称。全球治理理念本身就意味着国家、地区组织、非官方组织等主体需要在相关国际事务中发挥共建共享作用。客观来看,过去一个时期,各国际事务主体在相互磨合中形成了一些双边、多边合作规则,对于维护国际秩序稳定、健康、有序起到一定作用。面对世界百年未有之大变局,旧有国际规则面临许多新的挑战,一些资本主义发达国家漠视规则、任性妄为的情况屡屡发生,广大发展中国家要求在国际事务和国际分配中享有更多权利的呼声日益高涨,出现全球治理赤字。这要求我们必须重新审视当前各类主体在国际事务中的地位作用,对国际关系准则进行新的审视评估,推进国际关系民主化,将实践中积累的应对多样化挑战和实现包容性发展的经验固化为新的制度机制成果,推动全球治理向人类共同期望的方向发展。

第三,坚持合作共赢,推动建设一个共同繁荣的世界[3]。发展是各个国家的第一要务,其中经济繁荣又是一切发展的重要内容。构建人类命运共同体,必须克服零和博弈思维,以合作共赢的态度推动各个国家、民族

---

[1] 《习近平谈治国理政》第2卷,北京,外文出版社2017年版,第542页。
[2] 《习近平谈治国理政》第2卷,北京,外文出版社2017年版,第542页。
[3] 习近平:《高举中国特色社会主义伟大旗帜 为全面建设社会主义现代化国家而团结奋斗——在中国共产党第二十次全国代表大会上的报告》,北京,人民出版社2022年版,第63页。

提升经济实力。习近平总书记在2013年秋提出共建丝绸之路经济带和21世纪海上丝绸之路重大倡议，合称"一带一路"倡议，是人类命运共同体理念的重要实践平台，为全球共同繁荣开辟了崭新道路。自"一带一路"倡议提出以来，共建"一带一路"已从蓝图变为现实，在以习近平同志为核心的党中央坚强领导下，"一带一路"建设，"把基础设施'硬联通'作为重要方向，把规则标准'软联通'作为重要支撑，把同共建国家人民'心联通'作为重要基础"[①]，取得丰硕成果。习近平总书记指出："共建'一带一路'追求的是发展，崇尚的是共赢，传递的是希望。"[②]继续推进共建"一带一路"，既要保持战略定力，更要抓住战略机遇。一方面，国际局势复杂多变，世界的发展变量频繁出现各种不确定扰乱因素，小概率突发事件和大概率危险事件都有可能随时发生，一些国家惧怕中国崛起和强大，肆意抹黑污蔑中国"一带一路"，更需要我们保持战略清醒，善于在全局高度看待目标、在长远角度分析形势，牢牢把握在"一带一路"建设中的主动权和领导权。另一方面，当前新一轮科技革命和产业变革深入发展，催生了世界各国发展理念和发展模式产生深刻变化，创新驱动作用更加凸显，广大发展中国家和新兴经济体有机会与发达国家在新产业"赛道"上一较高下，同时，国际格局正在发生深刻调整，世界历史来到新的转折点上，"一带一路"建设作为中国为完善全球治理提出的重要公共产品恰逢其时。抓住这一战略机遇期，深化政治互信、互联互通、贸易畅通、资金融通，夯实发展根基；拓展健康、绿色、数字、创新等领域合作空间，培育"一带一路"新增长点；加快完善陆上通道、优化海上布局、打造标志性工程，使更多国家、地区人民有更多获得感、幸福感、安全感，是当前迫切的战略任务。

第四，坚持交流互鉴，推动建设一个开放包容的世界[③]。包括物质条件、思想文化、风俗习惯、制度规范等在内的文明，是人类实践的结果，也是人类存在本身。如果说在前世界历史时代，各民族文化作为世界文化的组成部分还处在自发阶段，各民族文化的碰撞、冲突或融合、交流还仅仅是个别的、偶然的、非常规的历史现象的话，那么在世界历史的经济全球化时代，各民族文化走向世界则由自发变成了自觉，各种文化相互激荡

---

① 《习近平谈治国理政》第4卷，北京，外文出版社2022年版，第495页。
② 《习近平谈治国理政》第4卷，北京，外文出版社2022年版，第493页。
③ 习近平：《高举中国特色社会主义伟大旗帜　为全面建设社会主义现代化国家而团结奋斗——在中国共产党第二十次全国代表大会上的报告》，北京，人民出版社2022年版，第63页。

已经成为世界历史的常态。建设人类命运共同体，必须妥善处理各种文明的关系。一是承认文明的多样性。文明的多样性客观存在的事实，也是人类发展的需要。马克思主义将人类生活内容区分为物质方面（也称社会存在）和精神方面（也称社会意识）。狭义上的人类文明仅指社会意识，广义上的人类文明还包括社会存在。无论狭义还是广义，人类都不可能离开过去的历史而进行创造，由于历史上各国、各民族发展经历、发展水平都不尽相同，其创造的经济体制、政治体制、思想传统、宗教信仰、语言文化等文明形式也千差万别，无论其在形式上是先进还是落后，在内容上是科学还是谬误，都是对社会存在的反映，都是对历史的继承，是无法回避的现实存在。由于作为人类共同体局部存在的国家、民族存在文明的多样性，人类共同体作为整体才在有限的时空中获得更多的实践成果，人的自由个性才有了更丰富的内容，人类才能更接近自由全面发展。正是在这样的意义上，习近平总书记指出，"人类文明多样性是世界的基本特征"[①]。二是尊重文明的独立性。基于类存在的人，具有文明的通约性，我们呼吁"世界各国弘扬和平、发展、公平、正义、民主、自由的全人类共同价值"[②]。但是，在世界历史不断拓展和现代化不断深入的同时，各个民族和国家自始至终没有忘记本国、本民族的文化传统，承认并重视民族文化的价值是一个民族走向现代化和全球化的重要前提，放弃民族文明就等于失去了文化自信的源头活水。事实上，即使是同样把市场经济作为现代化的手段，不同国家和地区之间、在不同的历史时期也表现出不同的模式和特征，如自由放任的市场经济、国家干预的市场经济等。当代美国学者罗兰·罗伯逊（Roland Robertson）就把全球地方化（Global localization）作为其《全球化——社会理论与全球文化》一书中的重要概念，认为全球地方化指的是所有全球范围的思想和产品都必须适应当地环境的方式。因此，我们必须承认，"每种文明都有其独特魅力和深厚底蕴，都是人类的精神瑰宝"[③]，应该尊重其特殊的价值。三是发扬文明的交融性。人类走向共同体的未来形态是必然趋势，这一过程意味着人类的任何文明形态都是一个开放的动态系统，其存活于现在，连接着过去，同时包蕴着未来，安东尼·吉登斯基于此把现代社会称为"后传统社会"（post-traditional

---

① 《习近平谈治国理政》第 2 卷，北京，外文出版社 2017 年版，第 543 页。
② 习近平：《高举中国特色社会主义伟大旗帜　为全面建设社会主义现代化国家而团结奋斗——在中国共产党第二十次全国代表大会上的报告》，北京，人民出版社 2022 年版，第 63 页。
③ 《习近平谈治国理政》第 2 卷，北京，外文出版社 2017 年版，第 544 页。

society）。世界历史是人类共同体现实形态的存在条件，也是人类共同体迈向未来形态的必由之路，在世界历史形成过程中，任何一个民族的文明成果都不可能再保持那种原来意义上的"纯而又纯""一尘不染"，相反，其必然成为世界文明的有机组成部分，必然要与其他文明相交融，取长补短、共同进步。总之，"文明差异不应该成为世界冲突的根源，而应该成为人类文明进步的动力"[①]。

第五，坚持绿色低碳，推动建设一个清洁美丽的世界[②]。人本身就是自然界的组成部分，但是当他意识到自己的主体性，就已经把自己和自然界区分开，从而把自然界作为对象，而把自己作为对象的所有者、支配者、创造者，于是人和自然的矛盾就产生了。在人类共同体的现实形态，资本主义主导的社会生产一方面提升了人对自然的支配力量，另一方面也加深了人与自然的矛盾。人与自然的冲突激化，超出主客体之间辩证法的合理限度，造成的现实后果就是主客体之间的力量失衡，表现为生态危机。通过对资本主义生产过程的分析，马克思发现，生态危机只不过是人化自然界限扩张和非人化自然界限退缩加速发展的结果，其根源在于资本漫无节制地追求剩余价值的本性。资本为了获得剩余价值，必须不断扩张人化自然的界限，从而挤占非人化自然的界限。一方面，资本家通过延长绝对劳动时间、增加工作强度等方式对作为工人的人的自然界限进行挤压；另一方面，通过技术革新不断扩大劳动对象的范围，向自然界索取利润，"只有在资本主义制度下自然界才真正是人的对象，真正是有用物；它不再被认为是自为的力量；而对自然界的独立规律的理论认识本身不过表现为狡猾，其目的是使自然界（不管是作为消费品，还是作为生产资料）服从于人的需要"[③]。科技进步促进劳动效率提高，降低生产成本，为资本家提供超额利润。由于技术在自然面前展现出强大的支配力，人们对技术、机器产生一种"工具理性"的崇拜，沉醉于通过科技对自然的征服之中，以为自己可以主宰自然并且无所不能，于是在生产中罔顾自然需要通过休养才能获得自身修复的基本常识，超出自然当下能提供的限度而索取。诚然，科技使人进步，为人通往自由世界建造"桥梁"；但是，"工具理性"的扩张进一步发展了人类中心主义，在资本主义社会，以资

---

① 《习近平谈治国理政》第2卷，北京，外文出版社2017年版，第544页。
② 习近平：《高举中国特色社会主义伟大旗帜　为全面建设社会主义现代化国家而团结奋斗——在中国共产党第二十次全国代表大会上的报告》，北京，人民出版社2022年版，第63页。
③ 《马克思恩格斯文集》第8卷，北京，人民出版社2009年版，第90~91页。

本家为首的人类社会将自然完全视为客体、视为主体的被动的对象,"科学、巨大的自然力、社会的群众性劳动都体现在机器体系中,并同机器体系一道构成'主人'的权力"[①]。但是,他们忘记了自己只是自然的一部分、生态的一个环节,他们自由的但是过度的活动扰乱了自然界本身的发展规律,必然导致生态破坏和危机。不仅如此,资本主导的人类共同体现实形态还造成对自然资源的巨大浪费。生产和消费是活着的人的第一个需要,是正常的实践活动,无可厚非;但是当生产和消费超出某个时间或空间应有的平衡时就会造成浪费,经济危机就是典型例证。资本获得剩余价值的前提是生产的商品能够又快又多地被购买,必须有消费者为此"埋单"。即使在资本主义的早期,资本家极力克制自己的个人消费欲望、克制所统治的工人的消费欲望(因为工人消费的增加会引起对增加工资的渴望),但是却不忘刺激拥有货币的封建主拿出真金白银购买商品,从中攫取原始积累的"第一桶金"。实际上,资本家把除去自己和自己统治的工人之外的其他资本家和工人都作为潜在的消费者进行培养,在采取各种方式对自己进行节约的同时,通过助推消费主义文化刺激他们购买和消费的欲望、鼓励他们"浪费","工业的宦官迎合他人的最下流的念头,充当他和他的需要之间的牵线人,激起他的病态的欲望,默默地盯着他的每一个弱点"[②]。在消费主义的文化熏染下,消费者心血来潮地买进自己实际上并不必需的日用产品,然后束之高阁、弃如敝屣(这一点从多数家庭的闲置物品中都可以得到验证)。一边是大量资源以已经被消费的商品形式闲置、浪费;一边是新的产品又被不断生产出来,甚至以奢侈品等更精致的形式生产出来又消费掉。[③]二者背后共同的地方就是自然资源的大量消耗甚至浪费。在此情形之下,推动构建人类命运共同体,就必须"倡导绿色、低碳、循环、可持续的生产生活方式","不断开拓生产发展、生活富裕、生态良好的文明发展道路"[④]。

---

  ① 《马克思恩格斯文集》第 5 卷,北京,人民出版社 2009 年版,第 487 页。
  ② 《马克思恩格斯文集》第 1 卷,北京,人民出版社 2009 年版,第 224 页。
  ③ 在马克思看来,随着机器工业的发展,生产力大幅提升,社会产品中有较大的部分转化为剩余产品,而剩余产品中又有较大的部分以精致和多样的形式(即奢侈品的形式)再生产出来和消费掉。参见《马克思恩格斯文集》第 5 卷,北京,人民出版社 2009 年版,第 512 页。
  ④ 《习近平谈治国理政》第 2 卷,北京,外文出版社 2017 年版,第 544 页。

参考文献

一、经典著作

[1]《马克思恩格斯文集》第1卷,北京,人民出版社2009年版。
[2]《马克思恩格斯文集》第2卷,北京,人民出版社2009年版。
[3]《马克思恩格斯文集》第3卷,北京,人民出版社2009年版。
[4]《马克思恩格斯文集》第4卷,北京,人民出版社2009年版。
[5]《马克思恩格斯文集》第5卷,北京,人民出版社2009年版。
[6]《马克思恩格斯文集》第7卷,北京,人民出版社2009年版。
[7]《马克思恩格斯文集》第8卷,北京,人民出版社2009年版。
[8]《马克思恩格斯文集》第10卷,北京,人民出版社2009年版。
[9]《马克思恩格斯全集》第1卷,北京,人民出版社1995年版。
[10]《马克思恩格斯全集》第3卷,北京,人民出版社2002年版。
[11]《马克思恩格斯全集》第4卷,北京,人民出版社1965年版。
[12]《马克思恩格斯全集》第6卷,北京,人民出版社1961年版。
[13]《马克思恩格斯全集》第9卷,北京,人民出版社1961年版。
[14]《马克思恩格斯全集》第13卷,北京,人民出版社1962年版。
[15]《马克思恩格斯全集》第18卷,北京,人民出版社1964年版。
[16]《马克思恩格斯全集》第19卷,北京,人民出版社1963年版。
[17]《马克思恩格斯全集》第23卷,北京,人民出版社1972年版。
[18]《马克思恩格斯全集》第26卷,北京,人民出版社1973年版。
[19]《马克思恩格斯全集》第28卷,北京,人民出版社1973年版。
[20]《马克思恩格斯全集》第30卷,北京,人民出版社1995年版。
[21]《马克思恩格斯全集》第31卷,北京,人民出版社1998年版。
[22]《马克思恩格斯全集》第45卷,北京,人民出版社1985年版。
[23]《马克思恩格斯全集》第46卷(上),北京,人民出版社1979年版。
[24]《马克思恩格斯全集》第47卷,北京,人民出版社1979年版。
[25]《列宁全集》第2卷,北京,人民出版社1972年版。

［26］《列宁选集》第 2 卷，北京，人民出版社 2012 年版。
［27］《列宁选集》第 4 卷，北京，人民出版社 2012 年版。
［28］《斯大林选集》下卷，北京，人民出版社 1979 年版。
［29］《习近平谈治国理政》第 2 卷，北京，外文出版社 2017 年版。
［30］《习近平谈治国理政》第 3 卷，北京，外文出版社 2020 年版。
［31］《习近平谈治国理政》第 4 卷，北京，外文出版社 2022 年版。
［32］习近平：《决胜全面建成小康社会　夺取新时代中国特色社会主义伟大胜利——在中国共产党第十九次全国代表大会上的报告》，北京，人民出版社 2017 年版。
［33］习近平：《高举中国特色社会主义伟大旗帜　为全面建设社会主义现代化国家而团结奋斗——在中国共产党第二十次全国代表大会上的报告》，北京，人民出版社 2022 年版。

二、国外译作

［1］［美］斯塔夫里阿诺斯：《全球通史——1500 年以后的世界》（下册），吴象婴、梁赤民译，上海，上海社会科学院出版社 1992 年版。

［2］［美］托马斯·哈定等：《文化与进化》，韩建军、商戈令译，杭州，浙江人民出版社 1987 年版。

［3］［德］罗莎·卢森堡：《资本积累论》，彭尘舜、吴纪先译，北京，生活·读书·新知三联书店 1959 年版。

［4］［德］黑格尔：《法哲学原理》，范扬、张企泰译，北京，商务印书馆 2011 年版。

［5］［俄］马·科瓦列夫斯基：《公社土地占有制，其解体的原因、进程和结果》，李毅夫等译，北京，中国社会科学出版社 1993 年版。

［6］［巴西］特奥托尼奥·多斯桑托斯：《帝国主义与依附》，毛金里等译，北京，社会科学文献出版社 1999 年版。

［7］［俄］尼·别尔嘉耶夫：《俄罗斯思想》，雷永生、邱守娟译，北京，生活·读书·新知三联书店 1995 年版。

［8］［美］伊曼努尔·华勒斯坦：《历史资本主义》，路爱国、丁浩金译，北京，社会科学文献出版社 1999 年版。

［9］［美］伊曼纽尔·沃勒斯坦：《现代世界体系》第 1 卷，罗荣渠等译，北京，高等教育出版社 1998 年版。

［10］［英］安东尼·吉登斯：《现代性与自我认同》，赵旭东等译，北京，生活·读书·新知三联书店 1998 年版。

［11］［英］安东尼·吉登斯：《现代性的后果》，田禾译，南京，译林出版社 2000 年版。

[12]［英］安东尼·吉登斯:《第三条道路——社会民主主义的复兴》,郑戈译,北京,北京大学出版社 2000 年版。

[13]［英］安东尼·吉登斯:《民族－国家与暴力》,胡宗泽等译,北京,生活·读书·新知三联书店 1998 年版。

[14]［英］安东尼·吉登斯:《超越左与右:激进政治的未来》,李惠斌、杨雪冬译,北京,社会科学文献出版社 2000 年版。

[15]［美］塞缪尔·亨廷顿:《文明的冲突与世界秩序的重建》,周琪等译,北京,新华出版社 1998 年版。

[16]［美］阿尔温·托夫勒:《第三次浪潮》,朱志焱等译,北京,生活·读书·新知三联书店 1984 年版。

[17]［法］弗雷德里克·巴斯夏:《和谐经济论》,王家宝等译,冯光元等校,北京,中国社会科学出版社 1995 年版。

三、研究性著作

[1] 韩立新主编:《新版〈德意志意识形态〉研究》,北京,中国人民大学出版社 2008 年版。

[2] 陈筠泉、刘奔主编:《哲学与文化》,北京,中国社会科学出版社 1996 年版。

[3] 宫敬才:《经济个人主义的哲学研究》,北京,人民出版社 2016 年版。

[4] 陈寅恪:《金明馆丛稿二编》,上海,上海古籍出版社 1980 年版。

[5] 李鹏程:《当代文化哲学沉思》,北京,人民出版社 1996 年版。

[6] 张世鹏、殷叙彝编译:《全球化时代的资本主义》,北京,中央编译出版社 1998 年版。

[7] 丰子义、杨学功:《马克思"世界历史"理论与全球化》,北京,人民出版社 2002 年版。

[8] 黄克剑:《人韵———一种对马克思的读解》,北京,东方出版社 1996 年版。

四、学术论文

[1] 侯才:《马克思的"个体"和"共同体"概念》,《哲学研究》2012 年第 1 期。

[2] 宫敬才、吴学飞:《论〈政治经济学批判大纲〉中的哲学分析框架问题(待续)》,《河北大学学报(哲学社会科学版)》2016 年第 4 期。

[3] 许春华:《对马克思的世界历史思想和东方社会历史命运的思考——兼论马克思思想的一致性》,《河北大学学报(哲学社会科学版)》1994 年第 4 期。

[4] 宫敬才:《论马克思的资本家范畴》,《学术研究》2018 年第 5 期。

［5］ 赵自勇:《资本主义与现代世界——沃勒斯坦的世界体系理论透视》,《史学理论研究》1996 年第 4 期。

［6］ 王逸舟:《国际政治的又一种透视——亨廷顿〈文明的冲突〉一文述评》,《美国研究》1994 年第 1 期。

［7］ 黄云明:《论劳动人道主义对资本人道主义的超越》,《观察与思考》2015 年第 5 期。

索 引

D

多斯桑托斯　96，97，98，99，100，101，102，103，104，105，106，107，108，109，110，111，112，187

F

发展理论　13，73，97，98，99，100，101，111，125

方法论　4，10，12，73，79，97，104，107，157

G

共同体　1，2，3，4，5，6，7，8，9，10，11，12，13，14，15，16，17，18，19，20，21，22，23，24，26，28，29，32，36，38，39，43，44，45，46，47，48，49，50，51，52，54，55，56，57，58，59，60，61，62，63，64，66，69，70，71，73，79，82，84，85，95，96，97，110，112，114，115，125，127，128，145，156，158，164，165，166，169，170，171，172，173，174，175，177，178，179，180，181，182，183，184，185，188

共同体形态　5，14，15，16，17，18，19，20，21，22，23，24，26，38，43，44，45，48，50，51，64，69，82，84，166

H

黑格尔　23，41，50，51，57，73，74，81，92，142，180，187

亨廷顿　6，95，110，112，145，146，147，148，149，150，151，152，153，154，155，157，158，159，160，161，162，163，188

J

吉登斯　5，6，95，128，129，130，131，132，133，134，135，136，137，138，139，140，141，142，143，144，166，183，187，188

价值尺度　78，82

K

卡夫丁峡谷　79，84，94

L

历史尺度　78

M

马克思　1，2，3，4，5，6，7，8，9，10，11，12，13，14，15，16，17，18，19，20，21，22，23，24，25，26，28，29，30，31，32，33，

34，35，36，37，38，39，40，41，
42，43，44，45，46，47，48，49，
50，51，52，53，54，55，56，57，
58，59，60，61，62，63，64，65，
66，67，68，69，70，71，72，73，
74，75，76，77，78，79，80，81，
82，83，84，85，86，87，88，89，
90，91，92，93，94，95，97，105，
106，107，108，109，110，112，
115，124，125，126，127，130，
140，141，142，148，164，165，
171，172，174，175，177，178，
179，180，183，184，185，186，188

马克思主义　1，4，13，19，52，61，
66，73，94，95，97，105，109，
110，124，140，148，165，171，
174，175，178，179，183

毛泽东思想　109

民族国家　4，5，6，9，29，95，105，
114，116，125，128，129，130，
131，132，133，134，135，139，
140，141，142，144，146，147，
152，163，174

民族性　29，30，44，69，73，74，
75，76，78，121，174

P

普遍主义　5，74，121，122，123，124

普世文明　6，145，148，149，151，
152，158，161

Q

全球化　4，5，6，8，38，76，78，
95，104，106，110，113，120，
128，129，130，131，132，133，
134，135，136，137，138，139，
142，143，144，152，164，166，
167，169，170，171，172，173，
182，183，188

全球化时代　6，78，113，133，137，
138，139，171，182，188

全球治理　8，9，135，173，181，182

R

人类共同体　1，4，5，6，7，9，10，
12，13，14，16，18，21，23，24，
26，28，29，32，36，38，43，44，
45，46，48，49，50，51，52，54，
55，56，57，59，60，61，62，63，
64，66，69，73，79，84，95，110，
112，114，115，125，127，164，
165，166，170，171，172，174，
175，179，181，183，184，185

人类命运共同体　1，4，7，8，9，10，
11，12，13，95，164，165，171，
172，173，174，175，177，178，
179，180，181，182，183，185

人类文明新形态　12，175

S

商品　5，22，27，28，29，32，33，
34，35，39，42，43，44，45，46，
48，49，62，63，64，65，68，69，
70，79，88，93，103，106，115，
118，120，121，130，131，132，
166，185

商品拜物教　42，64

生产方式　15，17，18，23，26，27，
28，29，31，32，33，34，35，36，
37，38，39，42，44，54，56，62，
63，64，69，75，79，80，81，82，
83，84，85，88，89，93，94，99，
106，107，114，115，126，127，
130，131，174，177

生产关系　15，29，35，36，43，44，
46，48，61，62，63，67，76，80，

84，89，93，94，104，107，127

生产力　3，22，26，28，34，44，45，46，48，50，61，63，64，65，67，68，69，70，71，75，76，77，80，81，82，83，84，85，89，90，91，93，94，120，127，140，141，168，174，175，185

世界历史　3，4，6，9，10，12，27，28，29，36，43，44，45，46，50，55，59，64，66，68，73，74，75，76，77，78，79，80，81，83，84，85，86，89，90，92，93，94，95，110，126，127，128，153，164，165，166，167，170，171，174，175，180，182，183，184，188

世界历史理论　66，73，89，90，92，94，127，153，188

世界历史时代　27，28，29，44，68，73，74，75，76，77，78，84，93，94，164，165，167，174，180，182

世界历史性个人　3，4

世界性　26，30，45，46，62，68，69，73，75，76，77，78，91，93，94，95，114，116，133，136，150，156，174

W

未来形态　2，46，50，52，60，61，63，64，66，73，164，174，179，183，184

文化认同　138，153，155，156

文明　4，6，7，10，11，12，13，15，36，45，63，74，76，78，79，80，81，85，90，92，93，99，118，119，122，123，124，128，133，145，146，147，148，149，150，151，152，153，154，155，156，157，158，159，160，161，162，

163，165，166，167，168，170，171，172，173，174，175，177，178，182，183，184，188，189

文明冲突　6，145，156，157，158，160，161，162，174

沃勒斯坦　5，95，114，115，116，117，118，119，120，121，122，123，124，125，126，127，187，188

X

西方中心论　5，6，83，84，85，86，88，94，111，127，144，166，168，169

现代化理论　4，5，94，96，97，99，101，104，105，112，113，114，166，169

现代世界体系　4，5，114，115，116，118，119，121，124，125，126，127，187

现代性　4，5，6，95，128，129，130，131，132，133，134，135，136，137，138，139，140，141，142，143，152，155，160，171，187

现实形态　2，24，26，28，32，39，43，45，48，49，50，51，55，56，57，60，61，62，63，64，69，71，73，84，115，164，171，174，180，181，184，185

虚幻的共同体　43，46，47，48

Y

依附结构　5，101，103，104

依附理论　4，95，96，97，104，105，107，108，109，110，111，112，113

异化　39，40，41，47，50，57，59，60，64，70，176

异化劳动　39，40，41

意识形态　3，5，9，21，66，72，74，

索 引 193

78，94，98，100，101，121，122，
123，124，147，148，150，151，
154，155，156，157，158，160，
163，166，169，171，176，177，
181，188

原生形态 2，14，16，18，21，23，
24，26，28，32，33，36，37，43，
49，55，85，125，126

Z

真正的共同体 2，3，4，8，9，10，
11，47，59，164，175

政治经济学批判 30，31，36，40，
41，61，125，188

资本 4，5，6，11，12，13，14，21，
24，25，26，27，28，29，30，31，
32，33，34，35，36，37，38，39，
40，41，42，43，44，45，46，47，
48，49，51，55，56，57，58，59，
60，61，62，63，64，65，66，67，
69，70，71，72，75，77，78，79，
80，81，83，84，85，86，87，88，
89，90，91，92，93，94，96，97，
99，101，102，103，104，105，
106，107，108，109，110，111，
112，113，114，115，116，117，
118，119，120，121，122，123，
124，125，126，127，128，129，
130，131，132，133，134，135，
136，140，141，142，143，155，
165，166，167，168，169，170，
171，172，174，175，176，177，
178，179，180，181，184，185，
187，188，189

资本论 30，31，34，35，40，83，
85，86，88，89，106，107

资本主义 4，5，6，13，14，21，24，
26，27，28，29，30，31，32，33，
34，35，36，37，38，39，42，44，
45，46，47，48，56，58，59，60，
61，62，63，64，65，66，69，70，
71，72，75，77，78，79，80，81，
83，84，85，86，87，88，89，90，
91，92，93，94，96，97，99，101，
102，103，104，105，106，107，
108，109，110，111，112，113，
114，115，116，117，118，119，
120，121，122，123，124，125，
126，127，128，129，130，131，
132，133，134，135，136，140，
141，142，143，155，165，166，
167，168，169，170，171，174，
175，176，178，179，180，181，
184，185，187，188

自由人的联合体 12，50，51，52，54，
59，64，67，71，164，174

后　记

《嬗变与跨越——从马克思人类共同体理论到人类命运共同体理念》，是由我主持承担的国家社科基金后期资助项目的最终研究成果。该项目于2018年9月批准立项（项目编号：18FZX007），至2022年11月上报结项，历时4年有余。在这个过程中，课题组成员（许春华、吴学飞、许嫘）明确责任分工，严格按照立项要求和评审专家提出的修改意见，对项目成果进行了整理、修改、完善。

在课题立项、结项过程中，各位外审专家提出了非常中肯的修改意见，学习出版社的编辑为课题结项和本书出版付出了大量时间和劳动，在此一并致以诚挚的谢意！

从马克思的人类共同体理论到习近平总书记提出的人类命运共同体理念，是新时代赋予我们的重大课题。由于我和课题组水平有限，书中难免有一些疏漏和不足之处，恳请方家雅正。

许春华
2023年初冬于西苑